21世纪电视文艺编导专业系列教材

U0950695

电视写作教程（第3版）

姚治兰 ◎ 著

中国传媒大学出版社
·北京·

目 录

第一章 电视媒介与电视写作

写作是运用有组织的语言文字，反映客观事物、表现主观思想、传情达意的一种创作活动。自从人类创造了文字，就开始了用文字记录文明的历程，写作实践活动的历史与文字发展的历史等长。在“写作”二字之前贯以“电视”二字，则又形成了一种最年轻、最新型、最独特的写作形式。电视写作把人类古老的写作实践活动与现代大众主流媒体——电视结合在一起，使二者相得益彰。

电视和其他传播媒介一样，具有传递信息、表述情感、反映思想等功能。这些功能的实现，必须借助一定的手段或工具，也就是说，必须有一定的载体才行。电视的手段或载体就是电视语言。电视语言以画面语言为主，但电视画面擅长表达形象、动态的事物，对抽象的心理思维、历史背景、政治意义等无力表现，因而绝大多数的电视节目需要电视文字语言予以补充和完善，于是，就有了电视写作。电视写作是一项隐藏在屏幕后面为电视节目的制作而进行的文字写作，它贯穿在电视创作的整个过程中。电视写作内容包括电视选题报告、电视节目策划书、采访提纲、拍摄提纲、节目框架设计、编导阐述、拍摄脚本、串联词、解说词、编辑提纲、字幕等。

第一节 电视写作的思维特征

写作是一项复杂而精微的脑力劳动，是借助语言文字符号来制作文章的过程，只有依照一定的程序，运用正确的思维方法，才能完成开掘、辨析、设计、表达等工作，写出比较满意的文章。电视写作既是古老写作延续和发展的产物，承袭了传统写作的基本规律和基本过程，又因电视媒介的特殊性而具有与传统写作不同的特点和规律，具有独特的思维方式。

一、思维媒介的多样性与和谐性

传统写作的思维媒介是文字符号,构思过程中主要以文字符号为媒介,辅之以各种心理表象、感觉,对通过感官摄取的感性材料作一番去粗取精、去伪存真、由此及彼、由表及里的改造,最后以文字符号来表述。没有语言的表述,丰富的材料、缜密的思考、巧妙的技法都将失去价值。而电视写作在思维过程中借助的媒介却是多样的,既有画面,又有声音,画面中又包括图像、图表、图片、动画、字幕等,声音中则包括解说词、同期声、音乐等,同时还要考虑画面的构图、光效、色彩、影调等要素。

电视作品的表现元素借助于这些多样性的媒介,一部电视片的"完成稿"就是由这些多样性的媒介组成的。这些多样性的媒介作为表现元素,在电视作品中,都不能以单独完整的形式存在,每一种元素发挥什么作用,发挥到什么程度,既要受到作品内容和风格的制约,还要受到编导创作个性的制约,更要受到其自身表现力的制约。但无论如何,各种元素之间应当是和谐互补的,它们之间互相配合,构成一个完整的作品。创作者要将图像、同期声、音乐、音响及解说词等诸多元素有机地融合、统一在一起,进行综合分析、判断,根据各元素的特点和功能,控制各自的职责范围,分配各自所承担的不同任务,但又在一个有机统一体内和谐共存,从而更好地表现主题。

二、立体思维的综合性

电视思维是以捕捉和营造观念形象(即意象)为特征的形象思维和把描述转化为以具象为特征的技术思维相结合的思维活动。从创作的实践来看,电视思维应当有以下三个层次:

第一个层次:感性形象思维层次。

感性形象思维层次,是形象思维的感性认识阶段,主要对现实生活中鲜活具体的感性材料(即生活表象)进行记录和反映。在这一层次,创作者根据自己对生活表象的感受和经验来进行创作。感性形象思维指导着创作者对生活进行习惯性的采访和一般性的节目制作,在感性形象思维指导下采编和制作的节目,一般停留于"是什么"和"发生了什么"的层面,而不进行"为什么"的分析。因为人们会因个人的经历、感受和知识的差异而形成不同的思维习惯和思维定式,这样创作出来的作品具有明显的个性特征。

第二个层次:理论思维层次。

电视工作者进行电视创作,不仅仅满足于对社会生活进行客观报道的层次,还要抒发情感、发表见解、传达理念,以陶冶情操、影响舆论,这就必然要上升到理论思维的层次。

理论思维层次包括抽象思维和形象思维中的意象思维。

对创作主体而言，抽象思维主要表现为选择、提炼和组合的能力，即在众多的题材中，选择、比较，挑出有价值的题材进行拍摄，并对采访摄取到的素材进行去粗取精、去伪存真的处理，提炼出有价值的事例，然后经过分解、组合，从而创作出体现认识目的的屏幕形象。

意象思维属于理性形象思维，它是对在感性形象思维阶段捕捉到的生活表象进行联想、想象和典型化处理的思维过程。意象思维创造出的形象代表着事物的本质形象，也就是“意象”。“意象”是对同类事物一般特征的理性反映，具有典型性、普遍性和概括性。

意象思维，是决定电视节目由“反映”层次向“表现”层次提升的关键。它是创作主体创造性思维和个人风格的充分体现。意象思维，可以把互不关联的画面交融在一起，传递出独特的神韵，可以创作出源于生活而又美于生活的画面，甚至可以把教科书上的概念转化为令人称道的优美形象。

意象思维，就像文学创作中的“意”。“意犹帅也，无帅之兵，谓之乌合”。有“意”，则一花一世界、一草一乾坤；无“意”，则只能是镜头的简单堆砌。这就有些像厨师做汤，高明的厨师，可以把一锅冷水变为一锅美味，而平庸的厨师，则只能把一锅冷水变为一锅开水。[①]

第三个层次：灵感思维层次。

电视创作是一个痛苦的过程，这种痛苦主要表现在意象的创造与表现上。电视创作需要灵感思维的参与，如果没有灵感思维的参与，就不可能产生令人叹为观止的意象。

灵感思维是指“在潜意识中酝酿成熟时突然与显意识沟通的一种人们没有意识到的对信息加工的思维活动。”[②]灵感，是电石火花般的感悟，是一刹那的沟通，是可遇而不可求的境界。当你没有进入这种境界的时候，即使冥思苦想也一无所获，经受着痛苦的折磨；而当你一旦豁然贯通，则可能进入一个灵动自如的创作天地。

总之，电视思维是一种立体思维，它既包含初级思维层次的感性形象思维，又包含理论思维层次的抽象思维、意象思维和具有非线性特征的灵感思维。同时，从性质来说，电视思维又是一种创造性思维，特别是在理论思维层次，是最具创新潜质的领域。

---

① 王永纲：《电视思维初论（上）》，《西南电视》2000 年第 2 期。

② 曾杰、张树相：《社会思维学》，人民出版社 1996 年版，第 97 页。

电视思维的层次性和丰富性指导着我们的画面拍摄能力、文字表述能力、动画创意能力和综合表现能力,从而实现了电视全方位地反映现实生活和表现现实生活的独特功能。

三、编码方式的可操作性

文字写作的最终目的是供人阅读,电视写作的最终目的是拍摄成片,用来给人看、给人听的。让人能看明白,听清楚,轻松地享受,深刻地领悟,这是电视写作的最高要求。电视写作伴随着形象的写作,当创作者在构思一部片子、完成一部脚本时,除了要考虑主题、线索、结构、节奏、韵律等文学因素以外,还要考虑声画关系、同期声音、镜头组接、配音配乐等,创作者仿佛能看到声、电、光、影的流动,看到一幅幅画面的衔接。所以,在进行电视写作时,就要充分考虑后期制作的问题,量力而行,量体裁衣,不做无用之功。

第二节　电视媒介对写作者的要求

如果要进行电视写作,就必须掌握电视这种独特的传播媒介的性质和要求,以及这种性质和要求对写作者提出的特殊要求。也就是要明白电视媒介使它的创作者面临哪些不同寻常的挑战,需要他们具备哪些特殊的才能。这是从事电视写作的第一步。

一、喉舌意识

喉舌的性质从根本上是与法治社会的基本要求相一致的。电视写作的政治性、政策性很强,电视节目要符合党的方针政策、人民的利益,要求电视写作者应该了解政治、关心时事、与党的方针政策保持高度一致。只有在这样一种素质的基础上去从事电视工作,才能与宣传党的政策和反映人民的愿望相一致,电视才能真正起到既是党和政府的喉舌,也是党和人民群众联系的桥梁的作用。

二、法律意识

法律意识是每一位电视写作者必备的意识。首先,电视写作者的法律意识表现在写作活动要依法,在法律允许的范围内进行,一切行为要受到国家法律的约束。写作时做到心中有法,落笔无尘;不用煽情式、武断式的语言;不用偏激、情绪化的词语。其次,电视写作者和表现对象一样,具有平等的法律地位。最后,电视写作者还要依靠现有的法律,维护自己的合法权益,一切正当的采访活动、报道活动、对违法行为和不良现象的揭露和批评行为等都应受到法律的保护。

电视写作者不是专门的法律工作者,要求他们通晓各种法律、法规,既不切合实际也无必要。但他们应具有法学的一般理论修养,对各主要部门的法律条文要有比较准确的理解和认知,掌握、区分并正确使用法律术语,同时还要有敏锐的法律眼光,善于捕捉社会生活中的重要法律新闻事件并予以报道。

三、熟悉电视的传播特性

电视传播是信息运动的一种形式,它所使用的物质材料及传播活动的独特方式决定了电视的传播特性主要表现在以下几个方面:

1. 视听兼备

电视传播信息是通过视觉和听觉两个渠道进行的,作用于视觉的运动的画面是电视的主要传播手段,它直接作用于人的感官,使人们听其声、观其形、身临其境,具有直观、形象等特点。作用于人的听觉器官的声音也具有传播信息的重要作用。视听兼备、声画并茂不仅可以使人们获得的信息量最大化,而且可以使人们真实、立体地感受到事物的特征,全面而深刻地认识事物、感受事物。

2. 直接感受性强

电视的传播符号是声音和画面。从声音符号来讲,不同的语气、语调、停连、重音、节奏的语言可以传递出丰富多彩的意义;典型化、个性化的音响可以给观众展现出现场的情景;不同风格、不同音乐的表现力传递给观众的是不同的情绪体验。而图像、图表、字幕、图片、动画等画面符号则具有直观形象的特点,能够为观众真实地再现事物的发展过程,真实地展示事件现场的情景,给观众身临其境的感觉。电视的声音和画面符号直接作用于人的听觉和视觉,使人们能够见其人、听其声、观其行、临其境、察其情,亲历其过程,满足观众直通事件现场、眼见为实、真实体验的欲望,具有极强的直接感受性。比如关于2007年在东京、大阪举行的第十一届世界田径锦标赛上刘翔创造第九道奇迹的电视报道,观众可以从画面上看到站在第九跑道上的刘翔准备、起跑、跨栏等动作,他在比赛过程中撞倒的栏杆,他冲刺之后兴奋的神情,他和师弟史冬鹏身披五星红旗绕场向观众致意的过程等,这些声音、形象、行动、情感等都直接影响着观众,感染着观众,让观众和刘翔一同体验在第九道夺冠的喜悦。

3. 时效性强

电视传播是依时间流程延伸的传播,它的时间要素应当是“现在进行时”。如何缩短采制和播出的时间距离,实现时间同步性,这是电视工作者应着重考虑的一个问题。

电视信息采集、处理与传播手段的现代化,使许多信息从其发送到为受众接收的整个过程,可以同步完成,所以,遇到重大的突发性的新闻事件,电视可以通过字幕插入的方式,在不中断原有传播秩序的前提下即时插入新的信息或直接制订直播方案,进行直播。

4. 转瞬即逝,保存性差

报纸是印刷在纸上的“白纸黑字”,固定、长久,而广播电视传播具有转瞬即逝、生命周期短、保存性差的特点,它没有也不可能给受众提供足够的时间去分析、判断、体验、理解。

5. 时序性的信息传播方式

所谓时序性的信息传播方式是指“广播电视的信息是存在于时间流程当中的,随着时间的推移而不间断地产生和消失,既不可以凝定不变,也不可以前后颠倒”①。这种时序性的传播方式使观众只能按电视台既定的播出时间、既定的播出长度来收看电视节目,在信息内容、收视时间、收视过程中对时间的控制和收视方式的控制等方面都失去了主动权和选择权。比如,在一些大型的国际体育赛事期间,由于比赛地和我国有时差,经常会有人半夜起床看现场直播,这就是受众只能在特定的时间去收听收看特定内容的原因。

6. 互动性和参与性强

当今处于一个资讯新时代,电视传媒发展的主流趋势是拆除观众和电视间的藩篱,使观众和电视节目之间从远离到亲近、从灌输与被灌输到双向互动的交流,甚至是多维互动的动态传播。电视传播的互动性特点缩短了荧屏与观众的心理距离,观众不仅仅是信息的接收者、被指导者、被教育者,同时也成为信息的传递者、参与者、评判者。

互动性电视节目的形式是多样化的,主持人既可以在演播现场与特约嘉宾、观众或者新闻现场记者、事件当事人、焦点人物等进行直接的对话或采访,也可以利用电话、网络、手机短信等实现远距离的多方参与、多向交流。这种即时参与、即时互动的传播优势,极大地满足了观众的需求。

7. 服务性

电视节目的服务性一方面体现在节目本身就是为大众服务,是为观众提供精神消费;另一方面,随着电视传播人本化的走向,电视节目中的服务性节目发展迅速,数量在增加,影响也在不断扩大。

---

① 饶立华等:《电子媒介新闻教程》,中国人民大学出版社2000年版,第53页。

所谓服务性报道就是围绕观众的衣食住行及其他与观众生活息息相关的方方面面，提供信息、解释疑惑的节目，如医疗信息、消费引导、出行参考及对观众的生活方式和行为习惯给予善意的提醒等，目的是方便观众，服务观众。例如，一条《勿滥用胡萝卜素药片防癌》的新闻，通过发布"滥用胡萝卜素药片不仅不能防癌，还会对人体健康造成伤害"这样一个具体的医药信息，直接及时地提醒观众，指导他们的日常生活。一条《专家提醒：个人投资欧元应采取谨慎态度》的新闻，通过专家对个人投资欧元的利弊剖析，对观众的投资行为做了有益的引导。

四、了解电视片的构成因素

一部电视片是由叙事因素、造型因素、抒情因素三大因素构成的。叙事因素是指电视片中交代事情的发生、发展或者展示人物行为过程的因素，它包括画面、解说词、同期声、字幕等。造型因素是指画面、声音展示的形象。它是叙事过程的瞬间，不强调时间的推移，而强调空间的直观感觉、直观冲击力。主要担负造型功能的是画面，而画面造型主要通过构图、光效、色彩和影调等要素来完成。抒情因素是指电视片中用来烘托气氛、营造情调和抒发感情的因素。画面、声音都有抒情的功能，尤其是音乐。①

五、强化电视意识

意识是人类特有的反映现实的最高形式，也是人的心理发展的最高水平，它表现在能透过事物外部的现象与特征来反映事物的本质特征与事物之间有规律的联系，也表现在能依据对事物的本质与规律的反映来指导人的行动，从而形成人的自觉性、目的性与能动性的特征。电视的传播特性要求电视写作者必须有电视意识，即能够自觉地根据报道的目的和对电视传播规律的认识和理解，来正确把握和运用电视的特性，从而更好地发挥电视传播的优势。

没有电视意识或者电视意识不强，将文字语言直接搬到屏幕上，不过是借屏幕发表文章，不会取得预期效果，甚至会失败，原因就在于写作者苦苦经营的是纯粹以文字语言为媒介的文字报道，而不是电视作品。

六、把握生活和感受生活的能力

写作的基础是材料，材料来自丰富的生活，而生活是生生不息的。生生不息的生活给电视创作提供了广阔的空间，天文地理、日月山川、思想情感、家长里短，"天下事

---

① 宋家玲、张宗伟：《电视片写作》，中国广播电视出版社2003年版，第30—45页。

皆可以入电视”。每一个有志于从事写作的人都应该重视平时生活的积累,离开了社会生活,一切写作都会变成无源之水,无本之木。但是,对于写作者来讲,丰富的生活经历不是被动地等来的,应该自觉地、主动地让生活给自己留下内在的痕迹。生活中的素材虽然具体、生动、丰富多彩,但如果创作者没有从中获得强烈的感受,素材就不可能化为渗透作者强烈情感和体验的题材。所以,一个电视写作者要有一双发现的眼睛,要善于发现那些处于事物发展变化最前端的新鲜的具有生命力的题材;发现那些别致新颖的题材;要具有天生的好奇心和强烈的求知欲,面对生活,面对周围的环境,面对世界,他要保持敏感的洞察力,要有深刻的理解力。同时,他还必须具有摆脱自身局限性的能力,要想方设法投入生活、热爱生活,亲自观察事件,只有对客观事物有了感触和认识,它们才会鲜明起来,活跃起来,成为有血有肉有生命的题材。如果写作者仅仅依赖于自身的经历,那作品必然流于空洞和乏味,也很快会面临创作源泉枯竭的威胁。

七、捕捉时代文化精神和审美心理的能力

不同时代有不同的特征和文化精神,这种文化精神潜移默化地融入了那个时代人们的内心,从而孕育了带有明显时代特征的审美心理。

电视作为一种文化,不仅要传递信息、提供服务,还要创造美、传播美。这就要求电视人要善于从纷繁的社会现象中发现符合时代文化精神和审美心理的美,通过先进的视听手段捕捉这种美,并把它传达出去。

八、开掘能力

开掘,顾名思义是展开和挖掘。从写作角度来说,就是丰富材料,展开多种立意角度;通过事物的表象,抽象、概括出事物的本质属性。

《两个喇叭起风波 村民迷茫又奈何》就是一则透过表象深入挖掘事物内涵的报道。这篇报道最初来源于村民的电话,他们反映,村民小组的几十户农民有的办下了春耕贷款,有的没有,因此村民们发生了矛盾,甚至打架。记者最初认为这是贷款的问题。但从农民的介绍中了解到,之所以有的农民没办到贷款,是因为不知道信用社的来款信息,而贷款的额度又有限。到这里,有的记者可能会把报道的主题确定为贷款不公的问题。但记者没有就此停住,而是继续挖掘,发现村民不知道信息是因为村里播放消息的是两个喇叭,两个喇叭还总同时广播,而两个喇叭的背后是“一村两主”,也就是由村里直接任命的村民小组长和村民们选出来的小组长共同开展工作,两个喇叭一起广播,于是村民小组就陷入了一片混乱。至此,报道的主题脉络也就基本清晰了。

这个现象反映了农村最基层的民主制度不完善、不尊重农民的民主权利、“替民做主”的问题，而这也正是社会主义新农村建设中经常会出现的实际问题。确立这个主题，既能深刻地反映农村基层的民主问题，又能深远地提出新农村建设中的实际问题。这个主题和最初看上去的农村贷款不公问题相比，其深远性、典型性不言而喻。①

九、情感真挚、表达真诚

深入细致的第一线采访，为写作奠定了基础。但情感是一切创作的原动力，在写作过程中，必须把自己的真挚情感融入其中，将内心的情感用文字淋漓尽致地写出来。这样写出来的东西才会打动观众的心。这一切的前提是写作者对采访对象、镜头中所表现的内容或想说明的事物有感情、有兴趣，真心地关注它，否则给观众的感觉就是不真诚。

当然，电视写作者还要善于协调处理激情与理性的关系。在创作过程中，仅仅有激情是不够的，创作者还必须站在理性的高度进行分析和判断，从而把事物最本质的东西表现出来。长期以来，电视创作或激情有余，理性不足，或者过于理性，使作品陷于空洞的抽象和僵化的逻辑，失去了“活性”特征。因此，电视节目内容无论反映多么重大的题材，表现多么深刻的思想，既要进行理性的分析，又必须顾及人的情感、情绪、情结等各种非理性因素，否则很难在观众中引起共鸣，形成沟通。

十、想象和联想的能力

想象，是对头脑中已有表象进行加工改造而创造新形象的过程。电视创作离不开想象，想象的积极参与，可以增加作品的深度，丰富电视语言文字的神采，增强作品的感染力。

联想是由一事物想到另一事物的心理过程。世间的事物林林总总，但都是互相联系着的，孤立地看，似乎意义不大，如果展开联系的翅膀，把此事物与他事物联系起来进行思考，加以比较，就容易发现它的意义，从而加深对事物的感受。

当然，就像鸟儿飞翔依靠翅膀一样，联想也是需要条件的，联想的条件就是要有一定的生活经验和文化知识。

十一、较强的运用文字语言的能力

电视写作虽然不同于普通写作，但却不能同普通写作完全割裂开来，它要求写作

① 胡鑫、李志勇：《从一篇作品获奖谈电视新闻的主题选择》，《现代传播》2008年第7期。

者必须有文学“细胞”,要善于用文字语言表述、描绘所解说的事物和画面,而不是用一些公式化、简单化、不生动、干巴巴的文字罗列或用一些数据排序。所以,强化文字语言表达能力的训练,练就扎实的基础写作功底,也是电视写作者的主要课程。电视作品的立意须是事实中应有之义,电视写作就是要把这应有之义表达得恰如其分,使观众充分明白、理解这应有之义。但写作者如果自己理解了这“应有之义”,却“茶壶煮饺子——倒(写)不出来”,或写出来的内容和原有之义差别很大,会大大影响传播效果。电视写作者要拓宽自己的知识面,勤读勤写,提高自己的文字表达能力,使遣词造句准确、顺畅、生动。

强调文字语言表达能力并不一定是指运用了多少排比句、多少古文诗句、多少成语典故,更不是华丽辞藻的堆砌,它首先应当读起来朗朗上口,品起来很有味道,集语言的新鲜性、深刻性、可听性、可看性于一体,并且通篇“文章”的语言美感与画面镜头的艺术美感要结合得完美和谐。

电视写作的文字表达有独具特性的语言逻辑和语法规则。如电视解说词,它一般不能够单独存在,也不能独立成章,而只是整体电视语言中的有机构成因素。如果把解说词从整个电视语言中独立提取出来分析就会发现:它在语言逻辑上有不少缺陷,比如某些语句是不连贯、跳跃式的。这种不完整和不全面,正是电视语言中其他要素发挥作用的地方。如果过于追求文字形式的完美、结构的严谨和推理的缜密,则恰好犯了电视解说文字语言的大忌。

十二、创新的能力

电视创作者创新能力的高低,直接影响其作品感染力的强度。著名作家冯骥才先生曾经说过这样一段话:“艺术家生存在自己的艺术中,艺术一旦完结,艺术家虽生犹死。长命的办法唯有不断区别别人,也区别自己……”艺术创作离不开模仿,但模仿只是艺术训练过程中的起步阶段,它不是创作的目的,更不是真正的创作。何况,蹩脚的模仿只能给原创做广告。作为信息时代的主要传播工具,电视的表现手法日新月异,电视创作者的主要任务就是通过更巧妙的表现手法,有效调动观众的收视兴趣,创作出更好看的电视作品。

十三、抓取细节的能力

细节,对电视片的构成是十分重要的。细节,是作品的血肉,是作品的兴趣点。电视作品中典型生动的细节,可以反映人物和事件的个性,引起观众共鸣。著名电视人陈汉元先生认为:“谁能拥有足以反映、表现人物个性的众多细节,谁就有可能把‘故事’讲得好看；谁能捕捉到大量富有幽默感的语言、形体、表情、动作、氛围，谁就更有可能把‘故事’讲得特别好听、好看。”

曾有记者在春节期间做了表现环卫工人春节不休息的报道，在播出的新闻画面中有一位男性环卫工人用环卫推车装着个两三岁的小孩，自己则在一旁扫街的镜头，这个镜头被记者轻描淡写地放过，只作为既定采访的一个普通镜头浪费掉。其实如果围绕这个镜头去表达环卫工人的工作则是最有说服力的：过年了，其他的儿童都在欢天喜地过年，而环卫工人的孩子只能坐着爸爸的环卫车，陪着爸爸在街上过年。这是一个非常有价值的细节，这样的细节需要创作者具有敏锐的判断力和反应能力，能够及时捕捉，恰当运用。

十四、观众意识

电视是服务于大众的，电视观众是电视传播的出发点和落脚点。电视创作者最大的快乐莫过于自己的节目使观众愿意看并且从中受益。

接受美学的代表人物之一姚斯说过：“文学史就是文学作品的消费史，即消费主体的历史。”这里的消费主体指的是读者。可以说，电视发展的历史就是电视观众精神消费的历史。所以电视创作者要有强烈的观众意识，即以观众为本位，全心全意为观众着想和服务的思想意识。一方面，电视创作者要心中时刻装着观众，视观众为朋友，想观众之所想，急观众之所急，选取那些人们最关心、最感兴趣、和人民生活密切相关的题材，尽量满足观众日益增长的精神文化生活的消费需求。另一方面，要加大观众的参与力度。观众参与并不仅仅是开通几个热线电话、让观众发短信、开办一些有现场观众的栏目，更重要的是处于传播始发位置的创作者在采访报道过程中，模拟、仿效处于传播终端位置的观众，或者也可以说代表观众发现事实、提出问题、分析判断、解释评价。

观众是电视节目的被服务者，观众收看节目时具有强烈的自主意识和参与意识，一个节目的好坏只有等观众评价以后才能确定，观众通过电视对整个社会进行监督，同时还监督着电视节目本身，他们是电视节目价值的最终实现者和检验者。

总之，电视人观众意识的关键在于摆正电视人与观众的关系，那是一种平等的服务关系、伙伴关系和朋友关系。

【优秀作品赏析】

老兵,回家[①]

【一版字幕】2012年5月24日,云南盈江县昔马镇黄伞坡村。

【解说词】这里是云南盈江县昔马镇黄伞坡村,距中缅边境只有10多公里,95岁的邱联远老人在这个村庄已经生活了30多年。大部分时间,老人就这样独自坐着。一间四处透风的竹屋,一个简陋的灶台,一张桌子,一把椅子,一个橱柜和几只鸡蛋,是老人现在的全部家当。

几十年来,村里人只知道他是外乡人,直到一个多月前,一名志愿者来到这里,老人心底尘封了几十年的往事才被一点点打开。

【同期声】(关爱老兵网志愿者滇西月)我看了很辛酸的,一个抗日的英雄,95岁的时候,一身伤疤,还在透风的房里,难道你不心疼吗?

【解说词】72年前,只有23岁的邱联远从老家出外买米,这一去,便成了他与家人的别离。

【同期声】(远征军老兵邱联远)我离开家,我去当兵,我的家人,我的哥哥、我的叔叔、我的父亲根本都不知道。

【解说词】1942年,抗日战争进入最艰难的阶段,邱联远加入了中国远征军,为保卫中国西南大后方和抗战"输血线"而出征滇缅印、抗击日本,他从昆明巫家坝乘飞机,飞越驼峰航线去往印度兰姆咖集训。

到达印度后,他被编入新1军38师112团3营7连,训练后与战友一起从印度打回缅甸,几次与死神擦肩而过。

【同期声】(远征军老兵邱联远)三枪子弹打通了我的背包,子弹这样打过来,如果直直地过来脑袋就开花了。

【解说词】中国远征军在滇缅战场上打得极为惨烈,在云南腾冲县城,87岁的原远征军五十四军一九八师五九三团上尉黄应华生活已经不能自理,耳朵也很难听到东西。1942年,腾冲被日本军攻陷时,他还不足17岁,是腾冲第一中学初三年级的学生。那时候,腾冲的百姓几乎倾城而逃,而他和李炳福、彭文德三人留了下来,他们结为兄弟,拍照留念,相约胜利后相见,而没想到这竟是三人最后的合影。

---

① 广东卫视《社会纵横》栏目,2012年5月31日播出,获得第23届中国新闻奖电视专题类一等奖。

【同期声】（远征军老兵黄应华）我是腾冲人，我第一个冲出去。

【解说词】1944 年 9 月 13 日，也就是腾冲抗战胜利前一天。李炳福牺牲了，牺牲之地距他家仅有 500 米。

彭文德，攻城时在南门街遇敌人炮击身亡，虽然已经过了 70 年，但一想到兄弟二人，黄应华还是忍不住落泪。

【同期声】（远征军老兵黄应华）想念战友，这些人都是为国家牺牲的，我现在就想好好活下来。

【演播室主持】如今，当年的远征军们大都已离开人世，剩下的也都是像邱联远、黄应华这样已到垂暮之年的老人。而与他们曾经所付出的血泪极不相称的是一些远征军老兵如今贫苦的生活状况。

【解说词】战后，邱联远定居云南瑞丽，与缅甸女孩阿兰结了婚，生了三个儿女，后来邱联远去农场劳改，阿兰就带着孩子回了缅甸。

从农场回来后，邱联远和妻子李林正结婚，2005 年，在邱联远 89 岁的时候，妻子去世，房子又在一场大火中烧毁了，那是他最为艰难的一段时间。

【同期声】（远征军老兵邱联远）过去我的东西很多，现在都烧完了。

【解说词】一场大火几乎烧掉了老人的全部，包括他曾经极为珍视的抗战时的证件和照片。如今，他只能靠低保维持生活。

【同期声】（云南盈江县昔马镇黄伞坡村村民李如强）公家一个月给我 50 元。

【解说词】靠着做点打铁的手艺活，邱老攒了点钱，在村里给妻子修了一个体面的墓碑，他说，日后，他会和妻子合葬在一起。

【同期声】（远征军老兵邱联远）她埋在这里，我准备在这里铺水泥，将这坟墓建成我们广东的样式。

【解说词】虽然，早已经考虑好了自己的身后之事，但对于 95 岁的邱联远来说，对故乡的离愁却是越来越浓烈。上次回家，已是 1971 年。对于已到垂暮之年的他来说，故乡近在眼前，却远在天边。

【同期声】（远征军老兵邱联远）我回去安排我的孙子孙女，找点我家乡顺德的口味，螃蟹和鱼生，我吃点家乡菜。

【一版字幕】2012 年 5 月 24 日上午，广东顺德龙江镇。

【解说词】顺德龙江镇南坑村，这几天的气氛有些不太寻常。村里人时常会聚集在一起议论着什么。因为有人过来打听，有个多年前出去抗战的老兵是不是曾经生活在这里，还能不能寻找到认识他的亲人。这里，就是邱联远魂牵梦绕的故乡。

70多年过去,时光流转。村口的池塘已经不再,两棵大榕树却还是枝繁叶茂。曾经的农家院落已变成一栋栋崭新的楼房,邱联远曾经的故居也经历了多次修葺。

【现场同期声】(龙江镇南坑村村民)以前这里就是一条路,全部是鱼塘,现在我们这里建设得挺好的,这间房子就是他们姓邱的,都知道这房子是他的。

【解说词】如今,邱家的后人仍居住在村子里。但与邱联远同辈的老人已经不多了。这位80多岁的老人是邱联远的堂弟。说起哥哥当年离家时的情景,老人依然历历在目。

【同期声】(堂弟邱俭有)那年日本人过来了,大家都各奔东西了,鸡飞狗走,所以他就去了。

【同期声】(邱联远的侄女)以前有联系过,但是之后就没有联系了。

现在个个都觉得很开心,他90多岁了能认祖归宗。

【同期声】(南坑村村民)老人家90多岁,能够回到家里寻根,他一定很高兴。

【一版字幕】2012年5月24日上午10:00,云南盈江县昔马镇黄伞坡村邱联远妻子墓碑。

【同期声】(远征军老兵邱联远)你要好好保佑我,回家平平安安的,过几天我就回来了。

【一版字幕】2012年5月24日下午16:00。

【解说词】老人想要回家的消息在几天前就传到了顺德龙江镇的南坑村。村里人商量,要让老人体体面面地回来,他们派出了邱氏族人的代表来接他回家。

【现场同期声】(远征军老兵邱联远)高兴,相当地高兴,心情很激动。

【一版字幕】云南盈江县昔马镇黄伞坡村。

【解说词】邱联远要回老家了,黄伞坡村的乡亲们来到了老人的小竹屋,在乡亲们的心里,此地更是邱联远的家乡。老人远去寻亲,这淳朴浓郁的山歌,既是替老人欣喜、为老人祝福,更是期盼着他能顺利归来。

【同期声】(远征军老兵邱联远)我的想法是,自己一定要回来,群众对我相当地关心,他们也不舍得我。

【一版字幕】2012年5月25日上午9:00。

【同期声】(云南盈江县昔马镇黄伞坡村村民)保重,保重!在外面要注意身体啊!早点回来!

【一版字幕】2012年5月25日下午15:00,云南腾冲县国殇墓园。

【解说词】2012年5月25日,在飞赴家乡前一天的下午,邱联远和云南腾冲县的三位远征军老兵一起来到国殇墓园，拜祭牺牲的远征军亡灵，这些为了祖国牺牲的热血儿女们，墓碑上或只有一个名字，或只有一个军衔，他们的故事似乎已经慢慢湮灭，只剩下这些当年共经生死的战友在墓前默默相望。

【同期声】（远征军老兵邱联远）很多人都不在了，我们团就我独一个了。

【同期声】（腾冲县黄埔军校同学会会长卢彩文）我们的老同学们，现在还健在的只有15个人了，今天能够参加的人只有3个。

【解说词】时光无情，每年，都有远征军老兵死去，和邱老一样，他们中的很多人都面临着生活的困境。

郭自益老人，今年90岁了，他身体残疾，老伴患病，一家六口都挤在这狭小的阁楼里，屋门口这个刻章的摊位，是他们生活的全部来源。

【同期声】（关爱老兵网志愿者贞妮）他今年已经有90岁了，这是他老伴，他老伴今年85岁，每个月就是靠低保还有爱心人士志愿者的捐助过生活。

【解说词】关爱老兵网网友滇西月是抗战老兵的后代，正是他最先发现了邱联远老人的故事。近年来，他拜访了不少在滇西的老兵，老人们的境况令人担忧。

【同期声】（关爱老兵网志愿者滇西月）这个老兵瘫痪在床，孤身一人，他没有任何经济来源。这个是四川籍的老兵刘富有，是四川大竹县的，到现在没回过家，爹妈怎么样，他的村子怎么样，他都记不住了。

【演播室主持】回家，是这些远征军老兵们共同的愿望，当年，他们从全国各地来到滇西为国奋战，如今很多人却只能带着一身的病痛孤独终老，对家乡只能在心里遥望，也许永远也没有机会再踏上故乡的土地了。这样看来，邱联远老人是幸运的，他就要回家了，儿时的大榕树还在吗？乡音依旧，容颜已老，家乡的亲人还认得他吗？

【一版字幕】2012年5月26日下午16:30，广州白云国际机场。

【同期声】（远征军老兵邱联远）过去在昆明坐飞机到印度，现在坐飞机来广州，很感激！

【解说词】时隔40多年，双脚再次踏上了故乡的土地。近乡情更怯，此时此刻，老人安静地靠在座位上，他又在想些什么呢？

【同期声】（村里欢迎现场亲人相见）这个是我妹，我小妹阿英。阿英啊，对对对（哭）。你不要再走了，不要走了。

【同期声】（邱联远的外甥女）我一直以为他死了，我姐姐看报纸看到的。当时得知他还在世的时候，心情是怎样？哭。

【解说词】告别家乡40余年，故乡的景致已经大变了模样。家门前的两棵老榕树却是更加繁盛。

【同期声】(中国远征军老兵邱联远)我上次回来,我的家、庙堂都还在,现在回来,我认都认不得了。

【解说词】在这里,邱联远实现了一个多年来的心愿,吃上了顺德的家乡菜。

【同期声】(中国远征军老兵邱联远)你回来最想吃什么菜?我回来就要去吃鱼饼。鱼啊,切鱼腩的地方,蒸点酱油拌一下就吃。

一组老人画面接歌曲《故乡的云》

【主持】关键词:为了忘却的纪念

虽然顺德家乡亲人们希望他能在故乡养老,也表示愿意承担他的生活,但是邱联远老人说,他还是要回到云南,回到黄伞坡村。那里,不仅是他洒下热血的地方,更长眠着他的妻子。待自己百年之后,他要与妻子合葬在一起,生死相守。虽说落叶归根,但是他乡已是故乡。邱老的归乡之路,坎坷却也温暖,这已不仅仅是表明他一个人回家,更代表着现在还活着的远征老兵的心愿。我们需要铭记的,也不仅仅是他们个人命运的悲欢离合,更有那些不能忘却的历史。让我们欣慰的是:现在有越来越多人加入到关爱老兵的行动中。在此,我们祝福所有的老兵能够安度晚年,健康平安。

【提示与思考】

《老兵,回家》通过大量的现场同期声展示了人物的真实思想、情感等,通过解说词阐释了必要的背景资料,通过音乐的恰当处理与运用,使内容更加深入人心、感动人心。节目透过个人命运的沉浮,反映了远征军老兵群体真实的生存现状,发人深省,同时展示了历史与现实的厚重感。节目真实、感人、文本细腻、画面优美,令人感动落泪。

【写作训练】

一、"寻找最美乡村教师"系列报道,是光明日报社和中央电视台联合开展、分别推出的2012年度"寻找最美乡村教师"大型公益活动的主体内容之一。下面是《光明日报》2012年9月1日刊登的系列报道之一《高原上的"雪莲花"——记湖北省恩施州鹤峰县中营乡高原小学教师邓丽》和中央电视台节目

高原上的“雪莲花”

——记湖北省恩施州鹤峰县中营乡高原小学教师邓丽

三年坚守，她用知识和爱心耕耘着70多名孩子的未来。

高原之巅，她用热情和青春守护着“高原花朵”的成长。

在海拔1,800多米的湖北恩施鹤峰县中营乡，有所高原小学。三年前，大学毕业不久的邓丽来到这里。犹如一朵雪莲花，她为孩子们带来了知识和快乐，为落后的高原小学带来了生机和希望。

一个人改变一所学校

2009年8月的一天，鹤峰县已经很冷，邓丽穿过蜿蜒的山路，来到小学报到。

“哇，是个女老师，好漂亮啊！”孩子们挤在她的办公室门口，探着头，用惊奇和欣喜的眼神望着这位新来的老师。

“我是学校唯一的女教师，也是和学生年龄悬殊最小的老师，孩子们都很欢迎我。”邓丽告诉记者，在她来之前，学校只有7名男老师，平均年龄54岁。

除了是高原小学的第一位女教师之外，邓丽还为学校带来了其他“第一”：孩子们第一次开口说普通话、第一次上了英语课、第一次站上了舞台、第一次吃上了免费午餐、学校举办了第一个“六一联欢会”、有了第一个澡堂……邓丽的到来，给高原小学带来了新气象。

在学校，邓丽当一个班的班主任，带一个年级的语文、四个年级的英语和全校的音乐课，还兼任了少先队辅导员和女生寝室管理员。

“邓老师上的课我们都很喜欢！”孩子们争着讲他们在课堂上的“英雄事迹”。为了培养孩子们的兴趣爱好和特长，课上，邓丽组织演讲比赛、故事会比赛、课本剧表演等活动；课下，她教孩子们唱歌跳舞，和孩子们一起游戏。

昔日性格孤僻的山里娃，如今可以在陌生人面前大方地表演。乡亲们说，是邓老师把爱和快乐的种子种在了娃儿们的心里，改变了孩子们的性格和未来。

只想做一名“纯粹”的老师

邓丽的到来，为寂寞的鹤峰高原带来了活力。但令人意外的是，在来到高原小学之前，邓丽在武汉有一份月收入4,000元左右的工作，令不少人艳羡不已。然而，一心想做一名“纯粹”老师的邓丽，毅然决然辞掉工作回乡支教，并且主动申请来到了环境恶劣、条件艰苦的中营乡高原小学。

“我也动摇过。”邓丽坦承,初到时,面对艰苦环境和难熬的孤独,她后悔过。然而,看到孩子们淳朴的笑脸、渴望的眼睛,邓丽最终坚定地留了下来,并用更多的爱温暖着孩子们。

在邓丽的学生中,有一对聋哑兄弟,父母在外打工,孩子从小被寄放在学校。没有学过特殊教育的邓丽,让兄弟俩捏住她的嗓子感受震动,用夸张的口型、自创的手语、纸条跟他们交流。在悉心培养下,聋哑兄弟的成绩从20多分提高到70多分、80多分。

邓丽还特别设计了“我和你们在一起”的手语。当聋哑兄弟哭着想妈妈的时候,当他们孤立无助的时候,当他们缺乏信心的时候,邓丽都伸出双手告诉他们:“我和你们在一起!”

在严寒的冬天,邓丽第一个起床,到教室升火炉,挨个叫孩子们起床。她亲手给学生洗澡,“希望把她们洗得水灵灵的”。在邓丽眼中,每一个孩子都是高原上的花朵,只要用心呵护,他们就能绽放生命的娇艳。

“放心,老师不会走。”

2011年5月,邓丽考入正式教师编制,可提前结束支教生身份,分配到中心学校。但孩子们的眼泪和被需要的幸福感,让邓丽又回到了高原小学。

“你们放心学习,老师不会走。”邓丽对每个孩子都这样说。今年30岁的邓丽还没有男朋友。追她的不在少数,但都被她拒绝了。邓丽说,首先要支持她的工作,否则不予考虑。“也有人说支持我,但能一辈子吗?”邓丽没有信心。谈到支教期满后的去留问题,邓丽很坚定:“上面派人下来接班,我才能走,如果没人来,我就不能走。”

邓丽的精神感动了很多人,但她觉得自己并没有多伟大。她说,她只是想找份有幸福感的工作,山里孩子需要她,被需要就是一种幸福。

当她生病躺在宿舍,聋哑兄弟向她做出“我们和你在一起”的手势时,邓丽是幸福的;当曾经自闭的两位女孩儿为她自编、自唱、自跳《邓老师活泼之歌》,作为献给她的生日礼物时,邓丽是幸福的。

(《光明日报》记者:夏静 《光明日报》通讯员:刘小英)

邓丽:一个人改变一所学校

【导　语】 今天我们带您认识湖北恩施高原小学的教师邓丽,在她来到这所学校前,这里没有女老师,7位男老师的平均年龄是54岁,年轻漂亮的大学毕业生来到这里,会给这所学校带来什么变化呢?

【同期声】 学生:邓老师好。

【解说词】这就是邓丽，今年30岁，全校72个孩子是她的学生，她身兼一个年级的班主任，教授一个年级语文、四个年级的英语和全校音乐课，她还是全校大队辅导员和女生寝室管理员。说起邓老师，全校师生没有一个不竖大拇哥的。

【同期声】学生一：邓老师很善良美丽。

【同期声】学生二：上课的时候都不会死记硬背，上课既开心又能学到知识，特别好。

【同期声】教师：我认为她就好像是一支兴奋剂。

记者：兴奋剂？

教师：给这个高原小学的老师、学生带来兴奋，带来活力。

【解说词】对于师生的褒奖，邓丽总是笑着说，她只是做了应该做的，是这里的师生带给她真正的幸福和快乐。

【同期声】邓丽：自己没有觉得那么苦啊，没有那么累啊，很快乐，而且我找到了在武汉工作时没有的那种感觉，就是那种幸福和快乐。

【解说词】邓丽告诉我们，他来到高原小学才只有3年时间。2008年，她从中南民族大学工商学院毕业后，在武汉一家知名的培训机构找到一份教师的工作，每天出入写字楼，月收入4,000元左右，在很多人看来是很体面的工作，但邓丽总觉得自己像个挣钱的机器。一年后，邓丽看到湖北省教育厅的“农村教师资助行动计划”，这是湖北省从2004年开始启动的一项新政策，在大学本科毕业生中选派支教生到农村乡镇中学任教，任期3年。邓丽马上报名，希望当上一名“纯粹”的老师。通过考试，邓丽被分到离恩施鹤峰县城最近的一所中学。

【同期声】邓丽：那所中学在我们县里是比较好的，我就觉得像这样师资比较雄厚的学校，作为一个支教生，我去也可以，我不去，它那里也不缺少这样一个老师。其实，在那样的山村学校，它才更需要老师。

【解说词】邓丽想去的正是这所高原小学，高原小学海拔1,800多米，是当地海拔最高的乡村小学，这里属于高寒气候，每年10月就进入了冬季，一年有五六个月需要烤火，很多老师顾忌这里偏远、恶劣的自然条件不愿意去，而这位倔强的女孩最终却说服了教育局领导，来到这里。不过，虽然对于这里的贫穷艰苦早有心理准备，但邓丽第一次看到眼前的一切时还是特别失落。

【同期声】邓丽：房子也是破破烂烂的，操场上到处都是泥土，积满很多水。那种从武汉来到乡村学校的心情的落差非常地大。

【解说词】就在这个时候，很多孩子跑过来，他们既羞涩又好奇的样子给邓丽留下了深刻的印象。

【同期声】邓丽:围在那个门边想进来看,想喊但是又不敢,流着鼻涕的脸上到处都是灰,挤在门口,你推我攘的,后来校长和那些老师都告诉我,你知道为什么他们这么惊喜吗?因为现在我们学校的学生就从来没有见过女老师。

【解说词】原来,这里现有的7位老师全是男的,最小的46岁,最大的59岁,看着孩子们淳朴渴望的眼神,邓丽下决心留在这里。

【同期声】邓丽:也不敢喊我,就那样直接用一种很渴望的眼神望着我,然后我当时就流泪了。是自己选择的,我就说即使再苦再累,跪着都要走下去。

【解说词】高原小学的老师们知识结构老化,不会说普通话,更不会教英语,学生流失严重,邓丽来的第一件事就是家访,说服家长把辍学的孩子送来,哪怕读一个学期,先看看效果。结果从那以后,高原小学的学生减少不超过1人。邓丽让孩子们的学习成绩大幅度提高,尤其是英语成了孩子们最喜欢的课程。

【解说词】在邓丽的学生中,谭兵是最特殊的一个。他患有先天性聋哑,不会说话,没有听力,连家长都不期待他能学什么东西,但邓丽有自己的想法。

【同期声】邓丽:我觉得他可以享受和正常孩子一样的东西,我们努力去让他成为一个正常的孩子,能够去感受我们所要做的东西。比如上英语课,我们也会让他和我们一样,认真去学英语。

【解说词】邓丽没有学过特殊教育,她让谭兵捏住她的嗓子感受震动,还用夸张的口型、自创的手语跟谭兵交流。邓丽的板书跟别人不同,有英语、有汉语、有拼音,还有歪歪扭扭的图画,这些都是为了帮助谭兵理解英语的意思。

【同期声】邓丽上课的声音。

【解说词】当谭兵答对的时候,邓丽会让其他学生对他竖起赞赏的大拇指,这让谭兵更有学习的兴趣。

【同期声】邓丽:专门为他设计了一个动作,让他知道,在我们所有人心目当中,把他当作我们当中的一员,就这样一个动作,我们……和你……在一起。

【解说词】在邓丽的努力下,半年后,谭兵的英语成绩从20多分提高到76分,提起邓丽老师,小谭兵只用一个字回答我们:"好。"

【解说词】让邓丽欣慰的是,自己的努力没有白费。有一次她生病在床,感到孤单无力的时候,谭兵来到她的床前,也用同样的手势告诉邓丽:我们和你在一起。

【同期声】谭兵:我们……和你……在一起。

【同期声】邓丽:我当时很幸福的就是,我教给他们的东西,他们同样能回报给我。

二、认真阅读下列材料，从中开掘出多种立意角度

角 色

有一天，胖胖放学回家说，他们幼儿园要选小朋友当演员跳舞，还要选几个敲鼓的，他说他的力气大，敲鼓肯定没问题。过了几天，他兴冲冲地回家告诉外婆："我选上啦！"外婆问："是演员还是敲鼓的？"胖胖响亮地回答："是观众！"

观众？观众也要选吗？母亲说，是老师骗孩子；父亲说，这孩子真是笨；外婆却很高兴，外婆说，只要孩子高兴就行了。是呀，胖胖确实很高兴，胖胖说："那天我一定要穿上最漂亮的衣服。老师说到时候观众要为演员和敲鼓的鼓掌，我一定要把手拍得最响。"

第二章 电视策划文案的写作

按照美国哈佛企业管理丛书编委会的定义:“策划是一种程序,从本质上是一种运用脑力的理性行为。基本上所有的策划都是关于未来的事物。也就是说,策划是针对未来要发生的事情做的决策。换言之,策划是找出事物的因果关系,衡量可采取之途径,作为目前决定之依据。即预先决定做什么、何时做、如何做、谁来做。策划如同一座桥,它连着目前与未来的经过之处。”在电视节目创作中,策划是不可或缺的,大到一些大型的综合性板块栏目、大型的直播活动,小到每一期节目,每一期节目的每一个兴趣点,都有策划的功劳在里边。随着我国电视业的迅猛发展,策划在电视节目创作中的地位越来越突出,内容越来越丰富。在今天的新形势下,媒体之间的竞争日益激烈,要想创作出更多更好的电视节目,赢得观众的支持和信赖,就需要开动脑筋去分析、判断、构思,设计运筹,也就是要讲求策划。

所谓电视策划,就是电视从业人员根据观众的需要,遵循电视节目生产和运作规律,利用已经掌握的知识和手段,按程序对电视节目创作过程中涉及的各个环节如选题、拍摄、制作、演播等所进行的科学的、合理的、有效的预先设计和设想,并形成具有指导性文案的行为。

第一节 电视策划的特征、作用和任务

“凡事预则立,不预则废”,策划就是筹划或谋划,是立足现实、面向未来的活动。电视策划是有效配置电视节目资源的重要手段。

一、电视策划的特征

虽然电视策划的对象和内容受到了电视媒体特征的限制，但它仍属于“策划”的范畴，仍具有和其他领域的策划活动一样的共性特征。

1. 目标明确

所谓目标是指一个行为所要达到的期望值。无论哪种策划，都是为了一定目的，都具有明确的目标。目标对于策划就像航标对于航船，失去它，航船就无法到达目的地。

2. 创新性

从美感经验来看，人的感性需要和理性需要是不一样的。人的理性需要相对单一、稳定一些，但人的感性需要却是丰富多变的，这和人的感官有很大关系。人的感官是非常容易疲劳的，再好吃的东西天天吃也总会吃腻，甚至会倒胃口；再美的东西天天看，也总会有厌烦的一天。因为感官本身需要变异，需要改变角度，需要一种新鲜的刺激，这样人的心灵才能得到丰富和满足，所以，电视节目的创新是非常重要的。

节目创新有赖于电视策划的创新。电视策划要创新，首先是观念的更新。新观点的提出，不一定非有新的理论体系，对传统的理论进行新的剖析也可形成新观点。电视策划能立意新颖，见解独特，发现别人没有发现或涉及过的新问题、新领域、新规律，就是创新。其次是方法的创新。新方法比新观念更重要，因为观念总是有限的、相对的，方法适应性却是无限的。最后是材料上的创新。生活中新事物层出不穷，这些新鲜活泼的东西都等着人们去采撷，所以，拓展材料领域，使创作的内容更丰富，使创作的题材更广泛，也是电视策划一个很重要的问题。第四是表达的创新。创造性思维成果必然要用新颖的语言来表达。

3. 可行性

策划离不开创新，但有的创新不一定具有可行性，策划方案只有通过实施才能体现出它的价值来，这就要考虑到策划目标实现的可能性。电视策划的可行性既包括人力、财力、物力等多方面的因素，还要考虑到时机、地域等条件是否成熟。如果有了好点子，却由于一些因素无法实现，那么策划就是脱离实际的，关于未来的蓝图就只能停留在纸上了。

4. 竞争是产生策划的土壤

电视策划出现的一个重要的原因是不同媒体之间以及同一类媒体之间竞争的加剧，由此，各电视台、频道、节目等由原来的只重视制作而忽视策划转向了既重视制作，更重视前期的策划和后期的包装宣传等工作。人们在收看电视时，虽然不可能也没有必要来证明自己优秀,但也难以容忍一些质量不高的节目侮辱自己的智商、挑战自己的耐性、浪费自己的时间,所以,观众不会把看电视作为一项任务来完成,他们会根据自己的需要、兴趣选择自己认为好看的节目,竞争也是必然的。

5. 前瞻性

策划是针对未来要发生的事作出当前的决策,是立足现实、面向未来的,所以,电视策划要对节目内容、收视群体、传播时间、传播效果等进行预测分析,要做前瞻性研究,以便更好地指导未来的工作。

6. 程序性

策划不是"东一榔头西一棒槌"的没有计划的行为,策划方案的制订、修改、实施、调整等是按一定的程序进行的。当然,这不排除在实施过程中根据实际情况进行调整,使它更趋于合理、完善。

以上六个特征是电视策划和其他策划活动共有的特征,但由于策划的领域不同、对象不同、任务不同,电视策划还有区别于其他策划的特征。

1. 政策性

前面已经讲到,电视工作是一项政策性、政治性很强的工作,体现在电视策划中就是要在党的路线方针政策指导下进行,要符合一定时期的宣传报道思想,要坚持为人民服务、为社会主义服务,坚持正确的舆论导向,使我们的电视作品真正满足人民群众的需要。

2. 时效性

时效性是电视传播的特性,这一特性要求电视策划要讲求一定的时效性。电视策划的时效性主要体现在策划是针对一定时间内要播出的电视节目而进行的活动,因为电视节目播出有时间限制,电视策划也就有了时间限制。电视节目的时效性较强,电视策划的时效性就要跟上,它是有一定的"截稿日期"的活动。

3. 综合性

电视节目的内容会涉及各个方面,电视节目的表现手段也丰富多彩,电视节目从制作到播出牵涉的部门也很多,所以在进行电视策划时策划人员要考虑到多方面的因素,要考虑到每一个环节,要平衡协调各个因素,不能有任何疏漏,因为它是"牵一发而动全身"的,只有认识到这种整体的综合性,才能保障策划目标的实现。

4. 动态性

快速变化着的外部世界以及策划人员对事物认识程度的逐渐加深,决定了电视策划具有随机应变的动态性特征。也就是说,从宏观来讲,每个时期宣传报道思想不同,需要不断调整策划战略;从微观来讲,一个策划方案出来以后,在具体的实施过程中还会随着情况变化而作出适时的改动，使得策划方案更能符合实际需要。中央电视台中文国际频道（CCTV－4）的栏目《中国文艺》创办于 1996 年 5 月 1 日，该栏目是以“传播中华民族优秀文化，弘扬五千年中华文明”为宗旨的荟萃全台文艺精华的编辑类节目，基本形态是“主持人＋文艺节目欣赏”。该栏目从创办至今走过了如下几个阶段：

1996 年 5 月 1 日至 1997 年 10 月 1 日：栏目每周播出 50 分钟（两期），是以改编全台原有节目为主的一档杂志性文艺节目，其中包括《黄钟大吕》《梨园风采》《谈笑风生》《舞坛流韵》《歌海拾贝》《武术与杂技》等板块。

1997 年 10 月 1 日至 2000 年 2 月 7 日：栏目加强了自拍量，还是每周播出一期 50 分钟的文艺节目，但板块有所调整，其中所含板块有：《今天有约》《艺林寻根》《文艺传真》《歌海拾贝》《舞坛流韵》《谈笑风生》。

自 2000 年 2 月 7 日起：栏目改为周一至周五每天播出一期，每期 30 分钟，每期一个专题。节目排序如下：周一《缤纷世界》、周二《世纪回声》、周三《神州戏坛》、周四《五彩云霞》、周五《轻松节拍》。

为了更全面地介绍中华民族的优秀文化艺术作品，2002 年 9 月 2 日，《中国文艺》全面改版，它打破了原有的命题格局，采取周一至周四全面打通的方式，不分门类、不分时间地介绍中国文化艺术中的舞蹈、戏剧、音乐等优秀作品，每周五设置一档《娱乐点播》节目，该节目面向全球观众，只要是观众点的节目，《娱乐点播》节目均在适当时机予以播出，以增强和海外观众的互动性。

2006 年 1 月该栏目又推出了全新改版的节目，改版后的定位走向即“打破我播你看的陈旧模式，推出你点我播的娱乐盛宴”“点击央视国际、收看中国文艺”。从栏目形态上来看，它以观众需求为基本出发点，充分尊重观众的选择权，以点击率为指标，选择大多数观众喜爱的节目加以编排播出，体现了文化民主意识，增强了互动性；从内容定位上来看，在强化荟萃央视精华的同时，对所有文艺现象和文艺形式加以观照，大大拓宽了题材范围，文艺娱乐“一网打尽”；从审美追求和审美导向上，加大了对题材的深度解读和多侧面开掘，力求体现国家主流媒体“文艺风向标”的作用。这样三位一体的定位走向，赋予了《中国文艺》厚重而不失活泼、互动而不迷失方向的独特品格。把观众的审美沉淀诱发成新的审美诉求，静态观赏变成动态选择，把收视权真正还给观众，努力达到目标收视的极限可能，是这次改版的最大特点。[①] 2010 年 12 月 1 日，作为中文国际频道唯一一档日播综合性文艺栏目，历时 14 年的《中国文艺》，在经过多次策划与研讨之后，对日常节目进行了优化调整，对周末节目进行了全新策划。

---

① 赵允芳：《中国文艺应当成为一个文化使者》，《传媒观察》2006 年第 4 期。

始终不渝地坚持推陈出新,打造拳头产品,是《中国文艺》日常版的努力方向。同时,为了扩大优势,《中国文艺》日常版从鼓励原创、加强时效、强化系列节目等几个方面寻求突破和提高。优化调整之后的《中国文艺》从以下几方面重点着手:关注文艺热点,跟踪文艺动态,力争成为中国文艺的风向标和晴雨表;延续“荟萃精华、自创经典”的基本制作思路,努力开发新选题、新角度;与频道高雅、国际化的风格相匹配,将“精美靓”各类优秀的电视文艺作品荟萃展示。

周末节目的改变表现为:在形态上,由日常的编辑性文艺专题变为现场的文艺展示,主持人、演员、观众,在中国文艺自己的舞台上可进行零距离的互动。内容上,周末版紧扣当下热点文艺现象和文艺人物,邀请富有民族性或国际性表演特点的文艺团体或个人,在《中国文艺》的舞台上专场展示才艺,讲述故事。形式上,周末版顺应国际化前沿综艺节目的发展趋势,将文艺表演、现场采访与专题小片紧密结合,在展示文艺的同时,加强节目的叙事性与故事性。时长上,周末版由日常的每期30分钟延长至45分钟,让观众能够尽兴地欣赏到原创的文艺节目。

从1996年5月开办至今,《中国文艺》栏目随着时代和观众需要的变化,适时作出大大小小的调整,力争以优秀的电视文艺作品为海内外华人观众打开一扇精神视窗,反映了电视策划的动态性特征。

二、电视策划的作用

好的策划,可以有效地突出媒体的个性和所长。当今社会电视观众的分众化和电视频道的细化,对电视创作者和电视节目的生产提出了更高的要求。已经不是简简单单把节目做出来,传播出去,就有人看。同一个信息,同一个事件,也许现场围了众多媒体的记者。同样的内容,同样的时段,也许会有不同的表现角度和方式。竞争既来自于电视业内外,也来自于国内外其他媒体。如何开掘报道题材的内涵,在角度、形式、视听语言的运用等方面有吸引人之处,策划起到了很重要的作用。

1. 促使节目创新,促进精品生产

“精品”原本是商业领域中的名词,它是指品质优异、具有广泛美誉的产品,借用到电视节目评价中是指那些“思想精深、艺术精湛、制作精良”,具有广泛影响和持久生命力的作品。在电视竞争日趋激烈和国外强手抢占中国市场的时候,精品是竞争的法宝,是维系电视台生命力之所在,是立台之本。

当今,人们已把看电视当作日常生活的一个组成部分,变成像饮食文化一样重要的依赖性消费。当然这种依赖性是建立在选择性的基础之上的。电视机前永远坐着喜新厌旧的观众,他们希望看到有灵气的充满创意的电视节目,他们需要那些导向正

确、内涵深邃、特色浓郁、制作精致的作品。正像厨师要研究菜式菜谱、服装设计师要设计新款服饰一样，电视工作者则要通过策划为电视制造新款式、新口味和具有新的个性特征的作品，满足观众的消费需求。

电视策划最直接的作用就体现在促进精品的生产上。“思想精深”就需要对选题和内容进行精心策划；“艺术精湛”就需要在表现手法上不断创新；“制作精良”就需要在技术工艺上精益求精。策划是精品产生的必由之路。精品多，电视业就兴；精品少，电视业就会衰落；没有精品的电视台，就会死亡。在和西方强手竞争时，谁掌握了精品，谁就掌握了主动权，谁就可能赢得最广大的观众。

2. 提高业务素质，增强节目的竞争力

随着电视节目生产、运作等观念和模式的改变，电视人不得不考虑一个问题，即若想在竞争中取胜，首先要增强自己的竞争力，要增强自己创作的节目的竞争力。电视策划的直接作用是促进了精品的生产，但在一定程度上也促使电视创作人员提高业务素质，促使他们去开动脑筋、不断接受新观念、开拓新思路、寻找新方法，以增强节目的竞争力。

当然，竞争不是流行什么节目大家就拼命去做什么节目，也不是哪家电视台有了新的做法，其他电视台就一窝蜂地跟着上，竞争应是在一个良性的促进节目质量提高的机制下进行的。

3. 协调各项工作，保证运作顺利

电视策划不仅仅是一个策划人员出主意、想点子的问题，它是一个系统工程。从策划前的调查研究到确立目标、制订方案，再到实施、评估、调整方案，无不显示出当代策划的系统特点。策划，不仅要考虑节目的内容、形式，还要考虑到对摄像、编辑、导播、主持、灯光、美工等创作人员的要求，所以电视运作的各个部门、各道工序、各个岗位之间的协调和配合也要在策划中体现出来。另外，像一些大型节目的直播，由于技术要求高、节目播出时间长等，更要求把制作部门、播出部门、技术部门、后勤部门等协调好，以保证节目的生产和运作顺利。

三、电视策划的任务

1. 设定策划目标

每一个节目策划都有一定的目的性，都要达到一个预期目标。这个目标既是策划的起点，又是策划通过实施所要到达的终点。在电视节目逐渐走向市场化的过程中，考虑节目在播出后所要达到的效果和目标，对节目未来的生存至关重要。策划人在给节目设定目标时，应该根据现实条件合理地确定预期效果，如果不考虑实际情况，策划目标定得过高或过低,都将影响策划最终的效果。策划还必须充分考虑到节目的收视群体,考虑节目播出后目标观众对节目的认同程度。

2. 深入调查研究

策划不是闭门造车,也不是好高骛远,是建立在充分的调查研究的基础上,来源于现实,优于现实。首先,策划要对内容做深入细致的了解,离开了内容,策划等于空中楼阁。其次,还要对观众的收视兴趣做调查,对某个时段观众的心理状态做调查,即调查观众的心理需求是什么,观众渴望看到怎样的节目,观众看这个节目的目的是什么,对于这些,策划者要做到心中有数。最后,还要对同类节目、同一时段的节目做调查,了解它们的优势和劣势,扬长避短。

3. 进行创意

策划是对电视文化资源的独特优势进行开掘、整理和运用的一连串计划,具有创新意义。进行创意也是策划很重要的一个内容。创意实际上就是正确地发现和提出问题。有了创意,整个策划过程就有了由头,后面才能更好地、有针对性地提出解决问题的方案。

好的节目创意是提高策划效率的重要手段。创意往往是灵感的闪现,是思维火花在一刹那跳动的成果。在平时的节目策划过程中,策划人有时苦思冥想而没有结果,弄得人身心俱疲,勇气和信心都快要泄去,而有时,灵感突然迸出,好的创意只在极短的时间内就完成了。策划之初,创意是朦胧的,它没有考虑后期的运作过程,在有了创意之后,策划人还要对创意进行界定,明确创意的实质和内容是什么,明确策划的对象是什么,以便使策划有针对性,有的放矢。创意的核心是创新,有无创新是一个节目能否生存和发展的关键所在。人无我有是一种创新,人有我强也是一种创新。

4. 精心编制方案

编制方案就是把思维的成果转化成完整的、可操作的实施方案。节目创意、目标和定位确定后,策划人就进入具体的策划阶段,认真地对电视节目进行现实性构想,并为节目未来制作、播出设计详细具体的步骤和方案。策划制作方案的过程,是一个全面和细致的过程。策划人必须坚持理论联系实际的原则,认真撰写方案,并使方案具有可操作性,能够给制播人员提供实际的指导。

5. 实施过程控制

再好的策划方案还只是画在纸上的一个施工图纸,要想把这张图纸转化成一座漂亮的建筑,还需对施工过程进行调控。在调控的过程中通过各种渠道收集反馈信息非常重要。这就要求策划人在策划方案的实际操作过程中,经常听取来自不同渠道的反馈的声音,特别是搜集观众和竞争对手的反应。对很多电视节目来说,节目播出后,都要相对稳定一段时间，在这一时间段里，策划人还可以根据搜集到的信息，对原有节目进行再改进，以使作品更好地满足观众需要。

第二节 电视策划的思维方式

从智力品质的角度，思维可以分为再现性思维和创造性思维两种。再现性思维即人们一般的思维活动，这种思维是自己或他人以往的思维课题、思维过程、思维结果的重复，本身不产生新质，思维结果往往在常人意料之中。创造性思维是相对于以固定、惰性的思路为特征的习惯性思维而提出来的，是指在强烈的创造动机和外在启示的激发下，充分利用人脑意识和下意识活动能力，借助于各种具体的思维方式(包括直觉和灵感)，以渐进性或突发性的形式，对已有的知识经验进行不同方向、不同程度的再组合、再创造，从而获得新颖、独特、有价值的观念及新知识、新方法、新产品等创造性成果。创造性思维要求产生新质，思维结果往往在常人意料之外。电视策划的核心就是一种创造性的思维活动，它要求摆脱习惯性思维，追求思维的高效运行和成果的"独到""最佳"。

电视策划的思维方式主要有以下几种：

一、灵感思维

灵感思维的接通媒介是直觉。直觉是人类洞察事物的一种特殊活动，其特点是从显意识扩大到潜意识，或者说是显意识和潜意识相互交融的结果。灵感，是可遇而不可求的。许多颇具创意、颇具灵气的电视作品都闪烁着灵感思维的光芒，比如一些精妙绝伦的电视广告、新颖别致的 MTV 等，灵感思维使电视屏幕里呈现出一个前所未有的精彩美妙的世界。①

记者、编辑们通过思维活动和电视创作，不仅能把生活中的原型化为电视形象，把抽象的概念变为具体的影像，还能在此基础上产生新颖的、前所未有的思维成果，即敏感地捕捉思想的火花，在形象的内容和抽象的认识中激发灵感，提炼并组合出富有创意的题材。这就是策划，它给观众带来新的、具有社会价值的产物，是智力水平高度发展的表现。在灵感状态的背景下，由长期知识积累和问题思考带来的巨大力量，会催生出不可想象的思维结果——策划内容。

---

① 王永纲：《电视思维初论(下)》，《西南电视》2000 年第 3 期。

二、想象与联想

黑格尔曾经说:“如果谈到本领,最杰出的本领就是想象。”想象不仅可以使人们的认识纵横驰骋于无限的现实世界,而且可以使人们的思维奔腾于神奇的幻想境地。人们凭借想象回首过去,展望未来。想象可引导电视创作者摆脱已有的知识结构和传统思维模式的束缚,发现新的创作题材、创造出新的节目样式或提出新的观点。

联想就是我们根据某人某事物的某种特点,联系到也有这种特点或相似特点的其他人或事物,由某概念而想起其他相关概念的一种心理过程。在策划选题时,如果发现某电视台的某栏目有特点、收视率很高,其他电视台就可能效仿、借鉴。如中央电视台在1994年黄金时段推出的《焦点访谈》,获得观众的极大认可,全国各省、市电视台也纷纷设立、运作以“透视”或“观察”冠名的新闻评论栏目,这些栏目也成为各台的主流栏目。联想法的创新,就是由借鉴到演变的过程。

联想是以扩散思维为特征,以由此及彼为线索。联想过程中的思维是形象化了的思维,思维过程中产生的形象是理性化了的形象,这样,形象的因素和抽象的因素在思维过程中紧密地结合在一起,思维活动就达到一个较高的层次。因此,联想一旦展开,思维就能冲破时空的限制,做到思接千载、视通万里,考虑问题的角度、侧面和方法就会随之扩展,认识也会随之深化。

以1999年5月14日敬一丹主持的一期《焦点访谈》节目为例,该节目报道的是我国政府派专机接回我国驻南斯拉夫使馆遇难烈士的骨灰和受伤人员的过程。节目一开始,主持人从人们可能会忽视的飞机型号说起。她说:“5月14日,我国政府派专机前往南斯拉夫,接回我国遇难烈士骨灰和受伤人员。飞机型号是CA9999。这不同寻常的四个‘9’让人们心中震颤不已,它让人想到了十万火急救助我们的同胞亲人,也让我感到了期盼和平的善良人们的美好愿望。人们希望平安久久、健康久久。”这是一个寓意深长的开头。一个不被人们重视的飞机型号,在节目中起到了画龙点睛的作用。主持人利用四个“9”展开联想,并激发观众,人们想到了当年是1999年,想到了“救人”的“救”,想到了“长久”的“久”。“9”是中国人的吉祥数,它表达了人们盼望世界和平、平安长久的愿望。这个联想让观众一下子就记住了这架承载着祖国使命和国家尊严的飞机型号,也一下子把观众的心揪了起来,产生了非要把节目看下去的心理。

刘勰在《文心雕龙·神思》中说,“积学”(积累知识)、“酌理”(辩明事理)、“研阅”(体验生活)、“训致”(训练情致)是“神思”的基础。联想不会从天而降,但我们可以通过学习一些联想的方法进行相应的训练,开阔自己的思路。

三、发散思维

发散思维是指主体有目的地以某一个思考对象为中心，沿着不同的方向和不同的角度，将思维指向这个中心，而不是一条路走到底。也就是说，遇到问题要开阔思路，使思路呈放射状，以此来发现新选题、新点子，寻找新角度、新方法、新形式，即所谓“横看成岭侧成峰，远近高低各不同”。构思作品时，各种思维、素材一齐摆在面前，作者需要综合处理各种信息，找到突破口，理清头绪。只有发挥创造性，才能选择一个最佳角度，使作品呈现出与众不同的特点。比如，有这样一个故事：“从前有兄弟俩同睡在一顶蚊帐内，他们分睡两头。帐内蚊子很多，谁都懒得拍。弟弟被蚊子咬得睡不着，就用妈妈预备好的蒲扇把自己这一头的蚊子赶过去。过了一会儿，哥哥也被蚊子咬醒了，他也用妈妈预备好的蒲扇把自己这一头的蚊子赶过去。结果是赶来赶去，蚊子依旧在蚊帐里咬人。”这个故事，我们可以从不同的角度去分析：

1. 从“兄弟俩只顾自己一头，不顾对方一头”这一角度，可以拟出《要关心他人》和《不要以邻为壑》的题目。

2. 从“兄弟俩没有联合起来共同驱蚊”这一角度，可以拟出《齐心协力才能消灭蚊患》和《各自为阵，后果不堪》的题目。

3. 从“兄弟俩都没有把蚊子彻底赶出蚊帐而只顾眼前片刻安宁”这一角度，可以拟出《把目光放远一点》和《鼠目寸光者戒》的题目。

4. 从“兄弟俩赶蚊的后果”这一角度，可拟出《自私自利终将害己》的题目。

上面这些题目的拟定，就是发散思维的结果。如果要拟出既符合材料本意又容易阐发作者独到见解的题目，就必须反复思考、仔细琢磨，思维应该达到“山重水复疑无路，柳暗花明又一村”的境界。

四、逆向思维

逆向思维是指从与自己的习惯性思维或传统观念相反的方向、角度进行思考的思维，也就是遇到事情倒过来想一想，选取别人没有注意到的新事物、新角度，或者采取别人没有使用的表达方式。“反弹琵琶”的英姑和“倒骑毛驴”的张果老，之所以给人留下深刻的印象，主要原因在于他们的“反”和“倒”。而把这种与常理相悖的思维方式合理地运用到写作构思中，常常可以收到别出心裁、不落俗套的表达效果。在电视策划中这种思维方法比较常用，比如在某一类栏目中，当大家都在追求大而全的选题时，就可以采取逆向思维的方法，反其道而行之，确定一批小而精的选题。

五、系统思维

系统思维是一种逻辑抽象能力,也可以称为整体观、全局观。系统思维表现在两个方面:一方面是指人类生活的系统,也就是要把思考的问题放在历史的、现在的、社会的、自然的环境中去考虑,这样思考的结果是全面而深刻的;另一方面是指媒体本身、节目本身的系统,也就是要把策划的节目放在所有媒体、所有节目中去考虑,以找到更准确的定位和更新颖的形式。如今观众可选择的频道和栏目令人眼花缭乱,但用系统思维对它们进行分析,就会发现它们与人类的生活系统并不完全对应,反映某些领域的栏目和题材多有重复,而有些领域却出现栏目、题材贫乏甚至“真空”的状态,对两个方面都作系统思考后,就比较容易确定选题。

【写作训练】

一、联想思维训练

联想思维训练是利用联想物之间在时间与空间上的接近关系、特点方面的相似与对立关系,在表面上看来并无有机联系的联想物之间建立有机联系。如在“窗户、渔网、汽车、女人”这四个不相干的事物之间建立有机联系。有作者把它们串接成文,文章如下。

女性社会地位的变迁

几千年来,中国女性的社会地位一直随着历史的发展、变化而发展、变化着。

在漫长的封建制度下,中国女性始终处于社会最底层,受着最深重的压迫。在那个时代,她们是完全从属于男子的,能见到、能感受到的只是自家小窗户内外那窄小的世界。封建的观念视她们为“贱妾”“奴婢”。“嫁鸡随鸡、嫁狗随狗”的命运,使得女性就如那方窗户一样,别人把她(它)放在什么位置上,她(它)便在那儿无法移动,只能在那儿任人开、任人关、任风吹、任雨打。她们依附着男人而活,如同窗户依附着砖墙而生,“窗户”一样的社会地位带给中国旧制度下的女性的,是“窗户”一样的苦难命运。

随着封建王朝被推翻,“解放女性”“提高女性地位”的口号,也曾一时喊得甚高。然而封建王朝的垮台却并不意味着封建意识的同时消亡。旧的观念,新的迷茫、无奈,如同一张极大的渔网裹挟着中国近代的女性。这张渔网虽已陈旧,却很大很结实,胆小懦弱者仍只能在网中苟延残喘地过着“窗户”式的生活,激进者多数也只是转了圈又回到原地,留给自己的是更大的悲哀,留给别人的是无尽的叹息。如同鲁迅先生的小说《伤逝》中的子君,她曾那样勇敢地喊出了“我是我自己的”的口号,并与封建之“网”

进行了抗争，然而结局却是个人因“网”而窒息身亡。

中国女性地位真正获得提高，还是在以汽车为主要交通工具的当代。女性和男性一样，可以参加各种社会活动，同男子一样参政，处理国家大事，和男性一样，像驾驶汽车般把握自己人生的方向盘。她们再也不是男性的附属品，而是和男性一样拥有自己的“半边天”。现代女性，如同汽车一样，自由自在地奔驰在自己的“人生高速公路上”。

中国女性从“窗户”时代进入“渔网”时代，再进入“汽车”时代，走的是一条最终得到平等、自由、幸福，然而其过程却极其艰辛的弯弯曲曲的道路。今天，我们生活在“汽车”时代的女性，回头望去，仍可见众多女性在“渔网”中挣扎，在经受着“窗户”式的苦难。只有我们加倍努力，更多的女性才能坐上为自己命运而奋斗的小汽车！

正如上面这篇文章一样，在联想思维中，“发现”很重要，要发现事物在“互不相干”的表象下深藏着的“内在联系”。

请同学们自拟或互拟题目进行联想思维的训练，拟题时注意，构成题目的四个事物之间的跳跃性要大。一般而言，跳跃性越大，联想难度也越大，可是一旦联想成功，其训练质量也更高。

二、发散思维训练

在大型专题片《万里海疆》中，创作者围绕一个“海”字，想到了很多材料，比如关于“海”的成语：海枯石烂、海誓山盟、移山填海、排山倒海、天涯海角等；海与作家的关系：安徒生与海、高尔基与海、徐志摩与海等。

1. 请以下列词语为思维中心点，展开训练。

幸福指数、爸爸去哪儿、中国好声音、低碳、动漫

2. 请以下列段落所包含的含义为思维的中心点，展开训练。

面　试[1]

【面试主管】：你对电脑懂多少？

【应 征 者】：懂一点，我戴过电子表，玩过任天堂，房间有一台电视。还有，我看过同学用 Dos 开机，两次。

【面试主管】：下一位！（第二位应征者进入）

【面试主管】：你对电脑懂多少？

---

① http://topic.csdu.net.

【应 征 者】:嗯,那要看是哪一种电脑了。

一般的超次掌上型的单晶片时脉输出电脑(电子表)比较简单,我小学时候常常使用它的解疑编码作业流程(闹铃功能)。至于多功能虚拟实境模拟器(任天堂)就复杂得多,不过我曾经完整测试过许多静态资料储存单元(只玩卡带破关)。

长大后我对于复频道超高频无线多媒体接受仪器(电视)开始产生兴趣,每天晚上都会追踪特定频道的资料(指八点档节目)。

至于传统的电脑,我手下的一位工作伙伴(同学)经常在我的监控之下进行主储存的单晶体与磁化资料存取之间的信号交换(指Dos开机)。

【面试主管】:明天开始上班。你的配车在地下二楼,附车位,这是钥匙……

第三节 电视栏目策划文案的写作

电视栏目策划,是栏目制作部门着手准备或进行栏目运作的首要环节,是一个新栏目开办之前或一个已有的栏目改版之前首先要进行的一项工作。栏目策划方案的好坏,对今后栏目的制作、运作起着根本的作用。有了精彩的栏目策划,才可能有精彩的电视栏目;有了成功的栏目策划,才可能有成功的栏目制片人。

栏目策划是从根本上回答做什么、怎样做、谁去做、如何提升、如何保持等问题,策划的创意出来之后,就要用书面文案将其具体表述出来,以便成为实施操作的依据。

一、策划文案的内容

策划文案又叫策划方案或策划书。文案的写作就是把策划的构思用文字和图表确定并表述出来,形成一份可操作的"施工图纸"。

一般而言,电视栏目策划文案的内容大致可分为以下六个部分:

1. 栏目的宗旨和目的

要策划一个电视栏目,首先应考虑这个栏目的宗旨与目的。

比如《深度105》是由新华通讯社、东方卫视联合制作的一档电视评论栏目,创办于2005年1月。该栏目借人类徒手潜水105米的极限,寓意栏目制作者将竭尽所能让事实浮出水面的新闻追求,"竭尽所能,让事实浮出水面"即栏目的宣传语。栏目名称显示了其选题、制作既立足于当下现实又挑战极限的追求。节目内容涵盖政治、经济、军事、文化、科技、教育等领域,注重新闻热点背后的思想深度和情感深度,体现海派文化兼容并蓄的精神。在这样的栏目宗旨的指导下,《深度105》及时反映了许多重大新闻事件，制作了《佘祥林："杀妻"冤案》《高考移民的背后》《藏羚羊调查》《高露洁危机》等有影响的报道，引起社会广泛关注。

2. 栏目的定位和设置

定位是一个栏目的灵魂，决定着一个栏目与其他栏目的区别，是一档栏目必须最先确定的基本特性。

栏目准确而又明朗的定位，是一个栏目是否具有生命力的关键所在。栏目的定位对于中央电视台《焦点访谈》的巨大成功至关重要。"时事追踪报道，大众话题评说，新闻背景分析，社会热点透视"，这四句创办之初的定位语既是电视工作者智慧的结晶，也凝结着他们非凡的策划理念，因而在观众心目中留下了深刻印象。《焦点访谈》后来的定位语"用事实说话"更简洁明了、准确有力。

栏目定位包括栏目内容、形式的基本类型和特性的定位，收视人群以及他们的性别、年龄、职业、收入等因素的定位，栏目时长、时段、播出周期、成长周期设计、媒体环境要求、制作水准和制作规模原则要求等定位。

设置是栏目定位的细分和实现途径，是按定位的原则要求对栏目内容所作的设计。定位和设置都是从理性上回答这是一档什么样的栏目的问题。设置包括总体设置原则、设置原理、设置说明等方面的内容。

总体设置原则是指以定位为指针，对栏目的整体构架、内容分类、表现形式、栏目特色和风格所作的原则要求，如对栏目的节奏、快慢是否有要求；设置内部结构形态是逐条串编还是板块杂志式；主持人及其出像风格和频次如何；板块间是否作逻辑要求；小板块的制作形式是否作规范要求；栏目统一风格、品格、标识、包装点的价值体现；栏目的目标属性、定位的价值取向等。

设置原理是指栏目构成，即栏目的结构形式和栏目的板块设置。它包含的属性有：栏目内容的构成，不同内容的板块结构，不同板块的定位、表现内容、表现形式、表现风格。它包含的操作环节有：确定板块间的呼应、对比、逻辑、轻重、虚实关系，确定单元板块的定位，确定板块名称，确定栏目的基本制作风格，设计正常的制作程序、制作量，测算人力、物力、财力的单期成本，考察栏目营销推广的基本卖点等。例如，板块名称的设置，既要考虑上下呼应和协调、起伏和递进，又要体现板块定位，富有冲击力和感染力，还要考虑被市场接受的程度。通俗地说，名称要好听、好懂又好卖。

对于多板块结构的栏目或杂志式栏目，栏目设置强调的是结构设置、板块设置、设置实施细则的有机结合；对于独立板块的栏目，设置的重点是建立风格和实施思路，即形式、风格的规范与制作流程设计。

设置说明是对栏目设置的系统表述，通常指在设置原则的指导下，对设置的特点、亮点的提示和在特定媒体环境或制作环境下对有利因素和不利因素的说明和注释。

定位和设置的关系是:定位指导设置,设置体现定位;定位抽象,设置具象。但定位和设置须结合出一个完整而丰富的栏目方案。下面这个例子就很好地说明了栏目定位和设置的关系。

《九州深呼吸》曾是凤凰卫视一档关于旅游故事、休闲生活的综合类栏目。该栏目用流动的行为动作贯穿始终,动静结合、深入浅出地表现自然风光、地方人文、生活乐趣等多层次内容,使节目成为受众的“导游员”“行路图”“食宿表”“购物城”“保健院”“娱乐宫”和“气象站”。节目每周一集,每集时间长度为24分钟,栏目设置分三个部分,以主持人全程体验的行动路线为线索,按照“出发”—“游览”—“休闲”的顺序,形成三个自然板块,三个板块的分工如下。

“出发”——介绍背景资料。讲述有关地域、历史、交通、开发状况的内容,主要选择“奇闻”“传说”“历史影响”及“各类统计数字”作为故事线索,在表现形式上强调内容的情节性;影像上运用黑白、作旧、变速等特技方式,强化每个故事的情景氛围。

“游览”——用主持人参与的细节体验,展现地方景观、人文特色的内容;在表现形式上强调内容的娱乐性,每集邀请一位当地的导游小姐参与旅程;影像上突出摄影师的拍摄技巧、镜头的角度、虚实动静的结合、同周边因素的配合与反差,运用定格照片、画中画、多重画面等特技方式,配合主持人的行为动作。

“休闲”——选择介绍当地有特色的配套设施、商业服务、娱乐项目,传递和分享快乐的感觉;用主持人的观察和体验,突出细节,对相关内容作出横向比较并归类统计;表现形式上强调节奏变化,采用各种方式的立体表达;影像上突出色彩,用漂亮、简单、明确的表格表现数字类信息。

每个板块承担不同类型的内容、功能,多角度地实现对风景名胜、民俗猎奇、人文感受、生活品位以及周边信息等各方面的立体表现。

每集邀请一位当地姑娘作为导游,形成一道亮丽的风景,也可构成讲故事的重要因素,配合主持人的体验行为,增添节目色彩。

3. 栏目的选题

栏目选题的策划也是至关重要的。长期陷于栏目创作的编辑、记者可能都有这样的体会:一个栏目经过一段时间的运作,选题很容易枯竭。如果有超前的、科学的选题策划,就可以改变栏目制作捉襟见肘的状态。

选题策划的一个有效做法就是有主题、成系列。比如凤凰卫视的社会历史纪录片栏目《我的中国心》在人物选题上就进行了新的探索。从2009年到2011年,主要拍摄的是一些人们耳熟能详的大人物,比如钱学森、季羡林、杨振宁等大科学家、文学家,周恩来、蒋经国、卓琳等大政治家。尽管这些大人物的历史早已被反复细说，但《我的中国心》力求呈现一些解密性的材料以及凤凰卫视独有话语空间所允许的东西。到2012年，第一梯队的人物选题越来越少，节目的思路开始转向那些在中国历史上同样发挥过重大作用，但却几乎从未被提及的人物。他们的历史同样重要且十分精彩，但却很少被人关注，《我的中国心》力图呈现具有此类价值的材料。[①]

4. 栏目的样式和风格

样式和风格是一个栏目从形式上区别于其他栏目的标志，它包括是否有主持人、是室外节目还是演播室节目、演播空间的处理、栏目呈现的是轻松的还是凝重的气氛等。

5. 栏目的运作

栏目运作是指栏目的运行机制和运作过程。栏目运行机制是栏目运行的灵魂。

栏目运行机制包括基本运行机制、考核机制、人力资源整合、资金配置、物力资源整合等。

栏目基本运行机制的根本区别是人、财、物资源的属性界定和利用权限界定。对于人员来说，有指定人员和独自聘用人员的不同；对于资金来说，有现金投入、广告时间投入和看样购买的不同；对于设备、演播室、车辆等物力来说，有无偿提供、设备有偿租用和自找门路的不同。

考核机制实际上就是制约和激励机制，重点是制订考核标准、衡量标准、分配办法、制约办法、激励办法等。

人力资源整合是指人员素质的分析、定位，资金的有效获取和合理投放及节目制作各环节的物流设计。资源整合的效果是直接提高运作绩效。人力资源整合的主要环节有：栏目所需人才的个人素质要求和团队素质结构要求的提出、发现和培养，人员素质分析，人员定位、整合效果评估和调整。

资金是栏目制作资源的来源，大体分实报实销制、包干制、资金合作制、经费自筹制等几个类型。

物力资源整合是指栏目制作的物流设计，主要涉及成本消耗，如前后期设备、演播室、交通工具、磁带、电池等材料的消耗。

机制和资源整合利用，是栏目策划的又一关键，是解决栏目怎么做、谁来做的问题。尤其是在机制的建立原则、量化标准、考核等方面，要尽量做到准确、科学、合理、公正。激励和制约的措施要做到系统而完整，通过人员素质分析、定位、开发利用，有

① 穆磊：《凤凰卫视历史题材纪录片节目运作方式研究》，《今传媒》2014年第3期。

效地发现和激发人员潜能。

就栏目策划而言,策划方案的制订还要根据不同栏目所处的环境和情况的不同,作策划重点的提炼。对于新栏目的竞标策划方案来说,还要重点做栏目运行的可行性、可信度和满意度论证;独立制片人栏目方案还应重点阐述栏目运行的保障系统,如资金的有效组织和管理、抗风险能力、栏目质量可持续保障、制作场所设备的相对固定能力等;对于商业性栏目,应重点阐述广告推广、节目发行的价值及其可实现程度。这些都是栏目策划范畴的内容,往往也是栏目策划的特色部分。

6. 栏目的宣传

如果将栏目看成一个产品,包装和推广也是栏目策划过程中不可缺少的组成部分。可以说,栏目形象的提升、被社会和观众认同的速度和程度,在相当程度上取决于包装和推广,即栏目的宣传。

栏目包装是指栏目的视觉识别、视觉包装、音频包装等栏目文化识别系统。视觉识别包括栏目的名称标准、标识、话筒标志、主持人背景、记者采访服、采访车装潢及其他识别元素。视觉包装是指栏目的片头、片尾、片花、子栏目片头、栏目宣传片、栏目定位宣传片等。音频包装是指栏目主题曲、片头曲、片尾曲、标识音符等。包装在风格、流派、主色调、协调统一美等诸多方面要求不同,难度上也有很大差别。

包装是将栏目的理念屏幕化的过程,是实实在在摆在观众面前的影像,所以一定要符合人们的审美心理。北京电视台生活频道《魅力前线》是一档生活时尚类电视栏目,在栏目包装上有高度的统一性,无论是片头制作、画面窗口,还是演播室设置、字幕设置,都辅以粉色和银灰色或其他元素,使受众在心理上形成了色调认同,加上轻松、优雅的音乐,形成了画面和声音的融合,为观众营造出一种美艳而且极其敏感纤巧的气氛,凸显出一种与众不同的生活格调和品位,从而诠释了都市生活的新概念,为千千万万品位高雅、个性独立、追求时尚的现代都市人带来流行时尚和生活情调。《魅力前线》的电视形象也就更加丰满立体起来。①

推广即通过栏目主体和客体的全面宣传,让栏目尽可能快速、深刻地被观众接受。推广包括主体推广和客体推广。

主体推广是指有意识地培养和宣传主持人、记者、编辑和栏目本身。通过影视和平面媒体的宣传,提高栏目的知名度并建立满意的平台。也可以以栏目名义做公益活动、观众互动活动等。

客体推广可以生动、形象地反映节目主题,有意识地提炼节目内容的可宣传信息,

---

① 郭慧玲:《论电视栏目包装的个性化》,《魅力中国》2009年第6期(下)。

以使节目内容成为社会热点、热门话题。有条件的，一年能成为若干次热点，并有多家媒体加盟宣传。

二、策划文案的写作要求

1. 内容充实，忌空洞无物

文案写作是对一个具体化内容的具体分析，所以要避免空洞和抽象。策划离不开深入细致的调查研究，只有经过调查研究、了解情况，脑子里有东西了再动笔，才能写出好的策划文案。调查研究的方法很多，最有效的是拜访业内前辈行家，此外还有查阅文献资料、对客户做访谈等。

策划文案忌用笼统、抽象的概括性语言，应多用形象生动的事实说话。过于概括和笼统的语言，很容易掩饰和忽略人物与事件的个性特点，这样一来，出现在屏幕上的东西就容易显得比较模糊和苍白，与观众的生活和需求产生明显距离。

2. 通俗明白，忌辞藻堆砌

创作者的文字功力强，有文采，并不意味着在策划文案中要使用华丽的辞藻。文案的写作最终是要解决做什么、怎么做的问题，它是一个工程蓝图，第一要务是叫人看清楚、看明白。如果写得华而不实，不但不会使人产生美感，反而会给进一步创作造成一定的困难。

3. 时代性强，忌因循守旧

电视策划的动态性是非常强的，策划人应时刻关注时事动态、新闻政策，掌握时代的脉搏，这样才能找出符合时代发展特点的创意，避免墨守成规、因循守旧，同时结合本电视台的性质、风格，尽可能策划出最能体现主旋律和专业特色的选题。

4. 考虑观众，忌自娱自乐

观众需要是节目的出发点，也是节目策划的依据与基础。电视策划要了解观众的所思所想，考虑观众的心理需求，缩短电视节目与观众之间的距离，提高观众的接受度。

(1)节目内容与人民群众的普遍要求紧密相连。

(2)运用人们喜闻乐见的形式，使电视节目真正为大众所接受和喜爱，并适应观众不断变化的需求。

当然，适应观众需要，不等于一味迎合观众，观众的需要形形色色、良莠不齐，有正当的与不正当的、合理的与不合理的、健康的与不健康的、积极的与消极的。因此，不能对观众的需要不加区分地一概迎合，让观众牵着鼻子走，而是要满足观众的合理健康需求，对不健康的需求进行正确的引导，在大众化的同时注意“化大众”，提升观众素质。

5. 导向正确,忌经济利益至上

社会效益是节目的终极目标。在市场经济条件下,电视产品是以商品形式传播的。因此,电视产品只有适应市场经济规律的一般要求才能发展。但是,电视产品又不同于一般的物质产品。电视节目要坚持正确的舆论导向,不能违反国家的各项法律法规,不能与党的方针、政策相冲突,也就是既要具有经济效益,又要讲究社会效益。

6. 可操作性强,忌华而不实

电视策划要注重可操作性和实用性。由于电视策划的概括性较强,对问题的把握往往侧重于宏观,结论性的东西较多,而具体性和可操作性明显不足。实践表明,理论必须具体化才能有针对性,必须有可操作性才能为观众所理解和接受,从而达到电视节目制作和传播的目的。

7. 留有余地,忌一锤定音

文案仅仅是一个具有生命形态但还没有获得生命的东西,它不是一个成品,所以要充分考虑到具体制作过程中可能出现的各种意外情况,同时文案要有很大的可改变性,要"留有余地"。

【优秀作品赏析】

中央电视台新闻频道《新闻会客厅》栏目策划方案①

一、《新闻会客厅》介绍

《新闻会客厅》是一档晚八点半播出的新闻谈话类栏目。它关注的是国内外重大新闻事件中的人,有较强的时效性和公众关注度。强调开掘新闻事件中人物内心的切身感受和事件中人性的展示及人的经历。

《新闻会客厅》内容定位:重在展示新闻中的人性、知识性、故事性。每期视内容多少可分为一个主题或多个主题。

构成元素:以演播室为主阵地,以话语因素为主、图像因素为辅来诠释新闻事件。时长为25分钟到30分钟。采用"2+1"或"2+N"的方式组成节目中的谈话阵容,即两位主持人加一个新闻当事人,或者是目击者、事件关联人。表现手段多种多样,短信、语音留言、网络、电话连线等均可运用。

---

① http://ent.sina.com.cn.

二、理念

1. 关注新闻中的人性。“人”是所有新闻当中最重要且最根本的因素，任何新闻归根到底都和人有关，《新闻会客厅》将以关注新闻中的人物内心、经历和感受为内在追求。

2. 多角度。通过对新闻中的知识性、故事性的展示，让观众得到更多的、更进一步的信息，不提供结论。

3. 平民气质。《新闻会客厅》将通过谈话场营造一种家庭气氛，拉近新闻与普通人的距离，增强可视性和传播的有效性。它的风格是亲切、平和、随和的。

三、《新闻会客厅》的特色

《新闻会客厅》的竞争对手是中央台的其他演播室谈话栏目，如《时空连线》《面对面》《中国报道》等，但《新闻会客厅》有自身的特色。

1. 新闻的关注点不同

《新闻解读》《时空连线》等是“带着问号前行”，关注新闻的背景、前景与解决之道，常探讨制度与机制问题。而《新闻会客厅》是“带着兴趣出发”，关注新闻中的人，包括人的感受、人的命运，具有知识性与故事性。

2. 嘉宾功能不同

所有新闻谈话类节目中出现的嘉宾不外乎是专家、官员或当事人。《新闻会客厅》不追求专家路线，不是说它排斥专家，而是说它不强调专家式的权威解释，着眼点在于新闻性与人性的结合，其提问注重“大众感受、朴素情感”。

3. 叙事逻辑不一样

其他新闻谈话类节目是线性叙事逻辑，讲究叙事的起承转合，注重清晰的结论，相对比较完整。而《新闻会客厅》是发散式的叙事逻辑，它可以是一个主题，也可以是多个主题，它不要求有周详的论证，其逻辑随着主持人谈话的兴趣和气氛游走，谈论的点和结论是开放式的、不唯一的，追求与观众的共鸣，“形散而神不散”。

4. 呈现的形态不一样

其他新闻谈话类节目是你问我答的“采访式”，较为严肃，而《新闻会客厅》则是有感而发的“谈话式”，较为轻松活泼，具备家庭氛围。同样是谈论一个新闻，《时空连线》等节目是在评论，而《新闻会客厅》是在“议论”，如果说其他新闻谈话类节目主持人要穿西装的话，进入《新闻会客厅》的人则不用穿西装。

四、开办《新闻会客厅》节目的必要性

1. 创立《新闻会客厅》，是新闻频道追求传播现代化的必然要求

纵观中央电视台历来的新闻节目，主要以告知事实和评论为主，而现代传播学认

为,公众对新闻还有交流、议论的愿望,还想知道别人(除专家以外)对此事的感想与看法,《新闻会客厅》就提供了这样的平台。因此,它的出现填补了新闻节目种类的空白。

2. 从国外新闻频道成熟的经验来看,《新闻会客厅》类型的节目是不可或缺的。

我们对日本、法国、英国、美国、德国等国的新闻频道进行了全面的了解,它们都有类似的谈话节目,都有很强的生命力。

3. 开创《新闻会客厅》有利于中央电视台整合频道资源

(1)从《新闻会客厅》横向比较看,在晚间20:00到21:00时段,观看电视剧的观众占60%。《新闻会客厅》的家庭氛围对这部分人有较强吸引力。

(2)从新闻频道纵向比较看,19:00到21:00的前后,都是公众关注度高的主流新闻节目,整体感觉"偏硬",《新闻会客厅》则有非刚性的特点,因此,它的出现增加了新闻频道节目种类的多样性。

五、《新闻会客厅》节目的优越性

1. 可操作性强。《新闻会客厅》的嘉宾组合形式多种多样,既可以有关联人也可以有当事人,不受实际情况限制,极具可操作性。

2. 时效性强。《新闻会客厅》的节目内容,是对当日发生或者当日报道的新闻进行讨论和交流,因此,它具有快捷的时效性。

3. 性价比高。《新闻会客厅》每天播出半小时,资金投入相对较少,但节目产出很高。

六、《新闻会客厅》节目前景分析

首先,《新闻会客厅》会很快形成品牌效应。

《新闻会客厅》的主持人是面对整个中央电视台充分开放的,像白岩松、水均益、崔永元、敬一丹、方宏进、张泉灵、张羽、王志、董倩等,这些知名主持人已经形成了各自相对稳定的收视群体。这样的主持人,将会使《新闻会客厅》在极短的时间内提高公众知晓度,并尽快形成自己的品牌。

其次,经过一定时间的运作,《新闻会客厅》有可能诞生中央电视台第一批时事评论员。

时事评论员是国际新闻大台的一个显著标志,CNN、BBC、ABC等著名的电视台都拥有一批出色的时事评论员,中央电视台目前还没有时事评论员,《新闻会客厅》栏目恰恰为他们提供了这样一个机会。

最后,《新闻会客厅》是中央电视台最有潜力成为直播形态的新闻专题节目。

在栏目开办的初期,《新闻会客厅》准备采取准直播形态,一旦条件成熟,将逐步向直播形态过渡。《新闻会客厅》节目的内容定位,使得其节目在安全运作方面极具可控性，正因为如此，它在新闻专题节目中，最有实现直播的可能性。

总之，《新闻会客厅》节目独有的形式和定位，将使新闻频道在实现新闻价值方面更加丰富，节目类型更加均衡，整个频道也将体现出更为人性化的时代特点。

【提示与思考】

这是一个较为简洁明了的栏目策划文案，目标明确，定位恰当，比如栏目的特色定位就是在充分调查研究的基础上，结合栏目的传播目标确定下来的，非常符合栏目的特点。但如果从栏目策划文案完整性上来讲，该策划文案还欠缺栏目运行机制和栏目宣传等内容。

【写作训练】

一、某电视台要开办一个综合文艺类栏目，请你写一份策划文案。

二、某电视台要开办一个生活服务性栏目，请你写一份策划文案。

第四节 电视谈话节目策划文案的写作

电视谈话节目的样式众多，它的策划也很难有统一的方案。现在，在大型谈话节目录制之前，一般都要制订策划方案。策划方案由制片人、编导、主持人共同制作。主持人在主持节目之前要熟悉策划方案，在谈话进行的时候参考稿本，以便使谈话按照编导的思路进行，防止谈话偏题、走题、挂一漏万。

一、谈话节目的分类

电视谈话类节目从内容上来分，有严肃、娱乐类等形式，也可以细分为人物性的、事件性的、话题性的、情感性的等几类，有时界限也不明确。按话题的性质来划分，可以分为以下几类：

1. 叙事型谈话节目

叙事型谈话节目是以讲述故事为主要内容的谈话节目。人们自古以来就对讲故事、听故事有一种热情，人们通过故事认识世界，反观自身，获得人生经验。

但与小说、电影、电视剧不同的是，叙事型谈话节目中讲述的故事是真实发生过的，而不是虚构的，它常常由当事人或主要参与者亲口讲述，因此更具有现实的震撼力。

叙事型谈话节目讲述的故事应当具备以下两个条件：

(1)故事有戏剧性。戏剧性强的故事往往有各种出人意料的转折,很容易引起观众的兴趣。

(2)故事有争议性。谈话节目是公众的论坛,人们在这里要进行相互的交流而不是做独白式的讲述,如果选题没有涉及具有一定普遍意义的、观众关注的问题,讲述的只是非常私人化的经历,现场观众就会觉得无从谈起,交流也就无法进行。

2. 辩论型谈话节目

辩论型谈话节目是展现截然对立的两种观点以及观点在交锋中带来的激烈碰撞,因此即兴色彩非常浓,最能展现语言的魅力。

3. 讨论型谈话节目

讨论型谈话节目展示的是嘉宾围绕某个问题所进行的不同层次、不同侧面的交流与探讨。观众在讨论型谈话节目中希望得到的主要是对问题更深入、更全面的了解。

二、选题与思路

话题是电视谈话类节目的灵魂,话题的选择是创作者共同面临的一个重要问题,选择话题应着重从以下几方面来考虑:

1. 栏目的定位

栏目的定位一般包括栏目的基本功能、受众群以及样式风格等内容,不同的栏目有着不同的定位,不同的定位有着不同的观众群,话题的选择也就各有特色。《夕阳红》栏目的周末版《相约夕阳红》栏目的定位就很明确,它以“说家长里短,道人间冷暖”为宗旨,以演播室为主要录制环境,通过谈话节目的形式增进老年人与家庭、老年人与社会的相互理解和沟通,密切代际关系,促进家庭和睦,给老年人以精神慰藉和思想启迪。

2. 选题是否具有“卖点”

谈话的选题靠什么来吸引观众锁定频道?靠什么来和观众做一个长期的约定?靠的就是“卖点”。这就要求选择那些观众普遍感兴趣的、普遍关心的、值得观众一看的话题。卖点应该是题材本身就有的,不是强加上去的,它需要创作者从题材中挖掘。

3. 要注意深度与广度

体现深度和广度,一方面要求创作者具有较强的信息占有能力,要做大量的准备工作,搜集大量与主题有关的材料作为背景材料,包括历史背景、社会背景、人物背景等;另一方面,要求创作者具备较强的分析能力和综合能力,要整合历史的、现在和未来的多种材料,使之成为有机的整体,努力将事实放在宏观、微观各个层面去表现它对人和社会的意义,由表层拓展向深层,以体现电视谈话节目深刻和全面的传播旨趣。

比如内蒙古电视台获得第二十二届中国新闻奖电视访谈一等奖的《拆新房为哪般》,它讲的是一个刚建成两三年的商品房小区因面临拆迁而引发的业主和政府部门的尖锐冲突。从表面看,这是一个个体事件,但正像中国新闻奖评委梁家新所说的,拆迁不算新闻,但一个商品房小区刚建成就要拆迁,这就成为了一个具有时效性、冲击力的新闻事件,就会激发广大观众关注和参与的热情。仔细分析,这个选题关系着城市建设、城市管理、科学决策、百姓生活、个人权益、法律尊严等方方面面,涉及政府行政决策的执行、城市规划的实施、百姓安居乐业的不同诉求,事关千千万万住户脆弱的神经。①

三、嘉宾的选择

《辞海》中对"嘉宾"的解释有两条,一是指"佳客",二是指"雀"的别称。雀,在古代指常栖集人家的宾客。嘉宾一词被引用到电视节目中,从广义上讲,是指被邀请到节目现场、参与录制的所有人,包括现场观众;狭义上则是指被邀请到主持人身边或坐在观众席上但由主持人特别介绍的,参与现场谈话较多、为观众关注的一位或几位人士。目前对嘉宾较为统一的认识是指受邀以各种方式出现在各种内容的电视节目中的各界人士。

它包含这样几层含义:

其一是"受邀"。所谓受邀就是受到邀请参加到电视节目中,受邀对象是受欢迎的,并非"捡到篮子里就是菜",排除了某些批评性报道中的采访对象和当事人。

其二是"各种方式"。各种方式是指嘉宾参与节目的方式不同,展示在观众面前的形象不同,在一档节目里的作用不同。如有的嘉宾是到节目现场,而有的嘉宾则是节目前期采访的,还有的嘉宾是通过电话、网络等参与节目的。有的是主嘉宾,有的是颁奖嘉宾,有的是次主嘉宾。

其三是"内容"。随着电视事业的日益繁荣,电视节目的内容越来越丰富,节目的类型也越来越多,许多节目都邀请嘉宾,如谈话类节目、游戏类节目等。

其四是"各界人士"。由于节目的内容不同、类型不同,受邀嘉宾的职业、身份、年龄、性别、国籍等也不同。②

电视谈话节目中的嘉宾是指受邀参与现场谈话的人士。在主持人的引导下,嘉宾可以自由地讲述自己的故事、表达自己的观点、释放自己的情感,也可以就某个问题与主持人或现场观众展开讨论。一场谈话是不是有意思,要看参与谈话的是什么人。嘉

---

① 第22届中国新闻奖获奖作品的深度评析,http://www.nxszs.gov.cn,2013—01—10 09:02:08。

② 杨斌:《把脉嘉宾》,中国国际广播出版社2000年版,第9页。

宾的选择是一件很重要的事,从某种程度上说,嘉宾选择的成败关系到节目的成败。谈话节目嘉宾的选择要从以下几个方面来考虑。

1. 权威性

所选嘉宾应该是话题所涉及的领域、学科、行业中具有权威性的人士,是所讨论问题的专家,他的观点对观众具有很强的说服力。因此,嘉宾受邀到现场来谈自己的见解和认识。如北京电视台体育频道的《体育议起来》栏目于2013年8月8日播出了《中国男篮的远虑与近忧》节目。该节目选题源于中国男篮在2013年亚锦赛第一阶段的比赛中成绩不理想,亚锦赛之旅被各路人士一致看衰。为此,节目邀请了北京体育广播的主持人、体育评论员梁言,前国手、国家青年队教练张云松,前国手马健,《篮球先锋报》总编辑苏群等作为嘉宾,讨论中国男篮是不是失去了亚洲霸主的地位,中国男篮的路在何方。从四位嘉宾的身份来看,他们或者是前国手,或者是精通篮球领域的媒体人,或者是著名的体育评论员,或者是正在一线工作的篮球教练,因此他们的观点具有一定的代表性和说服力。

2. 有直接关联性

嘉宾应当是与话题有密切关系的人,尤其是一些叙事型谈话节目,要尽量邀请到当事人或与事件有比较直接关系的人。

3. 有个性

个性是指一个人在长期的生活实践中形成的一定动机、理想、信念、世界观会使个体的活动总带有一定的倾向性,从而在一个人身上经常表现出的特定的心理特征。个性的显著特点就是稳定性。嘉宾的个性是指嘉宾在谈话节目中体现出来的相对稳定的独特性。这种独特性集中体现在语言上,包括口头表达的语言和体态语言,这两种语言共同作用,表达出一个人的思想、看问题的角度、观点和立场。

嘉宾不一定长得漂亮,但一定要有某种让人喜欢的特点和气质,他的这种真实而自然的个性会使他产生一种亲和力,也会使话题"谈"得更丰富多彩。

4. 有较强的语言表达能力

谈话节目,关键要谈,而且要谈得精彩。而要谈得精彩,嘉宾就不仅要清楚地叙述自己经历过的事情,而且要能够表达自己的思想和情感。嘉宾语言的自然流畅、富于逻辑、严谨规整、幽默风趣等,都可能成为观众喜爱他的原因。当然,嘉宾的能说会道一定要建立在真实的思想感情的基础上,他的语言可能并不华丽,但要发自内心,确实是经过自己的思考有感而发。在强调嘉宾的语言表达能力时,嘉宾还要注意不能在表述上过于"霸道",不能一说起话来,就如同上了弦似的一路跑下去,不停顿、不间歇、不倾听他人的不同意见,使轻松的谈话节目变成"一言堂"和独角戏。

四、策划文案的内容

谈话的时间、深度随着节目的题材等因素的变化而变化。一般情况下，很短的电视访谈只需要一个简单的提纲即可，但若是一个内容跨度比较大、时间比较长的谈话类节目，就需要一个详细的策划方案，以便理顺谈话的结构、掌握谈话的重点。应该说，策划在电视谈话类节目中具有很重要的作用，策划方案越详细，主持人就越能从容地掌握谈话的进程。同样，策划方案中个性化的语言也能够帮助主持人调动嘉宾和现场观众的参与积极性，制造谈话过程中的亮点。当然，主持人作为谈话类节目的中心人物和执行者，对于策划方案起着最后的把关作用，因为谈话节目进行时，现场会发生很多变化，主持人要随机应变，对策划方案中的内容进行修改。

谈话节目的策划文案没有固定的格式和表达方式，它是对节目的宗旨、模式、内容、形式、风格、人员组成、工作步骤等方面总体构思的书面说明，主要包括以下内容：

1. 主题阐述

主题阐述简要明了地交代清楚节目的主题及背景、现状、发展态势等，阐述选题的意义，并对这个话题提出解决的思路或办法，这是统领整个节目的纲要。

2. 嘉宾和观众的介绍

无论是主持人、嘉宾还是现场观众，所有参与者都应被塑造成具有平等发言权的独立个体，每个人都应以平凡的心态、平等的视角来相互理解和沟通。这一内容包括：

其一，话题计划请哪几位嘉宾？嘉宾的数量不是固定的，应根据节目的需要来确定。

其二，嘉宾及特殊观众的姓名、年龄、职业、性别、有关背景以及和话题的关系等。

其三，嘉宾对话题的主要观点和主要困惑。各位嘉宾的观点有哪些一致性，又有哪些分歧，如何“系铃”和“解铃”，也就是如何让他们交锋，又如何协调好他们之间的关系，真正让观点产生共鸣或因分歧而撞击出火花。

其四，如何介绍嘉宾出场？嘉宾的出场方式和时间没有一定之规，可以在节目一开始就出场，也可以是在节目进行中出场；可以是主持人向观众介绍，也可以由话题自然带出。

以美国广播公司（ABC）的《奥普拉·温弗莉访谈》一期节目为例，这期节目的主题是“我所崇拜的人，或曰谁改变了你的生活”，嘉宾的出场是这样的：

> 节目开头是奥普拉的一段话，调节现场观众气氛，制造第一个兴奋点，然后导入主题：我所崇拜的人。接着播放一位来信观众谈自己最崇拜的人的录

像。在这之前,节目主题已在网站和节目预告中公布,从观众来信来电中选出好的故事,提前拍成专题片。此时嘉宾A,也就是录像中的那位观众上场,谈自己为什么崇拜一位橄榄球运动员,接着播放关于这位运动员也就是嘉宾B的专题片录像。

在嘉宾A不知情的情况下,引出嘉宾B上场,安排嘉宾A与自己最崇拜的人嘉宾B在演播室见面。经过几分钟的谈话之后,奥普拉引导嘉宾B谈出自己最崇拜的人是自己的母亲,接着播放关于嘉宾B与母亲在一起及介绍嘉宾B母亲个人的专题片。

同样在嘉宾B预先不知情的情况下,将他的母亲请到演播室,制造了又一个高潮。①

其五,嘉宾的搭配和平衡。比如,嘉宾的性别最好不是清一色的男性或女性,嘉宾的性格特点也要有区别。既要有理性的,也要有感性的;既要有性格沉稳的,也要有富于激情的;既要有说话严谨的,也要有爱开玩笑的等。如果只请同一类型的人来当嘉宾,现场谈话往往会因缺乏不同声音而变得淡而无味。

3. 谈话场的营造

谈话场是主持人、嘉宾、现场观众包括场外观众相互形成的一个以交流反馈为目的的场。

(1)节目开头设计

节目导语及主持人的开场语,首先要使观众很快明白节目要谈什么、怎么谈,做到简练实在、准确切题。其次还要营造一个谈话的氛围,使节目一开始就调动起现场观众和电视机前观众的兴趣,为话题的展开和进一步深入奠定基础。

比如美国广播公司的《奥普拉·温弗莉访谈》一期节目《你的孩子是否患有抑郁症?》的开头如下:

画面:几个孩子诉说各自心中苦闷的镜头依次穿插。

声音:温弗莉低沉而充满感情的画外音:“许多孩子看上去一切都好,但实际上他们患有抑郁症。一项调查揭示了这样的事实,五分之一的孩子曾认真地想到过自杀。如何才能判断你的孩子有没有抑郁症呢?请看下面的节目吧。”

---

① 汪文斌、胡正荣:《世界电视前沿》(1),华艺出版社2001年版,第151页。

这个开头将制作精美的画面和言简意赅的话外音结合，声音和画面水乳交融，相互呼应，特别是一句“如何才能判断你的孩子有没有抑郁症呢”，一下子抓住了观众的注意力，激发了观众的收看兴趣。

再如美国广播公司的《夜线》中的一期节目《幸存者》，开头是这样的：

首先是Columbme高中师生进行战争防护演习的新闻回顾和学校几位中年教师对一位女性的称赞，屏幕上出现一位人物Gerda Weissmann，分别有她少女和老年的形象。

接着，主持人出场，介绍新闻背景，并介绍人们赞美的那位女性：一位“二战”幸存者，现年76岁的Gerda Weislmann。她自己历经了苦难，却把爱与积极生活的信念教给学生。同时出现本期标题《幸存者》。

我国一些谈话节目的开头设计也很吸引观众，如在《小崔说事》的一期节目《“千手”洗手》，开头先邀请两名现场观众一起上台做游戏，节目的嘉宾作为一名现场观众在被邀请之列，主持人、嘉宾、一名现场观众三人一起用扑克牌玩比大小的游戏，并把每人的手表作为赌注，经过比赛，嘉宾赢了。接着，主持人用一个短片让观众了解赌博的危害，片中也向观众介绍了刚才参加游戏的嘉宾身份。短片结束后，主持人才说到“掌声欢迎马洪刚”，并对回到观众席的那位观众幽默地说道：“你输得明白了吧？”由此，主持人开始和嘉宾及现场观众进行交流。

这个小游戏的设计，既活跃了现场气氛，又引出了本期节目的嘉宾和话题，还让观众亲自体验了赌博没有赢家的过程，可谓一举三得。

《实话实说》还有一期节目《我爱你，科学》，其开头也很有新意，一开始就把观众、嘉宾放在一个特定的环境中，让嘉宾谈谈听完一首乐曲以后的感受。这样，主持人、嘉宾、观众一下子就融在了一起。主持人的开场白如下：

今年北京刮了十几次大风，大风里面还有沙尘，在北京的人都体会到了，非常难受。我们的乐队也觉得特别难受，所以他们专门为这个沙尘创作了一首乐曲，一起听一听！

我问一问我们请来的客人的感受。

我来为大家介绍，这位是陈述彭先生。陈先生希望我介绍他是在北京生活了50年的一个市民，家庭住址在中关村。住在中关村的都是咱们科技界的人,陈先生就是中科院的院士,没经他批准我就给他介绍出来了。坐在中间的是慈龙骏女士,她是中国林科院的副院长。还有一位是刘纪远先生,刘先生是中国科学院地理科学与资源研究所的所长。您先说说您听完这个音乐的感受。

(2)谈话过程设计

好的话题应该依托一种形式,层层剥笋,步步推进。对谈话过程的组织是通过现场嘉宾、观众讨论的不断深入而体现出来的,其高超之处在于"无痕"。谈话的理念因为过程的顺畅、无痕而变得更加形象、生动,易于让人接受。当然,这并不是要让一期谈话节目做得信息密集度高,使观众透不过气来。国画讲究"留白",音乐讲究起伏跌宕,谈话类节目同样需要留有令观众感到舒服的"休闲余地",以此来调节节目的节奏,帮助观众消化和接受。谈话过程的设计包括三个方面:

其一,问题设计。

设计什么样的问题是由谈话节目的特性决定的,问题设计既要控制现场谈话的节奏、气氛和走向,又要引导个性的表达,因为个性表达是谈话节目的主要魅力之一。

电视谈话节目在设计问题时,首先要增强对观众和嘉宾的了解,使问题设计得更有针对性。其次要努力营造一种交锋的状态,使现场嘉宾与观众形成互动,或者观众之间对某一个问题持有不同的观点,互相质疑,以充分体现谈话节目的交互性特点。最后要警惕问题设计的封闭性,要尽量提出一些开放度比较大的问题,扩大观众的参与范围,切忌为观众准备好问题和答案。比如有些谈话类节目在录制过程中,塞给每个现场观众一张纸条,让他照着说,不仅愚弄了现场观众,也愚弄了电视机前的观众。

其二,谈话过程要有段落感。

写文章要分段,这是人人皆知的。做电视节目也要分段。首先观众需要段落感,段落感能帮助观众更好地理解和欣赏节目,其次是节目组织结构的需要。电视谈话节目的段落表述有以下一些方法:

· 插片花。即在不游离于主题之外的基础上,重复使用片花进行隔断。

· 现场音乐演奏。即在谈话的顿歇处,现场乐队适时地演奏一段乐曲。

· 由主持人道出。即主持人要心里有数,通过问话、总结等承上启下的语言来形成段落感。

当然"段落感"和谈话过程的"无痕"并不矛盾,段落感不是断裂感,它注重的是观众欣赏心理的需要。

其三，制造兴奋点。

兴奋点是谈话节目好看的保证。制造兴奋点可以把对抗因素引入谈话节目，如对立思想、对立观点等；也可以采用制造悬念的手法，让观众在急切期待的心情下关注节目的发展，同时又通过节目发展的不可预测性调动起观众好奇、探究的心理，让观众不断地判断、推测，参与到节目中来；可以利用幽默诙谐的方式使观众兴奋起来；还可以用大屏幕播放一些外拍资料，调节现场的气氛等。

(3)结束部分设计

谈话节目的结束应该让现场嘉宾、现场观众、电视机前的观众都感觉到顺理成章。结束部分的设计要考虑话题谈到哪儿为止，以什么样的方式结束，主持人说什么样的结束语等。以下面几个节目的结尾为例。

例 1：中央电视台《对话》栏目 2014 年 4 月 17 日播出的《阅读变革：我们的文学梦》探讨的是手机等新媒体给人们阅读带来的巨大革命。在节目的结尾，主持人用《新闻周刊》主编的一段话作了总结：

【主持人】 在今天的节目结束之前，我记得《新闻周刊》的主编曾经说过这样的一句话，她说：任何一件事情，终会有终结的那一天，问题呢，不在于这一天会不会来，而在于它什么时候来，以什么样的方式到来。任何一个时代离我们远去的时候，其实都是一个新的时代的开始。而这个新的时代，永远都会为有准备的人而来。这就是我们今天的《对话》，谢谢大家和我们一起来关注阅读的革命。谢谢童之磊先生，谢谢到场的每一位嘉宾。下周再见。

例 2：大连电视台《不同凡响》栏目的一期节目《敦煌追梦人——金卫东》讲述的是为使敦煌壁画“长留人间”而对其进行复原、临摹、默默奉献的金卫东的故事，这期节目是用金卫东的一个朋友写给他的一首词作为结束语的：

【主持人】 我这有一份儿词，这是金卫东的一位朋友写给他的，把金卫东的一生说了一下，包括你爱人，你自己看一下，给大家说一下。

【金卫东】 这里面有几句我给大家念一下：“历尝酸甜苦辣，有谁知吾心所求，业未立，长歌当哭，世言几时休。”后面还有这样的：“星辰惊，日月转，山河流，大地情收，看未来大千世界，何处不风流。”

【主持人】 我们在节目的结尾，想赠送给金卫东一个礼物，把赠送的礼物拿到台前来。

【金卫东】 好，谢谢！

【主持人】 这就是刚才那段词《满庭芳》,我代表我们《不同凡响》栏目组把这个重新复原、加工的礼物送给金卫东。

【金卫东】 谢谢!

节目以给嘉宾赠送礼物——一首《满庭芳》作为结尾,形式新颖,同时这首词所表达的意义也正是编导要传达给观众的。

(4)细节的设计

在节目中精心设计一些形式感强的细节对营造热烈的氛围也能起到烘托作用。谈话节目中的细节可以有以下几类:

物件细节——一些物件的运用可以很好地起到提起话题、展开情节的结构性作用。这些物件类似戏曲中的道具,但是它的作用却明显要大于一般的道具。任何人的口头表达都有词不达意的时候,采用道具是对口头表达最好的诠释。如中央电视台《对话》栏目的一期节目《笑傲江湖漫话金庸》结尾时,主持人拿出金庸的漫画头像,金庸先生接过头像比划时的镜头,给观众留下了深刻印象。这个物件细节的运用及它所产生的视觉冲击力,新鲜、有趣、符合节目内容。对金庸这样的大师,用一种超然的漫画形式来概括总结他,应该是再恰当不过了。从篇章结构的角度来说,使用这个物件也很好地起到了戛然而止的收尾功效,物件的运用是非常成功的。

中央电视台的《艺术人生》栏目的《德德玛专辑》一期为了制造节目的亮点,构思了两个物件:其一是编导根据她与爱人之间相互亲切、关怀的动人故事谱写的一首叫《红雨伞》的歌曲;其二是德德玛几十年前在中国音乐学院学习时的学籍资料。这两个物件细节的出现使德德玛本人及观众感到非常意外,但它们的运用使该期节目的传播功能进一步强化了,《红雨伞》成了德德玛奋斗的一生以及她和爱人之间相濡以沫的真挚情感的象征。

游戏细节——这里所讲的游戏主要是指为了谈话内容的需要,有意识地设计一些和谈话内容密切相关的、对话题展开和推进有促进作用或调节谈话节奏的一些小型游戏。通过游戏的进行,让观众、嘉宾在规定的情节中得到一些感悟,很自然地引导出主持人想要说明的道理。例如前面提到的《小崔说事》中玩扑克的游戏。

再如,在《对话》栏目的一期节目《团队为王》中,编导特地设计了一次“信任倒伏”的游戏。信任倒伏也就是信任背摔,让一个人站在有一定高度的平台上,然后背对着自己的团队直挺挺地倒下来,这个游戏训练的是团队成员之间的互相信任。这个游戏不但大大活跃了现场的气氛,把相对比较静止的谈话变成了生动活泼的游戏,而且极大地调动了嘉宾、现场观众的情绪,很好地检验了团队成员之间的信任和默契程度。

美国的电视栏目《莉基·莱克 SHOW》中的一期节目《秘密与惊讶》中，也设计了一些戏剧性很强的情节。这期节目的话题是谈论母亲的着装风格如何影响女儿的着装。莉基先请五对身着奇装异服的母女一一在观众面前展示，让观众对她们的着装风格进行评价，结果她们的打扮几乎得到了众口一词的否定，接着，主持人请一位"魔术师"把她们全都"变"出了场，使现场出现了小小的高潮。当她们又被魔术师重新"变"回现场时，现场观众再次发出一片惊呼，因为这五对母女已"改头换面"，她们都换上了大方得体，和自己年龄、性格、职业等相适应的服装，妈妈们或身着干净利落的职业装，或是一身随意、舒适的休闲打扮，女儿们也不再"乱穿衣"，而是穿上了合体的学生装。两次出场，打扮不同，给观众的印象判若两人。这时，主持人开始新一轮的现场采访，观众对这些母女现在的着装纷纷表示了赞同和欣赏，并且，在参加换装表演的母亲当中，有两位竟然激动得哭了，当主持人问她们哭的原因时，其中一位母亲说："我就希望女儿像现在这样穿。"莉基面对观众点评道："是啊，她们又像可爱的女学生了。"此时，那对母女紧紧地拥抱在一起。

悬念细节——在进行谈话节目策划时，还有一种手法也被经常使用，那就是设置悬念。比如对某一个嘉宾来说，节目先不告诉他还会有谁参加节目，随着节目的进行，这个悬念被解开，原来还请来了他的老师，那是很久以前的老师。这样的悬念设置可以让现场的嘉宾、观众有新鲜感，神秘嘉宾的出现会使现场产生一个新的兴奋点，现场的情绪也会达到新的高潮。国外的很多谈话节目都用这样的手法，现场效果很好。国内这样的节目也有不少，像湖南卫视原来的一档栏目《真情》中就常常使用这样的手法。节目开始就设置当事人会不会来、来了以后会怎么样的悬念，这是观众非常想知道的。一旦谜底被揭开，现场气氛就会立即达到高潮。悬念的设置是满足观众期待心理的一种方法，只要设置得当，就能够取得很好的抓人效果。

这些明显经过事先设计的细节在节目进行当中起到了调节现场气氛、控制现场节奏、引起高潮的作用。

当然，细节不是固定死板的，它应根据每期节目的具体内容而定，细节的设计也不能牵强附会，纯粹为了装饰，它应是融入节目之中的，否则会给观众画蛇添足之感。

4. 非言语元素的考虑

所谓谈话节目中的非言语元素，是指在谈话节目中对谈话内容有着一定的补充、衬托、调节气氛等作用的非言语形式的元素。节目中的非言语元素主要有以下几种：

(1)音乐的穿插

在很多电视节目中，音乐是一个非常重要的构成元素，它起着烘托气氛、渲染情绪、调节节奏等作用。同样，在谈话节目中运用音乐也是为了使整个谈话过程张弛自如、生动活泼。最初让观众清楚地感觉到音乐存在的,是《实话实说》栏目中的那支小乐队。《实话实说》使音乐变成了谈话节目中一个非常重要的组成部分。一开始乐队只是起到了对节目节奏的顿挫作用,在一段冗长的对话之后,用音乐间奏画个标点符号,让嘉宾、观众舒缓一下,平静一下,也让主持人有一个整理思路的时间。随着节目的不断改进,乐队的作用越来越大,当现场气氛比较憋闷时,乐队可以提气,一段比较激烈、欢快的乐曲后,嘉宾、观众一扫沮丧;当嘉宾、观众、主持人说出比较夸张,或者比较出彩的话语时,乐队也会适时地演奏出简短的乐句,对这个内容加以强化;当谈话内容比较情绪化的时候,乐队也会起到一些烘托、强化或者缓解的作用。乐队和他们的音乐成为节目中调节情绪的工具。

(2)谈话背景的设计

谈话背景也就是我们通常所说的演播室背景。演播室的布置首先要能代表栏目个性,体现栏目风格;其次,应该和话题的内容和谐一致;再次,还应该简洁、大方。现在的谈话节目越来越注重演播室背景的设计,注意营造一种和谈话内容相关的小环境。比如中央电视台《咏乐汇》节目把演播室模拟成一座豪华的西式餐厅,"餐厅"具有西方贵族式的高贵、典雅风格,处于舞台核心地位的餐桌、靠椅,餐桌上的高脚杯、烛台,以及作为舞台背景的壁炉、吧台,甚至从壁炉上边弯转下来的宽大楼梯等都非常明显地显示出庄重、优雅的气质。在色彩上则突出深蓝色,使整个现场豪华大气。这样的风格设计使《咏乐汇》从视觉效果上能很好地将自己与其他访谈节目区别开来,而且也增强了观众收看的舒适度和愉悦感。① 一般来说,大部分观众并不会直接注意到现场的背景,编导需要的就是这种让嘉宾、观众回到熟悉环境的感觉。但有时,编导有意设置的一些陌生的、富有创意的环境,也许更符合特定的内容,符合嘉宾、观众特定的心境,使环境因素和内容结合得更加紧密,同时也带给观众新鲜的感觉。

《实话实说》的一期节目《心连心》的录制现场是停泊在天津港的万吨轮高河号的驾驶舱,远处的背景是中央电视台心连心艺术团慰问码头工人的演出现场。从演播室就可以俯瞰心连心演出的现场,演员从演出现场来,谈话结束又回到演出现场,很方便,虽然现场空间非常狭窄,但是气氛很好,很符合特定的情景。

(3)服饰

这里所说的服饰包括主持人、嘉宾以及观众的服饰。一般来说,话题比较严肃,主持人的着装就应正式一些;话题比较轻松,主持人的着装就可以休闲一些。总之,主持人的服饰如能和谈话内容和谐一致,就是好的。除了主持人的服饰之外,嘉宾的服饰

---

① 乔新玉:《访谈节目〈咏乐汇〉评析》,《青年记者》2009年第4期。

也是非常重要的。在《实话实说》的《这就是足球》中，五位来自不同国家的嘉宾穿戴着不同球队的球衣、球帽，观众中也是五花八门的运动服，再加上主持人、嘉宾幽默的谈话，现场气氛非常好，和世界杯的内容也特别吻合。

（4）观众参与传播

随着科学技术的不断发展，电话、互联网、手机短信等被广泛运用到电视传播中，演播室现场的概念在不断延伸，节目信息的来源丰富了，嘉宾、观众参与的方式也灵活多样了。因为现场的嘉宾、观众人数再多也是有限的，而且他们来到现场后，往往自觉不自觉地被现场气氛所左右，很难控制自己的情绪，以至于不能够正常发挥自己语言表达水平。在谈话节目的制作实践中，我们常常听到这样的议论，某某嘉宾本来很能聊、很能侃的，可一到现场，到了正式录制的时候，就变得不善言辞了，一些很有见地的观点也不敢亮出来，仔细问一下，得到的回答往往是，这样的场合，随便说怕不合适。通过电话、互联网、手机短信参与节目的观众就没有这样的顾虑，他们一旦参与，思维就非常活跃，节目也会变得很生动。

（5）录像资料

在谈话节目中，录像是非常重要的补充元素。谈话节目的现场是一个单一的时空概念，有很多回忆性的、解释性的内容不可能直接在现场展现出来，播放录像就是一种很好的弥补手段。

在考虑谈话节目的内容时，必须非常重视语言的作用，但同时也不可忽视非言语性元素。从语言学的角度来说，任何语言都只是一种外壳，一个可以装进任何东西的空箱子，语言的这种载体作用注定了它必须和其他工具密切组合成更大的工具，来为思想服务。因此，在谈话节目中，非言语元素这些工具和语言联手，就等于一个漂亮的姑娘穿戴更为美丽动人的服饰，会使节目更加精彩。

以上是策划文案的主要内容，当然，即使策划文案的预想非常周密，设计十分详细，也只是一个台本大纲，只能起到参考作用。

五、策划文案的写作要求

1. 考虑到主持人的个性因素

谈话节目从某种意义上来说是以主持人特征为核心的节目，不同谈话节目之间最大的不同就体现在主持人对谈话节目的策划与驾驭能力上。每个主持人都应该有他的个性和风格，有他特定的价值观和谈话方式。所以，编导在编写文案时，要加强和主持人之间的沟通，策划方案要尽量考虑主持人的个性因素，否则会影响主持人个性的发挥，甚至影响整个谈话节目的进行。

2. 注意与嘉宾的及时沟通

谈话类节目外在形式的活泼或凝重要依靠主持人与嘉宾的互动，能否实现良好的互动，关键体现在策划方案上。编导开始撰写文案时，要经常与嘉宾沟通，以尽快掌握话题的内容，突出谈话的重点，做到游刃有余。从主持人的角度来说，在掌握编导思路的同时，也要注意与嘉宾的沟通。策划方案要在保证主持人基本风格的前提下，努力调动嘉宾、现场观众的积极性，使他们都有上佳表现。

3. 考虑到现场灯光、音响等其他方面的因素

由于谈话类节目的制作不是由一个人来完成的，制作人员有编导、主持人、摄像、录音、灯光等现场录制人员。因此，谈话类节目的策划文稿在写作时要考虑各个方面的因素，调动各个方面的积极性。

4. 突出对象感和交流感

电视谈话节目在传播特性上具有很强的人际传播特点，所以，谈话节目文字稿的写作要有一种对象意识，要因人而异，要写出交流感。电视的语言表达方式丰富多样，如提问、说明、叙述、描写、抒情、议论等，不论运用哪种表达方式，都要尽量做到像和观众交谈一样，直接平等，通俗易懂，平易自然，和蔼可亲。

5. 凸显谈话的主题

电视谈话节目的策划文稿和其他文体一样，都要围绕一个明确的主题来写，虽然谈话类节目的结构与其他文体的结构形式有所不同，但在反映一个中心主题上与其他文体是一致的，要尽量选择与主题有关的素材，避免素材湮没主题，也要防止多主题；同时，切忌因一味迎合观众而失去了节目自身的主旨。电视谈话类节目文字稿的创作类似于散文的创作，要力争做到“形散而神不散”，既放得开，也能收得回来。要做到这一点，就要精心选取与主题有关的材料，正确安排结构。

6. 结构脉络清晰，有节奏感

谈话节目的文字稿，并不像一般文章那样，必须字字落实、圆满成文，通常都是大纲的形式。然而这并不是说可以放松对结构脉络的要求，反之，因为简练，节目的结构就要更为清晰而紧凑，只有这样，主持人在现场“再创造”时才可能游刃有余。要做到脉络清晰、结构完整，文字稿的写作内容需要符合人们认识事物、了解事物的规律。一般来说，策划文稿的写作要从概念入手，首先对谈论话题的内容有一个科学的界定，然后论及目前讨论这个话题的意义，此后逐渐展开对话题的讨论。

一个节目应该有它的起伏和张弛，有的时候步步紧逼，把人们的思考引向深处，有的时候又欲擒故纵，让人们在不知不觉中接受某个观点。没有起伏和曲折的谈话节目在节奏上不能吸引观众，所以，谈话类节目在结构上还要注意有节奏感。“文似看山不

喜平”,谈话类节目文字稿的写作也一样,因为电视是视听艺术,直接作用于人的耳目,任何单调枯燥、平铺直叙的表达方式都会让人疲劳生厌。因此,在文字稿的层次、结构安排中注入节奏因素,注意整个谈话节目的跌宕起伏,这样就能吸引观众不断地听下去。电视谈话节目策划文稿的结构允许变化,但要符合主题和逻辑的要求,如果文字稿的逻辑顺序不清晰,结构不紧凑,那么主持人在现场提问就会出现很多麻烦,甚至影响整个谈话节目的顺利进行。

7. 主持人语言要注意口语化和个性化

毋庸置疑,电视谈话节目属于大众传播范畴,但值得注意的是,电视谈话节目在传播特性上还追求人际传播的效果。电视谈话节目是节目现场主持人与个人的对话,所以谈话节目文字稿虽然是文字形式,但毕竟是要让主持人去说的,是让别人听的,这就决定了它与一般文章写作在语言要求上有差异。除了语言表达必须具备的流畅、清楚、简洁、准确、丰富、和谐外,策划文字稿特别要注意口语化、个性化,避免书面语、共性化。谈话节目的文字稿还要特别注意符合主持人的语言习惯,不能将编导的口吻强加给主持人。

8. 考虑到栏目的一贯风格及本次话题的特点

一个栏目往往有其相对固定的风格和样式,电视谈话栏目也是如此。在策划每一期节目时,不能撇开栏目的一贯风格去考虑单个节目,但同时又要充分认识本次话题的特点,把二者很好地结合起来,既保持栏目在观众中已有的风格定位,又呈现出丰富多彩的个性特点。

9. 考虑到除“谈话”之外的多种表现形式

电视谈话节目除了“谈话”之外,还可以有多种辅助的表现形式,比如事先拍摄到的和话题有关的录像片、对话题的展开有促进作用的细节的设计等。这些表现形式既丰富了话题内容,给观众更多的信息,又使节目形式多姿多彩,也增加了节目的兴趣点,使节目进行得有起有伏、张弛有度,符合观众的收视心理。

六、主持提纲的写作

主持提纲是主持人在深刻理解策划执行方案的基础上写出来的,是主持人对话题走向、思路的一个反映,是主持人对话题展开的结构和主要问题的设计。

主持提纲个案分析:

《实话实说》之《我爱人是外国人》

谈话中心问题:文化差异对你们产生了什么影响?

一、结婚

1. 不能谈恋爱,社会、家庭压力。为什么家里人反对?被朋友误解过吗?(傍大款,什么是自己的价值?不因丈夫而不同?双方的朋友如何看你们?)

2. 如何相识和恋爱,对婚后生活有什么想象?

二、是文化差异还是个性差异

1. 和外国人讲不清道理的地方在哪儿?为什么去娘家?吵完架为什么不理我?

2. 夫妻之间

学汉语、说笑话(“你流氓”)、送礼物,如何学会哄老婆高兴?如何学会抓住老婆的弱点?(再有向岳父投诉)

3. 在岳父家

上厕所、吃饺子、智力竞赛、打麻将、表演芭蕾和京剧、品酒和斗酒、裸体照片。

4. 相互影响和学习

例如,学到如何与西方人打交道,直来直去;学西餐、酒文化;莫劳学会和中国人交朋友,找到了“家的感觉”。

三、最艰难的日子

1. 被打过吗?因为什么(戒酒的冲突)?离婚的想法,最后相互妥协和尊重对方习惯。

2. 为什么不要孩子?对一些涉外婚姻离婚的分析:语言、个性、不上进、不成熟。

3. 对维系婚姻的看法:双方都可以“跳槽”,所以都要上进。

4. 为什么再次选择时不选外国人?为什么心累?尽管大多数时候都开心。

四、马勘、姜贤珠夫妇上场

1. 怎么求婚?为什么曾想分手?

2. 婚后夫妇之间遇到的主要问题是什么?语言是不是一个问题?

五、现场讨论

1. 特别观众的经历和看法、专家的看法(苗野:感情必须建立在双方对各自的文化充分理解的基础上)。

2. 讨论点:文化的差异带来的问题,哪些是容易消除或融合的?哪些是必须存异甚至是致命的?他们的经验具有普遍性吗?如何说服对方和自己沟通?

以上这个主持提纲包括节目的层次安排及每一层次的主要观点、主要问题等,简单、明确、提示性强。当然,主持提纲的写法不能一概而论,它因节目而异,因人而异,一般来讲,做到清晰、明了,能够对主持人起到提示和帮助作用即可。

【优秀作品赏析】

《新闻会客厅·小崔会客》甘肃省省长陆浩

【主持人】各位朋友好，欢迎收看我们的节目。今天我们请来的客人是甘肃省省长陆浩先生，让我们欢迎他。请坐。我说出来您可能都不信，我做了十年主持人了，这是我第一次采访一个省长。

【陆　浩】你不是经常采访高层吗？

【主持人】没有，从来没有，你可能记错了，那是水均益和白岩松。他们老安排我采访老百姓，今年“两会”说让我采访高层领导，我心里直打鼓。后来我想了想，高层领导也是老百姓，您觉得我的观点对吗？

【陆　浩】是，非常正确。

【主持人】甘肃我就去过一次，是丝绸之路节的时候。

【陆　浩】那是 1992 年，十几年前的时候。

【主持人】现在应该变化特别大了。

【陆　浩】恐怕是相当大的变化。

【主持人】我要考您一下，我这儿有一个地图，这是甘肃省的地图，我想考一考省长，一些重要的地方都在哪儿。

【陆　浩】我闭着眼睛都能说上。

【主持人】您来帮我指一指，兰州在什么地方？

【陆　浩】这个位置。

【主持人】这儿是兰州。临洮县在什么地方？

【陆　浩】临洮县在兰州的南面，临洮县，定西市的临洮县。

【主持人】在这个位置。临洮县的贺家沟在什么地方？

【陆　浩】贺家沟在临洮县的洮阳镇。

【主持人】贺家沟黄建国他们家在什么地方？

【陆　浩】就在那个村里边，小山村里边。

【主持人】没标出来。

【陆　浩】没标出来，这个地图比例尺太小了。

【主持人】能看得出来您对这个地方非常熟，我听说临洮县好像不是特别富裕，尤其是改革开放之前，我知道所有人到这个演播室，尤其是省长、省委书记，都愿意说自己的家乡有多好，有多好，但是我还是想逼着您说，临洮县在改革开放之前有多穷。

【陆　浩】因为临洮县处的环境非常严酷，在黄土高原上，实际上是黄土高原和青藏高原的结合部，它的特点就是干旱、少雨，可以说是十年九旱，所以它的农业基础非常脆弱，还不仅仅是改革开放以前，可以追溯到更远，直到清末。

【主持人】清末那时候我还很小。

【陆　浩】对，那时候没有你，也没有我。左宗棠当时是陕甘总督，他给光绪皇帝写了一个奏折，因为他在甘肃做官，这个奏折里怎么写的呢？叫陇中苦瘠甲于天下，人家桂林山水甲天下。

【主持人】他意思是说，这个地方是他见过最苦的地方。

【陆　浩】最苦、最穷的地方，改革开放以后，由于政策好、人努力、天帮忙，临洮的面貌，包括定西市整个发生了翻天覆地的变化。

【主持人】我知道您去临洮县次数特别多，从1993年开始去，是吧？

【陆　浩】1993年当时省委安排每个领导同志都要联系一个县，联系一个困难县，临洮县是国家重点扶持的贫困县，所以我从1993年开始就联系临洮县，每年都要去几次。

【主持人】2005年去了四次。

【陆　浩】去了四次，当然还有别的任务，比如正在搞先进性教育，就是保持共产党员的先进性教育，也是我的联系点，所以去的次数就更多一些。

【主持人】而且今年生日刚过的五天又去了一次。

【陆　浩】生日？

【主持人】2月25号去的不是吗？

【陆　浩】和生日没有关系。

【主持人】就是我的生日过后五天您就去了。

【陆　浩】您的生日，您没提前声明，是，那我们应该给您祝贺生日。

【主持人】2月25号去，这是离现在最近的一次，这次觉得临洮县有什么感觉？

【陆　浩】这次我去了我们瓦广吉同志，瓦支书所在的那个小山村。

【主持人】他是村里的支书。

【陆　浩】他是老支书了，他带领群众致富，做了大量的工作。

【主持人】瓦支书，您要带领群众致富，自己先得富了吧？

【瓦广吉】我致富先自己致富，自己致富了再带动大家。

【主持人】其实您致富的情况都是您家里的隐私，您介意我问一下吗？

【瓦广吉】可以。

【主持人】那您把您2005年的收入情况给我们汇报一下。

【瓦广吉】好，我 2005 年的收入是这样的，主要是以种洋芋为主，洋芋、药材。

【主持人】洋芋就是土豆，也叫马铃薯是吧？

【瓦广吉】洋芋、药材、食用菌这三个方面。

【主持人】能说得细一点吗？洋芋挣了多少钱？

【瓦广吉】可以，洋芋一口人能收入 1,000 元到 1,500 元钱，药材 2005 年全家收入 2.17 万元，食用菌收入了 1.5 万元，包括养殖业、种植业，一共加起来，五口人收入 5.1 万元。

【主持人】在村里是最多的吗？

【瓦广吉】我家里的情况是中上水平。

【主持人】在村里是中上水平，5.1 万元放在家里什么地方？我不是这个意思，我是说五万一千块钱是怎么花销的？

【瓦广吉】用于家里再发展生产，扩大再生产，下一步再建个小厂子，中药材加工厂，这样花销。

【主持人】家里添置什么东西了吗？

【瓦广吉】一般情况，那就是家里的家具，盖点房屋。

【陆　浩】买汽车。

【瓦广吉】汽车现在还没买。

【主持人】摩托车？

【瓦广吉】摩托车有，三轮车有。

【主持人】彩电。

【瓦广吉】彩电都有。

【主持人】卫星接收天线。

【瓦广吉】全部有。

【主持人】麻将。买那玩意儿有啥用？反正生活有了极大的改善。我们再请上一家，这家就是刚才我让您在地图上找而没找到的黄建国家，咱们先看看黄建国家的情况。黄建国家去年的收入一共是 2.13 万元，他是全村 66 户中最富的，他靠什么致富的呢？他就靠这个致富的，这叫土豆，在当地叫洋芋，也有的地方叫马铃薯，现在让我们用热烈的掌声欢迎黄建国一家。

【黄建国】省长，你好。

【主持人】我刚才跟大家报了，你去年的家庭纯收入是 2.13 万元。

【黄建国】是。

【主持人】这个是怎么挣来的？这些钱？

【黄建国】主要就是靠种洋芋。

【主持人】也是种洋芋。

【黄建国】就是种洋芋,然后就是养殖业,最后就是劳务输出,就靠这三项。

【主持人】你的村叫贺家沟村,是吧?

【黄建国】对,叫贺家沟。

【主持人】贺家沟村有66户人,66户人都在种洋芋?

【黄建国】几乎百分之百的人种洋芋。

【主持人】对,百分之百的人种洋芋,那我就不明白了,都种洋芋,为什么你成最富的了?

【黄建国】这就是种洋芋,一个是洋芋的选籽种方面,再一个是管理和销售方面,群众的看法不同。再一个在机会把握方面不同,赶不上机会的话,价格也提不上去,比如说在打农药等管理方面如果赶不上,差一星期到十天,每亩地洋芋的亩产就明显减产。

【主持人】你有什么特殊的办法?

【黄建国】我的特殊办法就是,以前我们特别穷,每亩地产洋芋2,000斤到3,000斤左右,亩产收入就是300—400元,如果经常这样下去,别说是让孩子读书、吃饭,按我们山区人说的话,连媳妇都娶不上,确实没办法。

【陆　浩】媳妇都娶不上,娶不上媳妇。

【主持人】娶不上媳妇,这是谁呢?

【黄建国】这是我老婆。

【主持人】你是说有的人是吧?

【黄建国】对。

【主持人】娶一个媳妇要花多少钱?

【黄建国】在十年之前,2,000—3,000元。

【主持人】现在呢?

【黄建国】现在3万元,就可以娶老婆。

【主持人】涨了十倍。

【陆　浩】大概还没算盖房子,如果加上盖房子2,000块钱肯定不够。

【主持人】涨了十倍也就说明大家现在收入提高了。那你娶媳妇花了多少钱?

【黄建国】我娶媳妇便宜,因为我们是一个村子的。因为我们是一个村子的,比较了解,比较熟悉。

【主持人】为什么你才花那么少钱呢?这么好的媳妇,怎么回事?

【黄建国】这是二十年前的事情，当时大部分都便宜，不是我娶的就便宜。

【主持人】我问问黄彦德，你现在上什么学校？

【黄彦德】初中。

【主持人】你家里是怎么致富的，你应该门儿清，也就是说你知道得很清楚吧？

【黄彦德】是。

【主持人】你给总结总结，大概有哪些招数？

【黄彦德】我爸在管理上，我们不是全种地么，我爸管理得比较好一些。

【主持人】管理得比较好一些？管理什么好一些？

【黄彦德】就是土豆，马铃薯、洋芋。

【主持人】祖祖辈辈都种土豆，这管理上还有差距？

【黄彦德】是的，现在不是科技种田吗？以前的人都是用老办法，把籽种全部种在地里就行了，让它去长吧。就像城里人下去以后，科技种田，我爸就带到我们村上，种到地里，产量也上去了。

【主持人】陆省长，您了解整体的情况，像他这种已经在他们那个地区形成规模了，还是说个别、个体在做这件事情？

【陆　浩】现在搞农业产业化，必须要形成规模，有规模才有效益，像甘肃现在马铃薯的种植面积大概接近900万亩，产量在1,000万吨以上，所以从产量来讲，是全国第一马铃薯大省。

【主持人】那个马铃薯质量怎么样？

【陆　浩】质量非常好，像麦当劳、肯德基用的薯条、薯片，甘肃的马铃薯都可以做，而且在我们当地也有加工厂。

【主持人】用了吗？

【陆　浩】用了，加工厂有。

【主持人】那这个宣传得不够，他们还以为都是从美国运来的。

【陆　浩】可能还不够用，还要进口一些。另外，就是以马铃薯为原料，做淀粉、精淀粉、马铃薯全粉，价值就很高了，所以产业化就必须形成链条。包括销售也是一样，像甘肃的马铃薯，商品率在50%以上，就是50%以上要销售到外地去，每年到秋季，马铃薯收获的季节，要发出很多专列，专门是运马铃薯的，运到北京，运到上海，运到广东，非常受欢迎。

【主持人】有没有想过把马铃薯做成品牌？

【陆　浩】甘肃马铃薯实际上已经形成品牌。

【主持人】叫什么牌呢？

【陆　浩】像我们甘肃北部一带注册的叫沙漠洋芋,它在沙漠边缘地带的沙土地,品质非常好。

【主持人】我觉得能不能做成更大的品牌,比如说黄建国牌,比如敦煌牌?

【陆　浩】对,那将来可以靠黄建国同志去培育了。

【主持人】这样一个洋芋就可能卖70多块钱,敦煌牌。能不能做成比如2008年奥运会指定土豆。刚才咱们说了半天黄建国家里的情况,也知道2005年的家庭纯收入是2.13万元钱。但是好像这里没有你爱人什么事儿,一分钱都没给家里挣。

【贺映花】我出去打工。

【陆　浩】劳务输出。

【黄彦德】劳务输出主要是靠我妈。

【主持人】她去打工,劳务输出?长年不在家?

【贺映花】我在家,我在洋芋没种的时候去打工。

【主持人】农闲季节。

【陆　浩】你看临洮县农村人口大概就是50万多一点,他们全县的劳务输出,县委书记跟我讲,去年是1.08万人,农户是11万户,输出的劳务是1.08万人。

【主持人】那就相当多了。

【陆　浩】差不多一户有一个人在外边打工,因为像农业基础条件比较差的地方,农民要致富,要增加收入,光靠那点地是不行的,所以就要开辟致富的新门路,就出来打工,所以我们也是把劳务输出作为发展农村经济,增加农民收入的一个大的举措来抓。小崔,我跟你讲,我们在北京的甘肃人有组织的劳务输出,据不完全统计,有8.45万人。

【主持人】都在做什么呢?

【陆　浩】我看有3万多人是做家政服务员,就是当保姆。

【主持人】昨天我们的策划告诉我,说甘肃的家政服务好像都做出品牌来了。

【陆　浩】叫白娃娃。

【主持人】我们今天现场来的有白娃娃吗?你给我讲讲白娃娃是什么意思。

【观　众】天水号称小江南,那边山清水秀,气候也好,当然就号称皮肤都好,女孩子皮肤好。

【陆　浩】男孩子皮肤也好。

【观　众】我们天水那边小伙子长得也挺帅。

【主持人】所以你们就叫白娃娃家政服务,在北京应该特别受欢迎。

【观　众】挺受欢迎的。

【主持人】你们作为家政服务，白娃娃这个家政服务跟别人有什么不同？有什么自己的特点？

【观　众】我下面推荐一位比较专业的家政服务员，由这位小妹妹给我们讲一下好不好？

【主持人】把你的绝招告诉大家。

【观　众】其实也没什么绝招。

【主持人】就是有什么办法成为让别人欢迎的家政服务员。

【观　众】我觉得就是要朴实，要努力，要把自己的爱心都献给小孩，有多少奉献多少。

【主持人】有耐心是吧？

【观　众】对。

【陆　浩】做家政服务员的，在来之前都做了培训，所以在北京的家政服务市场上是非常受欢迎的。

【主持人】我们这次节目也做了一个创新，我们在采访每一个省的负责人的时候，也派了一个体验者，到这个省的一个地方去体验，这次去体验的是清华大学经管学院EMBA的学生，叫李扬钦，他是广东一个集团的董事长，让我们热烈欢迎李扬钦。

来自清华的EMBA学员李扬钦是一个公司的老总，在节目录制之前，他带着三个任务来到了贺家沟村，进行真实体验。他将带回一张照片、一个实物和一个调查结果，他的任务完成得怎么样？农村体验的感受如何？让我们拭目以待吧。

【李扬钦】你想想我送了什么礼物给老黄？

【主持人】出大事儿了，按照我们这个节目的规定，客人们一见面要互送礼物，送见面礼，省长还有黄先生一家都准备了礼物，我刚才聊得挺高兴，忘了让他们交换礼物。李先生，您先坐一下，咱先让省长和黄先生一家把礼物互换了，看看他们是什么礼物，这叫见面礼。

【黄建国】这是我们家乡的洋芋饼子。

【陆　浩】我吃过。

【主持人】这是黄先生一家送给省长的礼物，是什么？

【黄建国】土豆饼。

【主持人】是平时自己吃的吗？

【**黄建国**】我们家乡经常吃这个,喜欢吃这个,这次来了以后带点洋芋饼子让省长尝尝,让大家尝一尝。

【**主持人**】我先尝尝。

【**黄建国**】大家尝尝洋芋饼子是不是好吃。

【**主持人**】你们先谈着,我下去吃一会儿。

【**陆　浩**】给大家分享一下吧。

【**主持人**】洋芋饼挺好吃。省长,把您要送的给大家看一看。这就是洋芋,他们家有的是,你还送他这个干什么?

【**陆　浩**】这个洋芋和别的洋芋不一样,这是种薯,是我们甘肃农科院培育的,叫LK99,另外这个叫龙薯三号,是高产品种,一亩大概能产2,500公斤到3,500公斤,就看你种得怎么样。

【**主持人**】这个等于是种。

【**陆　浩**】优质的种子,把它切开,分若干块,一个芽眼一块,种到地里面。老黄,你虽然是种洋芋的专业户,我再给你送点优良品种,我要你把它种得更好,把这个技术再推广到你们整个村里、乡里、县里,把马铃薯产业做得更大。

【**主持人**】等到明年做节目的时候,老黄应该拿这个给我们做洋芋饼子。老黄,我跟你说,你千万不要搞形式主义,回去以后拿玻璃罩把这个都罩起来,不用,一定都把它种到地里,要让它长起来。我们是不是先看看李扬钦先生在甘肃体验生活的情况?大家一起来看一看。

今年春节刚过,清华大学的EMBA学生李扬钦便来到了黄建国的家里,他要在老黄家里住下来,体验体验普通农民家中的日常生活。按照当地的风俗,家里来了客人当然要好好招待一下,老黄一家人忙里忙外,为李扬钦准备了一顿当地最有特色的风味面,但对于平日里顿顿都吃大米饭的李扬钦来说,来到村里的第一顿饭只能是面,这让他多少感到有些不适应。让李扬钦更没想到的是,吃饭的不适应,只是他后来遇到的许许多多不适应的开始。

【**主持人**】李先生在那儿待了多长时间?

【**李扬钦**】我待了两天。

【**主持人**】两天,两天感受就特别深是吧?

【**李扬钦**】对。

【**主持人**】我听说在清华的EMBA的班里,您是唯一一个现在还是农村户口的?

【李扬钦】把身份证拿出来给你看一下，我是广东省东莞市桥头镇朗夏四队，第一生产队。刚才你们在电视里看到我就穿这件衣服，我讲故事给你们听，我当时在老黄家里边，我问老黄，你猜猜我这身衣服多少钱，他说 300 元，我说你再猜猜，1,000 元，后来我觉得再也猜不出来了，我就把这件衣服的价格牌给他看，16,600 元，他说你上当了，被人骗了，这件衣服我先送给你。

【黄建国】谢谢。

【李扬钦】其实我要讲的是一个什么问题呢？

【主持人】老黄，他不是上当了，他忘本了。

【黄建国】不会。

【李扬钦】我这里还有一个东西，今天探讨的话题是什么？我在老黄家里边吃梨，我起了一个挺好听的名字，叫珍珠梨，在山上的梨树长的梨丁点大，我 42 岁的人没吃过那么香、那么甜的梨，非常好吃，所以我叫它珍珠梨，我暂时给它起这个名。到后来我跟他讲，你们这个梨非常好吃，但不好看，卖不出价格，所以当时我就跟他说，你们看，这个梨长的时候是什么样？风吹日晒雨淋，这个梨在长的时候如果有这个东西包着，它不会被太阳晒，虫和鸟根本拿它没办法，所以两个梨比起来也没有人敢说哪个好吃，但是卖起来，这个的价格是这个的十倍，说明什么问题呢？咱们农村的东西非常非常好。

【主持人】有好东西。

【李扬钦】对，但是到了市场以后，就变成了不好的东西，原因在哪儿呢？

【主持人】您下去看的时候着急是吧？觉得这么好的东西卖不出去，而且卖不出好价钱来。

【李扬钦】对，这个是我自己的感慨。第二，刚才放的马铃薯的片段能不能再放出来？

【主持人】大屏幕让大家看到。老黄家的马铃薯，就是这个。

【李扬钦】你们看那个马铃薯和这个马铃薯有什么差异？看一堆马铃薯和这个马铃薯有什么差异？

【主持人】这个光滑。

【李扬钦】很光滑，很漂亮，看起来觉得挺好，其实就没有里头那一堆那么好。

【主持人】我是这个想法，您虽然只去了两天，但在您眼里那个地方处处是商机，是不是？

【李扬钦】对，其实我觉得在这一片土地当中，把这个品牌处理好的话，确确实实可能从五毛钱一斤变成五块钱一斤。

【主持人】陆省长，您能理解他这种着急吗？

【陆　浩】我完全理解,您是从广东来的,广东和甘肃差异太大了,所以我们觉得建设社会主义新农村,还要从当地的实际出发,不能脱离当地的实际,这一点是非常重要的。但是外来的思想观念比较新,这一点,是我们甘肃老百姓需要学习的,甘肃毕竟比较封闭。

【主持人】我觉得新农村肯定要建设,但是可能真还急不得,您的思路是怎么样的?

【陆　浩】我们觉得社会主义新农村建设就要结合实际,要统筹兼顾,要突出重点,要规划先行,然后全力推进它,这个应该是比较全面的概念。

【主持人】您刚才说了突出重点,咱们就从黄建国的儿子开始问,你觉得搞新农村建设的重点是什么?如果让你来做,第一件事儿做什么?

【黄彦德】就是建设全面农村的学校。

【主持人】首先要把学校做好。让黄先生说,你觉得从哪儿做?或者说你们村想进一步发展,你们最想解决的是什么问题?

【黄建国】我觉得是两个问题,还是我儿子说的,一个是学校,一个是道路的问题。

【主持人】李先生,您说说,首要的是做什么?

【李扬钦】最关键的问题就是改变人的思想意识的问题。

【主持人】现在该您说了。

【贺映花】我丈夫干什么事情我支持就行了,饭做好,家里的牛羊管好就行了,其他的我都不会说。

【主持人】我觉得她的观点我最赞成,她的观点就是少说话,多办事儿。

【陆　浩】对。

【主持人】现在四种观点出来了,陆省长您给评价一下,您觉得怎么做?

【陆　浩】他们说得都很对,李先生讲的是思想观念的更新。

【主持人】对是都对,但是总得有个先后。

【陆　浩】这是非常重要的一个问题,但是要从办实事来讲,甘肃还有16个县没有普及九年义务教育,国家给了非常大的支持,我们要在2007年普及九年义务教育,普九加上两免一补,两免一补现在都开始实施了,首先在西部实施,免学杂费,免课本费,对困难的寄宿制学生给生活补助。

【主持人】你的免了吗?

【黄彦德】免了。

【陆　浩】像这两项大概在“十一五”期间就要投入30亿。另外,农村基础条件的改善,这是制约农村经济发展一个非常重要的问题,所以基础设施建设,像公路建设,我们“十一五”全省要修13,000公里,我说的是县、乡、村的道路。

【主持人】总结一下您刚才的观点，就是说千头万绪，有诸多难处，但是要一步一步来，慢慢来。

【陆 浩】也不能慢慢地来，要有紧迫感，但要从实际出发，不能脱离实际，更不能搞形式主义、花架子。

【主持人】李先生把一万多的衣服送给老黄，是不是这就是形式主义？老黄哪儿舍得穿，老黄，待会儿您送给我得了。你们现在村里的小学是什么情况？您去了，我看那照片好像就是在学校里跟孩子们一块儿照的，教室我们也看到了，好像条件很差。

【黄建国】其实教学的是个民办教师，一个月给120块钱的工资，不能维持生活，一边种地，一边教学，他就是这个样子的。

【主持人】您的公司对社会上有赞助是吗？

【李扬钦】我对社会没有赞助，但是我解决了一万多中国人的就业问题，我也解决了三十几个韩国人、十几个美国人、100多个新加坡人的就业问题，这是东莞一个农民解决的。

【主持人】我就随便提个建议，您听不听都行，您的公司能不能拿出一点钱来，咱们把这个小学校重新建设一下？

【李扬钦】可以，100万以内我绝对给他建，只要省长说话，绝对可以。

【主持人】省长，您跟他握一下手，这事儿就算定了。

【陆 浩】谢谢你。

【主持人】这个就是在中央电视台做节目的好处，逼着他，不同意都不行。实际上因为他也是农民的后代，我觉得他可能内心也有这样的想法。今天我们真是促成了一件好事。省长，我不知道您对今天的谈话满意不满意，我觉得我们是东一榔头西一棒槌，好在大家说的都是心里话。

【陆 浩】大家说的都是心里话，他们既介绍了甘肃这样一个欠发达的地区，农民怎么致富，包括对社会主义新农村建设今后的一些构想，同时也从李先生这里吸收了很多新的思路，得到了启示。我想今天甘肃可能还比较落后，但是我们下一代农民——老黄的儿子，李先生就是你的榜样，李先生的今天就是你的未来，所以你要好好读书，将来上高中，考大学，也读EMBA。

【主持人】我们今天的节目到这儿就结束了，在结束之前，献给大家一个精彩的节目，老黄的儿子黄彦德，他的业余爱好是声乐，他要在现场为大家唱一支歌，热烈欢迎。

【黄彦德】献给现场观众一首《母亲》。

【提示与思考】

《小崔会客》栏目是中央电视台在2006年3月"两会"报道中精心策划推出的一档"新闻会客厅特别节目",形式是演播室访谈,由著名主持人崔永元担纲主持,邀请的主要嘉宾是各省(区市)的省委书记或省长。会见甘肃省省长陆浩这期节目于2006年3月5日播出,该期节目获得第十七届中国新闻奖电视访谈类节目一等奖。从策划的角度分析这期节目,可以带给我们许多有益的启示:

1. 选题意义重大

本期节目主题是围绕建设社会主义新农村战略,报道甘肃省在调整农村产业结构、增加农民收入、减轻农民负担和引导农村劳务输出等方面做出的有益尝试。除陆浩省长以外,节目现场还邀请了普通的甘肃农民黄建国一家三口与省长面对面交流;邀请了清华大学的EMBA学员、广东企业家李扬钦,结合他在甘肃农村的亲身体验、实地调查提出自己的建议,与省长一起畅谈新农村建设的破题视角、执政思路和执政体会。节目把"两会"报道的大题材和甘肃省经济发展战略与甘肃农民的具体生活现状、发展要求有机地结合在一起,使观众在轻松的气氛中被吸引入对社会主义新农村建设这样一个严肃的大主题的思考之中。一些专家、学者称这个节目在"两会"报道中是"一大创新",是"主题性宣传报道表达方式上的新突破",是"在电视重大政治性报道中体现三贴近(贴近实际、贴近生活、贴近群众)的好节目"。①

2. 设计和编排有新意

在节目设计和编排中设计的一些典型细节,避免了时政会议报道端庄有余而生动不足的常见病。如在请出"嘉宾主持"陆省长之后,节目组策划要从双方的对话巧妙地过渡到引见农民兄弟。于是从考省长的地理知识入手——先请省长从中国地图上找出甘肃,再从甘肃地图上找出临洮县,找到了临洮县,再找出贺家沟村,从而巧妙地引村民黄建国出场。再如主创人员在节目中增加了省长和农民"互赠礼物"以及广东企业家"真实体验"两个环节,使现场官员、农民、专家的关系呈现出一种浓浓的家庭气氛,仿佛一家人的节日欢聚,在商量家庭生活大计。②

在"互赠礼物"环节中,还发生了一件有趣的事。原来的设计是在节目开始之后,官员和农民兄弟要相互交换一份礼物,但由于开场聊天聊得太热闹,大家都忘记要遵照游戏规则,让省长和农民交换见面礼了。直到中场EMBA精英学员上场,

---

① 孙冰川:《第十七届中国新闻奖访谈类节目点评》,http://news.xinhuanet.com,2007年8月27日。

② 孙冰川:《第十七届中国新闻奖访谈类节目点评》,http://news.xinhuanet.com,2007年8月27日。

提到要给农民送一份礼物的时候，主创人员才发现了这个疏漏。本来这个节目是录制的，不是现场直播，如果补拍一个省长和农民交换礼物的镜头，后期编辑的时候再“移花接木”接上去，一点难度都没有。节目组人员也都做好了心理准备，等着小崔招呼摄像补拍镜头了。但小崔面不改色，笑着跟现场观众说：“出大事了，按照我们这个节目的规定，客人们一见面要互送礼物，送见面礼，省长还有黄先生一家都准备了礼物，我刚才聊得挺高兴，忘了让他们交换礼物……”省长给农民兄弟准备的礼物是一些优良的土豆种，而农民兄弟为省长准备的礼物是土豆饼。陆省长接过土豆饼，跟周围的嘉宾分着吃，连连说味道不错。[①]

3. 营造了充满浓浓情意的谈话场

由于话题内容非常贴近百姓生活实际，所以现场努力营造出一种浓浓的家庭气氛，感染所及，陆浩省长也情不自禁地离开沙发，“活动起来”。观众反映，看节目时对“省长”的感觉不一样了，没有居高临下的讲话与宣教味，官民平等，官民一家，更有人情味、亲人味。当然，这种效果与主持人崔永元现场调度艺术之高超有直接的关系。

4. 可视性与思想性的结合

电视谈话节目的一大难题是注重了可视性，在内容的厚重与深度上往往又容易成为短板。该节目在引入生动电视手段的同时，在内容开掘上也非常艺术。例如，先是省长与农民黄建国一家的对话，把话题引到甘肃省的工作与普通农民的民生关系上，然后，主持人又请在清华大学就读 EMBA 的李扬钦加入，这就带进了甘肃省以外的“第三只眼”，引导话题跳出地域的圈子，扩大到全国的视角上来观察和讨论。李扬钦是广东人，他去甘肃体验生活，两地在环境、气候、生活方式、经济水平等方面的巨大反差，让他产生了激烈的思想碰撞。他在这样的前提下进入演播室时就会带着很多的问题和思考，并把沿海发达地区的思想意识传达给甘肃的官员和群众。令人赞赏的是，省长对李扬钦的观点并不是随口敷衍，说几句场面话了事，而是讲“完全理解”，“这一点，是我们甘肃老百姓需要学习的”，但同时很诚恳地表示，具体做起来，要从当地的实际出发。这种不同思维方式的互动和撞击，有助于观众拓宽眼界，带来更多的思考。[②]

① 央视国际：《真实的就是美好的》，http://www.cctv.com。

② 孙冰川：《第十七届中国新闻奖访谈类节目点评》，http://news.xinhuanet.com，2007 年 8 月 27 日。

【写作训练】

一、以一个当前人们关注的话题为主题,准备一份谈话节目的策划文案。

二、某省级电视台要开办一个谈话类栏目,栏目名称叫《老师,你好》,时长为25分钟,首播时间是每周六下午4点,该栏目的设立背景如下:

> 每一个人的成长过程中都离不开老师,当一个已走上工作岗位的人回头想一想自己的小学或者中学或者大学的某一位老师对自己一生的影响时,会是怎样一个心情呢?本栏目试图以电视作为平台,把学生对老师的爱恨情仇展示给观众,给电视机前的学生、老师、教育工作者留下一些思考空间。

请你根据以上提示为该栏目写出一个策划方案。

第三章　电视策划文案样本及分析

第一节　《发现山西》栏目的策划文案①

一、栏目设置背景

山西是中华民族的发祥地之一，三晋文化是华夏文化的重要组成部分。但山西的形象在外界却不是很清晰，对很多人来说甚至是个盲点，山西有很多别人不知道的、很美好的、很有趣的东西，比如：

山西是中国北方戏曲的摇篮，山西现有地方戏曲剧种 54 个，占全国剧种的六分之一；同时山西也是保存宋、金、元时代戏曲文物最多的地区。

山西是民歌的海洋。全省 100 多个县，几乎每个县都有自己的民歌。据统计，现已搜集整理的民歌达两万余首。各地民歌的地方色彩十分鲜明，表达的思想感情极为丰富。

山西是民间舞蹈之乡。现存的民间舞蹈有 200 余种，包括鼓类舞、秧歌舞、狮子舞、龙舞、高跷、旱船、背棍、铁棍、抬阁等。

山西是民间音乐宝库。有丰富的民间音乐遗产，古代民间乐器种类很多。山西民间乐曲主要包括鼓吹器乐、社火乐曲、僧道杂乐。鼓吹乐遍及全国，最有名的乐曲有《大得胜》《八大套》等。锣鼓曲牌也十分丰富，著名的有“威风锣鼓”“秦王点兵”“五虎爬山”等。

① 本文案参考贵州卫视的《发现贵州》栏目策划文案而作。

山西民间美术丰富多彩,主要品种包括皮影、剪纸、绢人、木版年画、炕围画、面塑、泥塑、砖雕、木雕、根雕等。山西皮影造型丰富,别有情趣;山西绢人,精工巧秀,艳丽多姿;山西木版年画构图饱满,色泽明快,线条简练。

山西宗教文化异彩纷呈,是中国佛教文化和道教文化发展的重要基地之一。山西是佛教文物、艺术的宝库,是全国佛教遗产最为丰富的地区之一。五台山位居佛教四大圣地之首,玄中寺为净土宗摇篮。佛教建筑、雕刻、绘画遍布全省各地。

山西商业文化高度发达。山西地区是我国封建社会商业文化最发达的一个地区。明清时代,山西由于其独特的自然地理环境和历史文化传统,成为中国商业文化最发达的地区。晋商独领风骚200多年,在中国近代史上写下了辉煌的篇章。至今仍保存下来的晋中几处大院就是明证。

所有这一切都是山西人的骄傲,但人们通过一些大众传媒看到的好像并不能代表山西的形象。山西的对外形象不清晰,特点没有被找出来,形象就是特点,就是特色。山西的特点、特色因为是被隐藏着的,所以要去“发现”它。

二、栏目的宗旨

让人们更多地了解山西,更广泛地发现山西。通过探寻,展现山西神奇美好的大自然和文化奥妙;通过寻找,展现山西民间艺术的奇特;通过发现,展现一个多姿多彩、生机盎然的山西。

三、栏目的定位和设置

“发现”是一个极具行动特征的动词,带有强烈的主观能动性;“发现”是人的一种需要,每个人都有去了解、去探究的一种心态;“发现”就是满足观众的知晓欲。让观众去“发现山西”,其实就是在暗示观众,“你将会跟着我们去发现一个秘密”,这样会给人一种很具诱惑的力量。栏目口号“每个人都是发现者”就是要把观众好奇的心理需要充分调动起来。

《发现山西》将让观众去发现山西在自然、地理、人文、风俗、经济建设等方面独有的内容。

《发现山西》栏目涉猎的面将会很广,但这不表明只要在山西发生的任何内容都可以放进去,在选材上将有以下的界定:

第一,山西神奇美好的大自然、独特生动的人文景观、古朴智慧的历史文化。

第二,山西优秀的民间艺术。

第三,选材要具有知识、文化的含量。

第四，题材选择上要强化节目的趣味性和通俗性。

栏目时长：30 分钟

播出时间：每周二晚上 9 点钟

板块设置：本栏目设置“请跟我来”“奇妙世界”“山西现在时”等板块。“请跟我来”主要是带领观众“去”发现山西的无限风光；“奇妙世界”主要是向观众展示山西民间的风俗、艺术等；“山西现在时”主要是向观众介绍山西的经济和文化的发展。

四、栏目的样式和风格

第一，栏目要具有新、奇、特的视角。

第二，感性的发现和理性的发现要统一结合。

电视的特点，首先是与观众进行感性的交流，但是，好的电视节目一定不是现实的镜子。在看到某一神奇现象以后，观众更需要知道为什么会这样，所以理性的发现更能引人入胜。理性发现不是学术话题，需要用浅显易懂的表达去增添节目的知识性，传达更为丰富的信息。理性的发现，可以由专家、专业知识来构成，也可以由猜测疑问来构成，还可以由普通发现者的看法来构成。

第三，《发现山西》不设专门的主持人，每期节目中带着观众去发现的人，可以是记者，是研究者、探险家，是偶尔遇见的发现者，可以是每一个人。他和节目之间的联系有两种可能：其一，他就是这件事的发现者，其二，他是这件事的研究者。这样的设计，是基于这样的出发点：让所有生活在山西的人、关心山西的人和来到山西的人，一起来发现山西。

五、栏目的运作和宣传

运作：栏目实行制片人制，资金实行包干制。

宣传：栏目的视觉包装和音频包装既要突出山西民族文化特色，又要体现出时代气息，要和总编室、广播电视报合作，把下周将要播出的节目设计成有情节的问题，让观众参与有奖问答；与本台其他栏目合作进行互动，比如举办“发现山西”有奖知识竞赛、晚会等；把节目内容和广告信息相继排列，制作成小册子，作为礼品赠送，提高栏目的知名度；在互联网上建立《发现山西》栏目网页，既可以用于介绍节目内容，扩大栏目影响，还可以从网上收集节目线索。

《发现山西》这个栏目开办的目的就是：“让人们更多地了解山西，更深入地了解山西。通过探寻，展现山西神奇美好的大自然和文化奥妙；通过寻找，展现山西民间艺术的奇特；通过发现，展现一个多姿多彩、生机盎然的山西！”栏目口号是“每个人都是发现者”,它不设固定的主持人,而是从观众的角度去定位。这一定位意在使观众产生强烈的欲望,跟着发现者去发现山西“神奇美好的大自然和文化奥妙、独特生动的民间艺术、古朴智慧的历史文化”。栏目的题材是山西在自然、地理、人文、风俗等方面独有的内容。外界对山西的不了解,正是这一题材的价值所在。栏目文案对运作和宣传也作了初步的考虑。

第二节 中、俄联合拍摄电视纪录片《白鲸》策划书①

一、选题背景

白鲸是一种生活在北极圈内,以食鱼为主的哺乳类动物,丰厚圆润的前额,微笑优美的唇部,白亮光滑的肌肤和肥满可爱的前鳍,加上清晰悦耳的歌喉,使它在众多的海洋动物中堪称超世佳人!1535年,当法国探险家雅克·卡提尔发现圣劳伦斯河时,他的船队受到白鲸的迎候。这些白鲸在水中载歌载舞,歌声悠扬动听,响彻百里以外,其美妙悦耳的声音令船上队员们惊叹不已,他们便亲切地送给白鲸一个美丽的称呼:“海洋中的金丝雀”。大连老虎滩海洋公园极地馆于2001年11月3日从俄罗斯引进了一只世界珍稀的极地海洋动物白鲸,这也是白鲸家族历史上首次登陆中国。白鲸是世界珍稀的极地海洋动物。大连引进的白鲸是国内目前唯一的一只。继2001年首次登陆中国的极地大白鲸“彼得”之后,2002年3月29日又有3只白鲸乘专机从俄罗斯的海参崴飞抵大连,进驻老虎滩海洋公园极地馆。这三只白鲸两雌一雄,身长在3米左右,年龄2—3岁,来自北冰洋。随着年龄的增长,它们的肤色正在逐渐变得白亮。它们中的一只雌鲸是白鲸“彼得”的准新娘。作为大连市旅游吉祥物的珍稀极地动物,白鲸以其温和、可爱、亲切的形象深得大连市民的喜爱,而且作为和平象征的使者,白鲸不仅是中国的,也是世界的。白鲸的成功引进在全国范围内是第一次。

二、拍摄意义

自然类纪录片一直是世界各国电视纪录片创作者共同关注的选题。海洋生物的拍摄在亚洲几乎是空白。因此,电视纪录片《白鲸》的推出必将在全国以及世界范围内引起关注,并具有重要的科研价值,这也将大大地提高大连的知名度。同时,大连与俄

① http://www.tiangemedoa.com.

罗斯的海参崴是友好城市，且双方的电视台又是友好台。本片的拍摄必将使白鲸成为两国两市间的友好使者，增进两国两市间的友谊。白鲸作为世界珍稀的极地海洋动物尚无人全面拍摄，尤其是它的生育繁殖过程。

三、拍摄内容

这次白鲸在大连的成功引进无疑为本片的拍摄打下了良好的基础。根据国外海洋动物拍摄的经验，大致分为水上和水下两部分。其中水上部分主要拍摄海洋环境中白鲸的水面活动。水下部分又分为自然环境与人工环境，自然环境主要拍摄白鲸在海洋中与其他海洋动物之间的关系；人工环境主要拍摄白鲸的特写与近景以及交配、繁殖、生育过程。

四、拍摄地点

俄罗斯的海参崴：(1)跟随海参崴渔业公司的捕鲸船，拍摄白鲸在海洋环境中的水面活动；(2)在海参崴的海湾内，拍摄水下自然环境中的白鲸(网箱喂养)。

中国的大连老虎滩海洋公园极地馆：(1)拍摄白鲸的特写与近景；(2)拍摄白鲸的交配、生育的繁殖过程。

五、拍摄时间

2002 年或 2003 年夏季完成俄罗斯方面的拍摄；2002 年至 2003 年完成中国方面的拍摄。

六、合作方式

人员组成：由中国大连电视台和俄罗斯海参崴市政府电视中心组成联合摄制组。

七、拍摄设备

数字设备(DVCTR050)1 台、水下摄影套 1 个、磁带 60 盘。由中方提供。

八、拍摄资金

各台以人员、设备、资金等方式投入。因为拍摄地点大部分在中国，所以，俄方负责中方与海参崴被拍摄单位的联络协调，以及中方人员在俄拍摄期间国内区间交通、食宿、拍摄费用；中方负责前后期设备、中国境内的拍摄制作费用。

九、后期制作

由大连电视台完成。根据拍摄的素材可以《白鲸》《白鲸——友好的使者》为题,分别制作成自然类、人文类等不同的播出版本。

十、播出版权

本着素材共享的原则,各台根据各自的播出实际,制作各自的播出版或共同的播出版,在各台同时播出。国内版权归各台,国际版权归大连电视台或根据各台投入比例共享。

纪录片策划文案的内容和写作要求与其他节目具有共同性,但由于纪录片本身的特点,策划文案的内容侧重点又有不同,纪录片策划文案内容更侧重于拍什么、如何拍、讲什么、如何讲等。《白鲸》的策划书较为详细具体,具有很好的示范性。

第三节 《巨变北京——北京影响力》特别节目策划方案①

北京电视台 2009年6月25日

一、总体阐述

"北京影响力"是京城主流媒体共同打造的平台性活动,为了凸显传媒责任,服务百姓,传递民生,第四届"北京影响力"活动推出大型互动电视节目——《巨变北京》。该节目以"北京影响力"与北京市政市各主管的委、办、局共同举办的"首都60年建设成果展示推介"的大型活动为载体,采用录播播出的节目形式,盘点首都北京60年里,在市民文化生活、物质生活、城市规划、经济建设等各个方面取得的辉煌成就,使之成为向新中国成立60周年献礼的重要活动之一。

二、节目形态

(1)计划组织4—6场以"北京影响力"为主题的"首都60年建设成果展示推介会",目前确定的主题包括"文化创意60年""市民生活60年(厕所、供水、供气等)""建筑60年""外资60年"等。

① http://tv.btv.com.

(2)在台内设主演播室，邀请相关的北京市政府各主管的委、办、局一把手参加论坛，做主题发言，并与现场主持人进行交流，与新闻媒体进行现场交流；邀请与节目主题相关的行业代表、市民代表作为嘉宾出席，进行访谈，观众席中设立媒体席，与论坛的政府官员进行互动交流，并适当穿插小部分文艺表演。

(3)在主演播室设立“权威数据发布平台”的独立区域，结合节目访谈与论坛发言的不同主题与节奏，由北京市统计局的代表现场发布60年以来不同行业、产业的一些变化数据。

三、具体操作流程

(1)节目时长90分钟，拟定每周六或每周日晚20:00—22:00在BTV财经频道中播出，卫视频道重播。

(2)首场节目暂定于2009年5月23日下午录制，之后以每月或每三周为一个周期定期播出，时间跨度为2009年5月至8月。

特别节目是与常规节目相对应的一个概念，它既有电视节目的共性，又有某些不同于常规节目的个性，它是“临时安排”、应时而做的。它在长度上不受限制，在报道空间上很广阔，信息容量大，节目形式多样。正因为如此，特别节目的策划文案应突出其特点，《巨变北京——北京影响力》的策划方案就突破了常规节目的条条框框，充分展现了策划的想象力和创造性，集中力量，加大投入，以确保节目播出后达到预期的良好效果，该策划文案具有较强的示范性。

第四章　电视新闻稿的写作

电视新闻稿的写作是电视写作中的一个重要组成部分，在诸多电视节目中，新闻节目无可置疑地发挥着主体、骨干的作用。世界各国电视台，尤其是电视事业发达的国家，电视新闻节目水平直接决定了一个电视台的声望和影响力。电视新闻节目的好坏和电视新闻稿的质量有着很大的关系。

第一节　电视新闻稿的写作要求

就新闻写作而言，好的新闻稿的标准是相同的，然而，由于媒体之间的差异，对新闻稿的写作要求也有不同。电视新闻视听结合的语言形式、转瞬即逝的传播特点决定了电视新闻稿的写作有着特殊性。我们以下面一条电视新闻为例来分析其要求。

循环经济为什么循环不起来

【画　面】	【解说词】
演播室　主持人	[导语]从今年开始，上海市发改委等部门组织28家企业，联合开展了循环经济试点工作，但是，记者在试点企业了解到，由于缺乏相配套的政策法规扶持，他们的工作步履维艰。
上海大众瑞贝德动力合成公司外景、厂房内景、工人工作 空旷的厂房	记者上午经市发改委推荐，来到上海大众瑞贝德动力合成公司，采访这一国家汽车零部件再制造试点企业的试点成效，车间里一派繁忙景象。下午，记者为了补充一个采访再次来到厂区，却惊讶地发现，几个小时前还热热闹闹

	的厂房突然空无一人。
上海大众瑞贝德动力合成公司技术工人	(同期声)[因为没有生产任务,停产休息]
记者和企业负责人 厂房仓库 积压产品	面对记者的质疑,企业负责人只能道出实情,并带我们来到了仓库,只见这里大批产品积压。这些通过改造的旧发动机,主要性能达到和新机一样的标准,每改造一台发动机,还能为国家省下 60 公斤钢材和 170 度电。
旧发动机 图示解说词所列数字 大量的旧发动机	但企业负责人给记者算了一笔账,每台旧发动机的改造费用为 5,000 元人民币,加上 1,500 元人民币的收购价,成本就在 6,500 元。然而,由于低价拼装发动机充斥市场、消费者的传统观念牢固等原因,再制造发动机的售价即使只有新发动机的一半,大约 7,000 元人民币左右,也很难卖出去。而对于这样的企业,仅有的税收优惠政策至今也没有兑现。
上海大众瑞贝德动力合成公司副总经理卜新文	(同期声)我们的原材料是废旧产品,目前我们卖出去销售的,税还是按照 17%新产品的增值税(征收)。
国家发改委办公厅文件:《关于组织开展汽车零部件再制造试点工作的通知》	据了解,虽然我国从今年开始大力推进企业零部件再制造生产,但相关政策调整由于涉及部门众多,程序复杂,扶持措施迟迟没有出台,导致已经申请试点的企业进退两难。
工作中的设备记者出镜照片及字幕;国家汽车零部件再制造试点企业	这是一份国家汽车零部件再制造试点企业名单,在申请试点的 14 家企业当中,目前真正开展工作的只有三家。
武汉东风鸿泰控股集团有限公司再制造分公司副总经理蒙学农;宝钢集团外景生产车间	(电话采访)这项工作涉及主机厂授权、旧件的来源、新产品的出生证,如果立法不能走在前面,靠我们这些企业一个一个地突破,突破各个政府部门,难度是可想而知的。新的政策要及时跟进,已有的政策也不能说变就变。上海循环经济试点领头单位宝钢集团近期就因此遇到了难题。
图示: 炼钢→粉煤灰→新型混凝土→东海大桥和浦东机场跑道	经过科研攻关,原本只能是废料的炼钢后产生的粉煤灰,被制成了新型混凝土,由于这一转化过程的成本较高,政府也曾给予宝钢一定的经济补贴。这种混凝土被成功运用到东海大桥、浦东机场跑道等重大

宝钢发展有限公司新型材料公司;公司内大量堆积的粉煤灰	工程中。但项目开始赢利后,政府的补贴随之取消。近几个月,随着电煤价格的上涨,粉煤灰混凝土的制作成本开始飙升。现在,宝钢的粉煤灰堆在厂里,舍不得扔,又不敢用,处于两难的尴尬境地。
宝钢发展有限公司新型材料公司技术中心经理康明	(同期声)我还是希望,对厂家综合利用的产业来说,政府支持的力度和支持的政策,要有可持续性。
企业内外景	许多企业认为,循环经济试点投资回报周期较长,如果仅凭现在的政策环境,他们很难有积极性。
照片及字幕:国家汽车零部件再制造试点企业武汉东风鸿泰控股集团有限公司再制造分公司副总经理蒙学农	对于任何一个经济企业来讲,它的动力在哪儿呢?难道仅仅是靠国家提倡,造福社会,造福子孙后代,那么企业付出的这一块谁来给予回报呢?
记者出镜	企业是发展循环经济的主体,只有让企业觉得这样做是值得的,是经济的,他们才会积极参与,要让循环经济真正地循环下去,不能只靠一句口号,也不能光靠企业的觉悟,而需要政府强有力的政策和制度的保证。

——上海电视台《新闻透视》栏目播出

结合这篇文字稿来看电视新闻稿的写作要求,主要有以下几点:

一、符合立体化传播需要

人们在信息的收集过程中越来越注重信息的鲜活多样性和整体系统性,因此,零打碎敲的、单一的、平面的、片面的报道已经不能够满足观众的渴求,而只有充分调动电视新闻自身的特殊手段,对新闻事实进行全方位、多角度、立体式的报道,有效扩大新闻信息优化组合的效应,才会使电视新闻产生更大的张力与活力。

实现电视新闻的立体化传播,除了对新闻事件进行最快、最新、最简洁的消息报道以外,还要增加牵涉新闻事实的前因后果、趋势、影响或意义的多边相关新闻;辅之以新闻背景、新闻调查、新闻分析、记者述评、新闻综述等不同形式的螺旋递进式报道。

电视新闻的立体化传播不仅要真正做到关注观众所关心的,告诉观众所看到的，而且还要深入揭示观众所不明了、不知道的。这样的报道既增加了新闻信息含量，能向观众传递更多更全的信息，又帮助观众了解到新闻特殊而深刻的内涵，从而达到深化报道、增强传播力度的效果。为了全面反映循环经济试点企业所隐藏的尴尬，《循环经济为什么循环不起来》这则报道没有满足于就事论事，而是有点有面，有记者的直接目击，也有企业负责人和职工的直接“诉苦”，有形象生动的现场画面，也有直观清晰的图表，多方位地揭示了一个深刻的问题。当然，如果能够采访到有关政府部门，报道会更加全面深入。

二、和画面对应，相辅相成

电视新闻的文字稿不是一种独立的文体，它是以画面为基础，和画面密切配合、相互协调的一种听觉元素，它和画面是相辅相成的关系。充分发挥画面和声音各自的作用，并把它们完美地结合起来，共同完成传播的任务，是电视新闻追求的境界。电视新闻写作者既要避免文字与图像撞车——文字稿完全重复画面，又不能使文字稿完全脱离画面，使得声画两张皮，还要注意文字稿不能喧宾夺主，盖过画面。文字在电视新闻中不能堆砌，只能镶嵌，不画龙只点睛，只写观众看不到、想不到的，它要给观众留下欣赏画面的时间。文字只有与画面形成这样一种有机结合，才能产生“电视化”程度较高的电视新闻。以前面的《循环经济为什么循环不起来》为例，该报道就充分用画面来“说话”。比如：在报道一开始，车间上午的繁忙景象和下午的空无一人通过画面形成了强烈的对比；大量堆积的旧发动机、粉煤灰的镜头；用图示图表等画面元素形象直观地说明问题等。同时，解说词对画面起到了补充和说明的作用，声音和画面相辅相成，向观众传递了较为全面的信息。

三、和其他声音元素配合得当

在电视新闻的声音元素中，除了新闻文字稿以外，还有人物同期声、现场音响等。同期声采访可以给观众提供“原汁原味”的人物的谈话内容，比记者转述具有更强的客观性、现场感和感染力，人物及事物的本来面目可以生动形象地还原在观众面前，使观众既可观其形，又可听其声。

新闻文字稿和同期声在电视新闻中同处于主体地位，它们共同承担传播功能，带给观众完整、真实、朴素的视听信息，它们都具有叙述新闻事实、介绍有关背景、表达抽象理念的作用，所以新闻文字稿要考虑和同期声的相互配合问题。《循环经济为什么循环不起来》采用了现场采访、记者出镜、电话采访等方式，报道中充分运用了典型的、有说服力的同期声，使观众从企业负责人、企业职工等人的谈话中充分感受到企业所面临的困惑。而且,同期声和解说词互相承接、互为补充、相得益彰,两种声音都成为表达主题不可或缺的一部分。我们再以下面的新闻片段为例来进行分析:

【解说词】小区居民们的欣喜源自生活环境的真切变化。长春市解困小区建于1994年,当时这是为了解决部分困难无房户的居住问题而建设的一个民生项目,"解困"之名由此而来。而此后近20年的时间里,随着小区设施逐渐老化,"解困"小区逐渐成为"老旧小区"的代名词。

【同期声】长春市达顺小区居民郑淑荣:我住17年了,一说是解困小区的,人家就说那是个烂泥洼子,又脏又臭,说儿媳妇都没人给。

【解说词】为了彻底改变"解困"小区的面貌,从2010年开始,长春市以实施暖房子工程为契机,对小区环境进行综合整治,两年下来,小区彻底变了样。趁着联欢还没开始,几位居民热情地拉着记者,去参观他们的新家园。说起小区的变化,居民们如数家珍:眼前的这个休闲健身广场,原来是一块杂草丛生的空地;脚下的方砖甬道原来是一条年久失修的水泥路;现在整齐美观的楼房原来可都是灰灰的模样。

【同期声】长春市达顺小区居民安小平:你看我弟弟来了,就找不到我家了,你知道为啥不?他每次开车来都有标志,就是"解困小区"那几个字,现在没有了,房子也变样了,就寻思错了呢。

【解说词】小区的变化可不光是在表面上,居民武桂琴一定让记者到家里坐坐,感受一下最实在的温暖。

【同期声】长春市达顺小区居民武桂琴:我们家现在温度计的温度是22度,以前最多也就十六七度,自打暖房子工程实施以后啊,家家都这么暖和,这是我们最适宜的温度了。

【解说词】小区环境变美了,文化生活也丰富了,居民们就觉得小区的名字有些不合时宜了。为此,大伙找到了社区,要求改名。经过征集、海选,最终,"解困"成为历史,"达顺"由此诞生。

【同期声】长春市鹏程社区党总支书记代桂英:为什么取这个名字啊?通达顺意,就是顺民心、顺民意。

以上案例选自获得第二十三届中国新闻奖电视消息三等奖的吉林电视台的《从"解困"到"达顺"小区更名背后的故事》。该新闻用最原生态的记录方式,从春节当天小区居民自办的联欢会现场入手,挖掘出小区名字更改背后一群普通百姓生活中的变化以及最真实朴素的幸福感。片中同期采访自然生动,极具亲和力,对解说词起到了很好的承接作用,解说词对同期声的出现进行了铺垫,在淳朴自然的报道中展现的不仅是环境的改变,更有居民内心的脱胎换骨。

现场音响在电视新闻中的作用也不可忽视。比如,在拍摄升国旗仪式时,就有许多现场音响值得收录:国旗礼兵整齐的步伐声、坚定有力的口令声、庄严的国歌声、参加升旗仪式群众低哼国歌的声音等。对新闻现场音响的运用,要做到真实、合理、自然、简洁,用清晰、真实的音响,配以生动的画画,把电视新闻展示给观众,给观众以现场感,使观众融入整个新闻事件。

新闻稿与现场音响也要配置得当,和谐统一。它们的搭配、转换、衔接要准确,流畅,自然。

四、口语化,力求简明扼要

报纸上的新闻是供人阅读的,书面化的语言能够被人所接受,即使有文字拗口、不够通俗的情况,也不会影响观众对新闻内容的理解,观众可以通过重复阅读或借助工具书进一步接受信息。电视新闻稿是由播音员播出的,它直接作用于人的听觉,而且稍纵即逝,所以口语化是电视新闻稿的一个重要特点。所谓口语化,就是要通俗易懂、朴实无华,像说话那样去写,像告诉你的朋友、你的家人你所看到的、了解到的事实那样去告诉观众。不能有过长的句子,不能用晦涩难懂的词汇,不能使用太多的转折词,也不能出现因为读音相近而产生歧义的现象。如果新闻稿的语言过于深奥,观众很可能因为停下来考虑其含义而错过后面的节目。《循环经济为什么循环不起来》的新闻稿通俗晓畅,简洁明了,观众一边看画面,一边听新闻稿传递的画外信息,很容易接受新闻。

五、即时感,尽可能用现在时态

电视新闻不必像报纸新闻那样等待下一个印刷过程,利用这一快捷、迅速的有利条件,电视新闻应努力报道正在发生的事情。及时性是新闻价值诸要素中最重要的。事情在何时发生,这个"何时"往往是这条新闻是否会被采用的决定因素。文字稿要尽可能使用现在时,给人一种似乎这件事正在眼前发生一样的强烈感觉。《循环经济为什么循环不起来》现场感强的另外一个体现就是语言的"即时感",如"记者上午经市发改委推荐,来到上海大众瑞贝德动力合成公司,采访这一国家汽车零部件再制造试点企业的试点成效,车间里一派繁忙景象。下午,记者为了补充一个采访再次来到厂区,却惊讶地发现,几个小时前还热热闹闹的厂房突然空无一人。”

六、节奏紧凑,每个字都言之有物

新闻要达到很强的感染力,还要依靠节奏来制造气氛。节奏要做到紧凑而不拖沓,一要注意文字稿本身的节奏,二要注意文字稿的节奏和画面的内容协调一致。

我国古代文论有“惜字如金”的主张,“增一字嫌多,减一字嫌少”虽然很难做到,但应该成为写作者追求的最高境界。曾有一年,法国里昂举行了一次体育新闻竞赛,内容是报道当地一场足球比赛。新闻竞赛吸引了1100多名职业记者与业余新闻爱好者。谁料到,头奖竟被一个名叫纽隆的无名小卒夺得,他获得了1.5万美元奖金。纽隆是一个刚满21岁的银行职员,这是他第一次写体育稿。原来,职业记者大都绞尽脑汁,花了大量的篇幅报道那场比赛,而纽隆的报道只有五个文字加两个省略号,即:“嘘……嘘……0∶0。”竞赛评选委员会主任在解释评奖结果时说,纽隆的报道用最简练、明确的手法报道了比赛情况,同时又给读者留下了思考和猜想的空间。因为那场球踢得实在太平常了,丝毫没有值得详细报道的地方。人们可以从“嘘”的一声联想到比赛的开始,而从“嘘……”的长声后又看到比赛的结果,这里面包含比赛的一切。这个故事是否真实我们无从考证,可是它再一次说明简洁的语言的重要性,现在新闻报道中既不简练又很拗口且程式化的语言却有很多。如下面几个例子:

例1:某某在会上作了阐述。

例2:分局立即组织人员在列车上进行堵截,对违反规定的收入进行没收。

例3:不合理地乱收费。

例4:作出了积极的贡献。

以上4例粗看起来似乎没有什么问题,但稍微分析就会发现它们的共同点就是不简练、啰唆。例1的“作了”、例2的两个“进行”都纯属多余的词,虽然没有语法问题,但却不如不用简练和顺口。例3的“不合理”、例4的“积极的”也属于多余的修饰语,因为乱收费当然不合理,而合理地收费就不是乱收费;所有的贡献都是积极的,世界上没有消极的贡献。曾有语言文字专家发表文章呼吁正确使用“进行”一词,他担心会有一天人们要说“进行吃饭”“进行穿衣”,如果每天都要在面对观众的新闻稿中大量使用这样的词语，专家的担心真不是多余的。

七、准确

语言文字作为人类交流的工具和手段之一，首先要准确地传情达意。准确是新闻工作者的责任，如果一处不经意的疏忽、一句模棱两可的表达或者声音和画面配合有误，都可能造成观众对事实的曲解。新闻工作者报道的事实如果不准确，有悖职业道德，报道再快也没有意义；如果用语不准确，则会对观众接受内容造成偏差。汉语文字的构词能力强，词汇丰富，词义微妙多变，动词活跃，近义词多。在写新闻稿时，要格外注意词义差别，要选取最贴切、最合适的词语来表达。如这样几个词：捣毁、取缔、查处、查封、查禁、关闭等，在报道公安、武警、工商、税收等部门与种种违法犯罪行为作斗争时经常要用到这些词，但针对不同的对象、不同的行为，在具体的语言环境中，究竟用哪一个最合适，就需要仔细推敲，慎重考虑，选用最准确的词语传递信息、传情达意。每一个词都要保证最佳的表意效果，而且不引起歧义。《循环经济为什么循环不起来》的用语也较为准确地表达了主题，如结尾记者出镜的语言：

> 企业是发展循环经济的主体，只有让企业觉得这样做是值得的、是经济的，他们才会积极参与。要让循环经济真正地循环下去，不能只靠一句口号，也不能光靠企业的觉悟，而需要政府强有力的政策和制度的保证。

八、增加信息量，强化信息质

信息量是指单位时间内信息的多少。信息质，顾名思义，是指信息的质量和价值。信息量与信息质之间是辩证统一的关系。新闻信息量是新闻信息质的显现，新闻信息质是新闻信息量的依据，没有质就无所谓量。好的新闻信息应是质量统一的。在电视新闻有限的篇幅内注入更大的信息量，反映事物的变化和动态，满足观众对新闻信息的需求，就要增加信息量，提高信息质，为观众提供最新的、最有知悉意义、有较高的新闻价值的信息。

九、用语要把握分寸

电视新闻稿的语言非常容易写成空话、大话、套话，比如“取得了前所未有的成绩”“得到了很大的提高”“进行了严格的管理”等，这些语言不但没有任何实际的信息，还给观众“假、大、空”的感觉，所以，写作时一定要把握好分寸，用事实说话，让观众信服。

十、语法规范,逻辑严密

电视新闻稿的写作由于要和画面结合,要和其他声音元素配合,可能会出现思维跳跃、因果关系残缺等现象,但这并不意味着文字稿本身可以出现语法不规范、逻辑不严密的情况。语法错误、逻辑混乱会造成语义上模糊不清,语义上的模糊不清会使观众理解起来困难。如这样几个句子:

例1:每个人都带着他们的证件。

例2:职工代表提出随即要求。

例3:某某经过治疗基本痊愈,23日正式出院。

例4:尽管他身材不好,教练说某某应担任前锋。

例5:今天上午,某某队和某某队将争夺冠亚军。

例6:农民某某种了一辈子地,但他对这块土地的感情最深。

分析以上几个句子,会发现第一个句子的问题是先行词错误,应把“他们”换成“他”;第二个句子应把“提出”和“随即”调换一下;第三个句子表明的行为并没有“非正式”一说;第四个句子的代词“他”会给观众造成误解,如果句子改为“教练说,尽管某某身材不好,但他仍应担任前锋”会使意思表达得更准确。第五个句子的本意是表达两个队争夺冠军,因为不会有一个队是去争夺亚军的,所以,它的逻辑是混乱的;第六个句子把不可能发生类比关系的两个概念即时间概念“一辈子”和地域概念“这块地”作比较,越比越糊涂。

【优秀作品赏析】

百万群众大转移

今天下午4点,省气象台专家最终确认,今年11号强台风将于今晚9点前后在我省沿海登陆。此时,台风正以每小时20—30公里的速度向我海岸扑来。

窗外狂风呼啸,大雨滂沱,省防汛指挥部内气氛凝重,省委书记李泽民,代省长柴松岳等党政军主要领导正在召开紧急对策会议,省委书记坐不住了。

(同期声)“凡是台风登陆和经过的地方,我看就要下死命令,该转移要转移,该撤退要撤退。”

副省长刘锡荣当即操起电话,给几个市县一一下达了紧急撤退命令,一场和平时期最大规模的大动员、大转移十万火急地在沿海各地迅速展开。

部队官兵上去了，党政干部上去了，电话、传真、广播、电视等一切手段开始高速运转。

“人在大堤在”，“左”的年代我省曾发生过上千户群众被台风卷走的惨剧。自然灾害是不可抗拒的，家园可以重建，人的生命高于一切。

时间在分秒流逝，台风在步步紧逼。下午6点，离台风登陆只有3小时，焦急不安的省委书记打电话给省电视台，新闻播出是否可以打破常规，时间不等人呐！

天渐渐黑了，风更大，雨更急，台州报告，部队的两艘冲锋舟和三艘橡皮艇已成功靠上了蛇蟠岛。温州报告，正在南海六号钻井平台作业的96名中外工程技术人员安全撤回了龙湾基地。宁波报告，一线海塘和危险山体水库下游全部人员已转移到安全地带。放心不下的柴松岳匆匆赶到钱塘江一线海塘，他要亲自看一看，他下了死命令：对那些真正不肯走的，要采取强制措施，架也要把他们架走。

晚上21:30，11号台风在台州登陆，其强度之大，为我省历史所罕见。虽然只有短短的5个多小时，全省突击转移了近百万群众，人员伤亡减少到了最低限度。

【提示与思考】

《百万群众大转移》这条新闻对从台风的预报、抗灾准备、组织群众转移到强台风过后人员伤亡减小到最低限度这样一个新闻事件的全过程进行了有选择的摄制，以台风刮倒大树、海浪冲击海堤等“山雨欲来风满楼”的危险场景为背景，反映了人们在天灾的压力下如何发挥能动作用，将人的生命放在首位的人文关怀的精神。该新闻有以下几个特点：

1. 声音和画面水乳交融

记者在现场抢拍到的一系列画面，如百万群众在呼啸狂风、倾盆大雨中，在官兵和当地干部的帮助下迅速撤离危险地区的场面，具有极强的感染力和震撼力，给观众一种身临其境的真实感。

2. 解说词和其他声音元素密切配合

解说词主要交代时间、地点、人物、风速、人员安全情况、台风影响等间接信息，省委领导下命令的同期声给观众传达出一种信心和精神，现场呼啸的狂风、滂沱的大雨等声音则向观众传达了一种紧迫感。

3. 文字稿节奏紧凑，和报道内容协调一致

这是一则关于灾害事件的报道，情况紧急，人员安全最重要，观众也是悬着心在看这样的报道，所以报道的语言是非常简洁的，报道的组织结构也是非常紧凑的，和报道

的内容协调一致。

4. 主题深刻,体现“人的生命高于一切”

灾难面前“人的生命高于一切”是这则报道要表达的主旨,在组织材料时,报道紧紧围绕这一主旨,体现了人文关怀的精神。

【写作训练】

一、请考虑下列意思相近的词语的用法。

1. 制止、防止、停止、禁止

2. 克服、克制

3. 期望、希望

二、比较下列每组中的语言,看一看哪个更符合电视新闻稿的写作要求。

1. 我们谈到持枪抢劫的受害者时,他说他觉得那些盗窃毒品的人持续不断地偷,是因为许多地方有太多的官员掩盖毒品交易。

持枪抢劫的受害者把毒品抢劫泛滥归罪于许多地方官员掩盖毒品交易。

2. 画面:一辆出轨的列车

解说一:昨晚,康里尔铁路公司的一辆货运列车脱离了轨道。

解说二:你现在看到的是康里尔铁路公司昨晚脱轨的一辆货运列车。

三、分析下列句子有没有语法或逻辑错误。

1. 拥有 12 亿人口的中华民族,盼望这颗东方明珠回到祖国怀抱已经盼望了 156 年!

2. 会议要求各民办学校要努力纠正问题和弊病。

四、下面是一则在报纸上刊登的新闻,请按电视新闻稿的写作要求把它改写成电视新闻。

4 个“小本本”串起百姓有保障的生活

本报讯　记者蒲若梅、谢文君报道　“‘王老抠’把 3 万块钱存款分给俩儿子啦!”这消息像长了翅膀,没几天就在桓仁满族自治县二棚甸子镇传开了。全村出名的老抠咋来了个一百八十度的大转弯?好事儿的村民特意到老王家问个究竟。

今年 69 岁的“王老抠”大名叫王显亮。只见老王从衣柜中拿出 4 个“小本本”,笑着说:“我今年越发想明白了,有了这几个小本本,我和老伴晚年生活就不用愁了,还紧攥着钱干啥?”

“这是农村信用社的‘一折通’,专门用来领国家补贴,像粮食直补款、良种补贴、家电下乡补贴等”，老王指着第一个小本本说：“你看，今年领良种补贴，比去年整整提前了一个月。”

“这是贷款用的《信用贷款证》，我可是一级信用户，有它，贷款不用抵押，方便多了。”老王指着第二个绿色小本本说。

“生病住院用这个小本本，省不少钱。”老王指的是《新型农村合作医疗证》。年初，他患病住院用去医药费5,000多元，但有了这个小本本，国家给他报销了1,800多元。

第四个小本本是去年年底办的《新型农村社会养老保险养老金领取证》。从今年1月起，老两口每人每月都能领到国家发给的55元养老保险金。

王显亮视4个小本本为珍宝，因为它们串起老王有保障的幸福生活，而这一切，都源于我省的工作重点进一步向民生领域倾斜，资金进一步向民生领域投放。

今年上半年，全省直接用于民生的支出438.5亿元，覆盖了百姓生活的各个领域。而从1月至7月，教育支出增长15%；社会保障和就业支出增长20.8%；医疗卫生支出增长17%。

不断增加的财政支出，让群众真真切切得到了实惠，老王数出一大串自己和身边人生活上的变化——高速路、铁路修到了家门口；镇上建起了养老院；村里有了卫生站；村民饮上了卫生的自来水；贫困户住进了新居……连他的小孙子在县职业学校上学，政府也给出一年的学费。

件件“幸福事”与我省的一组统计数据相互印证。今年以来，全省400多万企业离退休人员养老金月人均标准提高120元；城市和农村低保标准分别提高了15%，提高到150元；新农合的补助标准提高到120元；帮助37万人实现就业，高校毕业生总体就业签约率达到了90%；60%以上的基层医药卫生机构实行药品零差率销售……

民心所需，民生所及。不用说，让王显亮感觉更踏实、更高兴的事儿，以后还有的是。(《辽宁日报》2010年9月17日刊发，记者蒲若梅、谢文君，该消息获得第21届中国新闻奖三等奖)

第二节　消息类电视新闻稿的写作

在新闻作品中，消息类的作品总是担任着主角，构成了新闻报道的中心。同样，消息类新闻节目也是电视传播机构作为权威性要闻总汇的重要节目，是观众了解国内外大事的主要窗口。

一、标题的写作

电视新闻标题不像报纸那样既有主题,又有副题,它往往只有一个标题,这个标题就像新闻的眼睛,作用十分重要。

1. 标题的作用

(1)引人入画。电视新闻要吸引人,就要通过标题这个“向导”把观众引入画面,使观众全神贯注,目不转睛。

(2)揭示内容。标题在一定程度上揭示新闻的主要内容,让观众很快明白这条新闻在讲什么,进而进一步去了解更详细的情况。

(3)加深印象。电视新闻消息的标题是经过高度概括提炼出来的,寥寥几个字把新闻的主要内容告诉观众,使观众容易记住,印象深刻。

(4)衔接分段。标题可以在一档新闻节目的各条新闻之间起衔接、分段的作用,从而突出重点,划清层次,理出头绪,避免张冠李戴,造成混乱。如《青年人出现追求生活用品高档化倾向》和《哈尔滨市有些单位年终突击花钱严重》这样两条新闻编排在一起,从画面上看,这两条新闻是极其相似的,如果没有标题衔接分段,要确定二者的分界线相当困难。

(5)美化荧屏。与画面内容和谐一致的标题,不仅能加深人们对新闻内容的印象,还具有美化荧屏的作用,一举两得。

2. 标题的写作要求

(1)表述准确,避免产生歧义

准确是语言表达的第一要义,以真实为生命的电视新闻的语言表述更要做到准确。

获第十七届中国新闻奖电视消息类二等奖的《宁波万余市民“抢”助贵州贫困学子》,标题中一个“抢”字生动形象地把在“甬黔携手,万人助学”活动中宁波市民高涨的爱心助学热情表现出来,新闻中现场熙熙攘攘的画面及对一些市民的采访,进一步突出了宁波人“抢”助背后的浓浓情意。

电视新闻标题不像报纸标题那样可有肩题、主题、副题,而是只有一个标题,且受观众视觉习惯限制,所以标题字数要少、要短,使观众在一瞥之间,尽明题义。

再比如以下两个标题:

家具有污染可无条件退货

家具“污染超标”可无条件退货

这是媒体报道新版《北京市家具买卖合同》的两个标题,一个是“有污染”可无条件退货，一个是“污染超标”可无条件退货，而根据合同规定，无条件退货的前提之一是检验结果显示有害物质超标。显然，如果以第一个标题作为新闻的标题，就会误导观众。

(2)传达重要信息，避免“假、大、空”

新闻标题从属于新闻事件本身，是新闻中最重要、最有价值的那部分事实的浓缩和提炼，应该紧扣新闻事件本身，不能游离于新闻之外。

获得第22届中国新闻奖电视消息类二等奖的《北京告别91年钢铁生产历史》将特大型企业首钢近百年的变迁浓缩于3分多钟的报道中，揭示了我国最大规模的工业迁移，对于落实科学发展观、转变经济发展方式、改善首都环境质量、实现首都经济发展战略转移、调整国家钢铁产业布局有重要意义。该消息用与新闻事件有关的人物命运折射历史变迁，歌颂了首钢人的奉献精神和牺牲精神，充满了人情味。标题中突出了两个要素：谁——北京；何事——告别91年钢铁生产历史，使观众一目了然。

但像《我市召开××年交通工作会议》《市民政局召开××年民政工作会议》等这样的标题显然比较空泛。

(3)高度概括，避免拖泥带水

新闻标题的语言，作为承担形象思维的物质外壳，要求用高度洗练、概括的典型语言。写景，能抓住“浓枝万绿红一点”来表现姹紫嫣红满园春；表意，则“片言明百意，坐池役万景”；叙事，要“睹一事于名中，反三隅于字外”。

如新闻《中国芯 海信造》以装有海信芯片的彩电下线为切入点，反映了彩电芯片研发的时代背景和艰辛，揭示了经济全球化的新形势下，中国走自主创新之路的必然性。题目言简意赅，含义深刻，给人“取一于万，收万于一”的感觉。该新闻获第十六届中国新闻奖电视消息类二等奖。

再比如获得第十八届中国新闻奖电视消息类三等奖的《安徽农民“喜耕田”》，报道了产粮大省安徽，支农支在点子上，惠农惠到根子里，把党的好政策真正变成老百姓看得见、摸得着、攥得住的实惠的新闻事实。标题借用人们熟悉的农村题材电视剧《喜耕田的故事》，“喜耕田”三个字用得精当，高度浓缩，富有感染力，形象地表达了惠农政策带给农民的喜悦。

(4)画龙点睛，避免鱼龙混杂

一个新闻事件，无论大小，通过图像，要让人们产生一种身临其境的感觉。电视新闻图像始终是第一元素。所以，电视新闻的标题不应喧宾夺主，而应起到画龙点睛的作用。画龙点睛就是要将一个新闻事实的最精彩地方点出来，以达到扣动观众心弦，吸引观众看下去的目的。以下面几个标题为例来进行分析：

例1:《专家告诫:胎教音乐不可用高频声音》

例2:《长江上游发现60年前的水雷》

例3:《云南一农民在楼顶种庄稼》

例1的点睛之笔是“专家告诫”,对于现代人来说,优生优育是所有即将为人父母的人所关心的,谁不想听听专家的忠告,“专家告诫”构成了新闻很好的卖点。例2中的“60年前的水雷”几个字非常引人注目。60年前的水雷究竟是怎么回事?是谁埋下的?又是谁发现的?还会不会造成危险?这一连串的疑问吸引观众锁住频道,去探个究竟。例3的关键字眼是“楼顶种庄稼”。在人们的传统观念中,从来都是地上种粮食,而在楼顶种庄稼却是一件新鲜事,对于这种新鲜事,观众怎么会拒绝呢?

(5)巧妙借用,避免单调呆板

标题是新闻的眼睛,一双让人印象深刻的眼睛一定是生动的、顾盼生辉的。标题写作时可以借用一些谚语、诗词、歇后语、歌词等,以使语言生动形象。

例1:《牛年“牛”起来》——该新闻讲述的是养牛大县西丰县养牛专业户养牛前后的精神面貌、物质生活的巨大变化。

例2:《高考“首映” 全家“参演”》——一则关于高考学生及家人“一起参加”高考的报道。

例3:《半个月亮爬上来》——报道的是一次月偏食的现象。

例4:《假冒伪劣“上山下乡”》——假冒伪劣在大中城市的阵地节节失守,制假贩劣者把目光转向了农村,该报道为农民朋友提了醒。

以上四个标题给人的共同感觉就是生动形象。例1的新闻讲的是养牛大县养牛专业户的事,标题利用人们对“牛起来”这个词已有的认识,又结合当年是农历牛年这一特点,生动传神地把养牛带给人的物质和精神生活的变化表达了出来,起到了画龙点睛、引人入胜的作用。例2巧妙借用电影的术语,把高考比作一场电影,首场考试比作电影的“首映式”,而演员就是考生“全家”,标题把考生全家齐上阵对付考试的紧张情形生动地展现出来。例3的标题是我国少数民族一首歌曲的名字,记者巧妙地借用过来,生动贴切,为新闻平添了光彩,给观众留下了深刻的印象。例4也是利用人们对“上山下乡”这个特定词语的已有认识,把假冒伪劣产品伺机出头的现象逼真地表达了出来。

二、导语

导语是新闻的第一段或第一句话，它以简明、生动的语言把新闻中最重要、最新鲜的事实，提炼、概括和展示在开头部分，吸引观众的注意。导语是新闻事实的核心和精髓，是新闻语言高度概括和集中的体现，是记者适应观众需要、观众心理的结晶。导语是引鱼上钩的诱饵，它必须吸引鱼来咬钩，鱼上钩了，然后才能收线。导语确定新闻的调门，没有得体的导语，观众的注意力就可能转移。导语就像房子的地基，地基打得怎样，将决定房子最后的质量。

1. 导语的写作要求

(1)突出最重要的新闻要素

以下列导语为例进行分析：

例 1：今天下午 1 点左右，一位老人在上南八村门口突然晕倒在地，危急时刻，一名经过的年轻人主动上前伸出援手，不过为了避免纠纷，他在救助老人的同时，也请旁人用手机记录下施救的过程。

例 2：今天，对海信人来说是一个不寻常的日子：装有中国第一款自主知识产权的数字视频处理芯片的电视机在海信正式下线。这是国产彩电首次用上“中国芯”，它改写了中国自生产彩电以来核心技术被国外垄断的历史。

以上两个导语中都包含有新闻的基本要素。一般来讲，导语中至少应该提到一两个最突出的要素。如果导语中不具备任何新闻要素，或导语中包含的要素不能向观众传达基本的信息，则成了无新闻导语，这样的导语是没有任何意义的。例如以下几个导语：

例 1：联合国秘书长潘基文接受了记者的采访。

例 2：某某市长发表了重要讲话。

这两个导语对观众来讲没有实质性的信息，潘基文为什么要接受记者的采访？采访中谈了些什么问题？某某市长讲了些什么？和群众关心的是否一致？这是观众急于了解的。如果加上一些新闻要素，就可以改成一个真正的新闻导语：

例 1：联合国秘书长潘基文就支持朝美直接对话问题接受了记者的采访。

例2:某某市长强调:整顿市容市貌是今后一段时期的工作重点。

(2)高度浓缩,避免和主体重复

导语是主体的“浓缩”,而不是“重复”。所谓“浓缩”,是对新闻主要内容的高度提炼与概括。但导语与主体的内容重复,是消息写作中的常见病,比如这样一条消息:

深圳职称评审开辟“绿色通道”

从今年起,深圳市专业技术资格评审工作将进行重大改革,对部分高中级职称评审、申报开辟“绿色通道”,可不受外语、学历、资历等条件限制,直接由市职称管理办公室随时受理相应的中、高级职称申报,初级职称不再评审,全部实行考核认定,以便更好地为有突出贡献或成绩显著的专业技术人才服务。

深圳市职称管理办公室的人士指出,所谓“绿色通道”,指国家、省部级自然科学奖、科技进步奖、发明奖、优秀设计奖获奖项目的主要完成人,获得国家发明专利、实用新型专利的主要完成人,获得国家、省科技成果的主要完成人,可不受学历、资历、外语等条件限制,直接由市职称办公室随时受理相应的中、高级职称申报。每年也不再局限于原来的唯一的一次机会。同时,深圳市还将重组职称评审委员会,设立评委专家库,适当增加高新技术企业的专家和年轻专家,并在评审时随机抽取各学科专家当评委。

导语中说:“对部分中、高级职称评审、申报开辟‘绿色通道’,可不受外语、学历、资历等条件限制,直接由市职称管理办公室随时受理相应的中、高级职称申报。”主体部分又说:“所谓‘绿色通道’,指国家、省部级自然科学奖、科技进步奖、发明奖、优秀设计奖获奖项目的主要完成人,获得国家发明专利、实用新型专利的主要完成人,获得国家、省科技成果的主要完成人,可不受学历、资历、外语等条件限制,直接由市职称办公室随时受理相应的中、高级职称申报。”

其实,在这篇报道中作者对新闻的主要内容已经提炼出了核心——“绿色通道”。在导语中,把这个核心点出来就够了,没有必要把它展开,只需设置悬念,达到吸引观众的目的。展开则是主体的职责了。导语的职责就是引导观众走进新闻中来。这则报道的导语可以只用其前半部分的内容:

据某某市职称管理办公室透露,从今年起,某某市专业技术资格评审工作将进行重大改革,对部分中、高级职称评审、申报开辟“绿色通道”。

(3)要有吸引力

导语要巧妙地把主要事实以吸引人的方式表达出来,以吸引观众的注意力。

例 1:二十来岁如果还没有个异性朋友,其实也不算什么,不过对于琪琪来说这可是件大事,再不给它找个伴儿,恐怕就没有机会了。

例 2:只听说吃了白吃,拿了白拿,如今有人竟说出撞了白撞的话来,听了可真让人不舒服,我们来看看这是怎么回事!

以上两个导语都给人一种想“打破砂锅问到底”的欲望。例 1 是新闻《谁给白鳍豚找个伴儿?》的导语,这个导语语言通俗,像话家常一样给观众设置了悬念:琪琪是谁,二十来岁没有伴儿怎么就没机会了?这样会使观众急于在后面的新闻中寻找答案。原来琪琪是白鳍豚的名字。例 2 先把一件怪事亮出来:“有人说撞了白撞”,这究竟是怎么一回事?为什么有人竟这么说话?观众不免会产生疑问,而且也会急于想消除这种疑问。

2. 导语的分类

(1)叙述式导语

叙述式导语是把新闻中最突出、最有新闻价值、观众最想知道的事实用尽可能简练但又平实的语言写在导语里,开门见山,增强观众对新闻的注意力。

例:8 月 10 日,黑吉两省交警联手打击高速公路交通违法行为。可是他们把启动仪式设在了高速公路的收费站,结果造成了 40 分钟的交通堵塞。

(2)对比式导语

运用对比、衬托的方法,把作者要说的事实和观点鲜明地突出出来。

例 1:春节将到,记者在新疆维吾尔自治区邮局里,看到了跟往年大不相同的情况:过去忙于分拣从内地寄来的大批副食品包裹,而今天却忙于收订大量的报刊。

例 2:投资办农业,过去是没有人愿意干的事情,例如我身边这样规模的农业基地,过去非国家投资不可。如今,随着市场经济的兴起,计划经济的逐渐淡化,依靠农业富起来的广大农民,已成为现代农业投资的主体。

有比较才能有鉴别,例1通过对比,把如今人们更注重文化消费、更注重精神追求的现象表达了出来。例2通过对比,突出了经济体制的转变对农业投资的影响,反映了农民生活的巨大变化。

(3)悬念式导语

悬念是文学作品中最常见的一种表现手法。我国的民间说书艺术之所以吸引人,和说到关键时刻设置悬念有很大关系。有些消息类的新闻导语中也可以通过设置悬念来激发观众的兴趣,随着主体部分谜底的揭开,观众可以从中得到一种愉悦感。以下列导语为例来分析:

例1:一批印着“五粮液”“西凤”“杜康”和“中国红葡萄酒”等字样的商标,被从酒瓶上撕了下去。

例2:约翰·法雷尔每天沿大街步行上班。他经过第一银行的时候,总是要高声向警卫迪克·罗维特道声早安。今天早晨,当法雷尔又走过银行的时候,他看到罗维特同三个男人一起进了大门。法雷尔像平常一样热情地叫了“早安”,但是罗维特没有搭理。

例3:在纪念郁达夫殉难四十周年的学术讨论会上,日本横滨大学的教授铃木正夫当众公布了经过多年调查而获得的郁达夫被害真相。

例4:5000多箱被执法部门封存的假冒内衣,如果用四吨位的卡车装运的话,大约需要30多年,这么多的东西居然在一夜之间不翼而飞,是谁有这么大的神通?

以上四个导语都像是给观众抛出了一个“谜面”,观众想探个究竟的欲望被挑起,吸引观众的目的也就达到了。

(4)提问式导语

在导语中先提出问题,引起观众的思考和兴趣,然后用事实作简要回答,使观众进一步关注。下面几个导语就是典型的提问式导语,通过问题,引出答案,观众一边思考,一边接受“答案”,印象也就更深刻了。

例1:日本茶叶源于中国,这早已成为定论,但日本茶道是从哪里传入的?她的故乡在何处呢?

例2:春节一天天近了,邮局寄包裹的柜台前一片红火,人们在年关前寄出的是什么呢?

例 3：谁是 NBA 季后赛最有价值的球员？“飞人”乔丹还是“大虫”罗德曼？

在写提问式导语时应注意以下几点：

导语中所提出的问题应该是当前人们所关注的、感兴趣的事情，要注意抓取观众有共同兴趣的问题。

导语中所涉及的问题应该确确实实是令观众迷惑不解、急切地需要寻求答案的问题，不能单纯地为了吸引人或叙述方便无疑而问，故弄玄虚。

提问的目的在于吸引观众，而不是考观众，因此在提问之后，一般要立即用事实作出回答。

所提问题以具体明确为宜，一般不要连续提问。

(5)评论式导语

对一个事件三言两语、一针见血地进行点评，揭示被报道事物的意义。

例 1：北京的人力资源市场这两年一直在嚷嚷一个词：求贤若渴。可要说到实际行动，比起上海、深圳等城市，并没有什么特色。据北京人事局透露，今年北京将毕业生的就业政策放宽了一大步，除研究生外，成绩优秀的本科生也能享受到各种优惠。

例 2：随着上海地下工程的高速发展，地下施工技术的世界第一也层出不穷，但是记者在采访中发现，并不是所有的世界第一都值得我们骄傲。

例 1 在叙述中，做了评论：北京的人才市场这两年一直在嚷嚷一个词：求贤若渴。在这样一句平实、通俗的表达中，北京市这几年的人才政策的落实状况可见一斑了。例 2 先是叙述了现象“世界第一层出不穷”，接着话锋一转，用记者的发现做了评论：“并不是所有的世界第一都值得我们骄傲。”这既是对题目的进一步阐述，又引导观众关注下面的内容。

(6)描写式导语

以具体描写开头，或从现场情景、气氛写起，或用典型情节、细节做引子，或从自然风光的描绘入手，再用新闻事实点出主题思想。比如下面这个导语就是对消息的主要事实、所处的环境和时间，用简洁朴素的语言进行描写，显得生动而富有特色，增强了新闻的感染力。

例:

温布尔登阴雨绵绵,美国公开赛喧闹繁杂,而令参加澳大利亚网球公开赛的选手疯狂的是,在南半球烈日曝晒下的中心球场如同蒸笼,或更像一只大煎锅。

(7)引用式导语

引用新闻中主要人物的重要而有新意的语言,放在新闻的开头部分,给人们留下强烈的印象。下面的导语就非常有新意:

有人说:"现在是彩色电视机的黄金时期,不愁卖不出去。"国营天津无线电厂厂长宋贤方却认为:"办企业,产品越紧俏越要注意信誉。"最近,他们不惜花费百万元换掉已卖出的80,000台电视机中可能出毛病的零件。

引用式导语除了引用新闻事件中人物新鲜重要的语言之外,还可以引用启发式的名言、谚语、诗词、典故等,也可以引用其他与新闻事件有关的令人感兴趣的材料,以增加文采,使观众有兴趣。

在写引用式导语时应注意以下几点:

所引用的话必须在一定程度上反映出报道的主题。

所引用的话必须精彩、生动、富有新意,能够吸引观众。

所引用的话必须忠于原意。

所引用的话不能太长。

三、主体

主体是消息的主要部分,它承接导语,阐发导语所揭示的主题思想,或回答导语提出的问题,对新闻事实作具体的叙述与展开。

1. 主体的结构类型

主体部分是消息的展开部分,应当选取典型事实,以成熟的结构来表现。下面以几个不同结构类型的消息为例来分析主体的结构类型:

例 1：

綦江彩虹桥垮塌

今天傍晚 18:50 左右，位于綦江县城綦河上蔡坝至滨江路的人行拱桥突然垮塌，桥上行人全部落水。

事故发生后，当地政府部门迅速赶到现场进行紧张施救。一片漆黑的现场、刺骨的寒风、冰冷的江水给抢救工作带来一定困难，但现场的工作人员全力以赴抢救落水者。目前已有 14 人获救，送往医院。

市委副书记、副市长王鸿举连夜率领有关部门负责人赶赴事故现场，指挥现场抢救，并前往綦江县人民医院看望获救伤员。截至记者发稿时刻，这起事故已死亡 15 人，另外还有 19 人下落不明。打捞和寻找工作还在紧张进行。事故原因正在进一步调查中。

据了解，綦江彩虹桥于 1996 年建成，是一座钢筋混凝土提篮式拱桥，桥体呈红色，但吉祥的颜色却没能给它带来好运。目前，我台已派记者驻扎现场。我们在以后的时间里及时向您发回有关事故的最新消息。

——重庆电视台报道

例 2：

《浙江：万亿元投资的“加减乘除”》

【解说词】我省日前公布了促内需、保增长计划，两年内全省将新增投资一万亿元。怎样花好这笔钱，如何扩内需、保增长？精明的浙江人拿起算盘，“加减乘除”细算账。

【动漫配音】“加”法，增加民生投入。

【解说词】今天，海岛县浙江玉环岛外引水项目主体工程完工，再过半个月，被饮水问题困扰了几十年的玉环人将喝上自来水。

【同期声】浙江省玉环县自来水公司副总经理王美林：到时候每天有 6 万吨的长潭水供到玉环，老百姓用水难问题将彻底解决。

【解说词】用水条件的改善仅仅是玉环人诸多喜事中的一件。不久前，玉环县决定，在原来 20 亿元投资的基础上，追加 10 亿元，用于 30 项民生工程建设，海岛上的交通、电力都将有跨越式发展。而在整个浙江，明后两年在民生方面投入将超过 800 亿元。

【动漫配音】"减"法,减轻企业负担。

【解说词】危机面前,为了让企业轻装上阵,浙江省日前出台"双百亿"计划,2009年将减少企业税负100亿元,减轻企业负担100亿元,取消或暂停的行政事业性收费达48项。

【动漫配音】"乘"法,财政投入撬动民间资本。

【解说词】近日,从事商旅服务的杭州畅翔集团拿到了600万元的政府引导基金,而政府出手的600万,直接促使两家风险投资公司向畅翔注资3000万美元。

【同期声】杭州畅翔科技集团董事长林东:如果没有政府引导基金,后面的投资入股延缓,整个项目就完了。

【解说词】目前,杭州市的政府引导基金已为7个项目注资1.6亿元,撬动的民间资金超过三倍。而不久前,浙江省建立的中小企业融资平台,在为100多家小企业融资3亿多元的基础上,又组织12家担保机构抱团帮助中小企业融资,有限的财政投入将吸引最大量的社会投资。

【动漫配音】"除"法,淘汰落后产能。

【解说词】利用当前经济形势开展结构调整,是浙江的又一战略性举措。通过关停高耗能、高污染企业和技术升级,2010年年底前,浙江省万元国内生产总值能耗将比2005年下降20%;万元工业增加值取水量降低30%。

【解说词】通过精心的"加减乘除",目前浙江省万亿投资计划正在稳步推进,今后半年内能够开工的项目投资达1,500亿元。

——浙江电视台报道

例3:

《中国芯 海信造》

【解说词】今天,对海信人来说是一个不寻常的日子:装有中国第一款自主知识产权数字视频处理芯片的电视机在海信正式下线。这是国产彩电首次用上"中国芯",它改写了中国自生产彩电以来核心技术被国外垄断的历史。

【记　者】我手中拿的这个"瓶盖"大小的东西就是海信的"中国芯"。别看它小,里边却有着很深的奥秘,专家们说,它里面装了200多万个逻辑门、700多万个晶体管。要是把它的线路拉开,它能绕地球整整3圈!

【解说词】如果把彩电比作一个人,芯片就是它的"心脏"。我国现在是全球最大的电视生产国,每年要用7,300多万个芯片,全都依靠进口,花掉外汇20多亿美元。也就是说，我们现在看的电视，是典型的“中国脸，外国心”。国内生产企业只能赚取微薄的组装费。

【同期声】如果在核心技术上不掌握，没有自主知识产权，你就不可能获得巨大的利润空间。

【解说词】没有自主知识产权就要受制于人。五年前，海信人痛定思痛，下决心搞自己的芯片。他们把研发中心放在了中国的技术高地上海，眼光则瞄向了世界最尖端的数字视频处理芯片。

【同期声】如果你想在市场竞争中取得一个能够打败别人、竞争超过别人的地位，你必须有你独到的技术，我们叫自主知识产权。

【解说词】数字视频处理芯片是国外长期垄断的一项核心技术，国内没有任何经验可以借鉴。摆在海信研发人员面前的，是一个前所未有的挑战。

【同期声】承担这样一个艰巨性工作让我有点诚惶诚恐的感觉，压力是很大的。

【同期声】但是有一点很清楚，我们不能轻易认输，外国人能造出来的东西，我们应当有能力把它造出来，还要造得更好。

【解说词】凭着坚强的信念，研发人员克服了一个又一个难关，历经1,600个日夜的努力，芯片终于研制成功。

【解说词】6月24日，当他们把芯片送到信息产业部鉴定的时候，专家们眼睛一亮。鉴定认为：这是我国音视频领域第一款具有自主知识产权并可以迅速产业化的芯片，其技术性能进入国际领先行列，完全可以替代国外同类产品。

【解说词】国外企业对我国彩电核心技术长达20多年的垄断被海信人打破了！

【解说词】专家测算，这款芯片比进口芯片的价格低20%。如果在全国推广，我国彩电业一年就可以节省成本30多亿元，这相当于去年整个行业利润的3倍。

【同期声】我们的彩电企业在技术上与国外企业平起平坐，这对于我们走向国际化是非常重要的。

【解说词】从引进国外彩电技术，到消化、吸收、再创新，经过18年的不懈努力，海信完成了从引进到自主创新的转变。中国彩电业从此翻开了新的一页。

【解说词】在得知芯片研制成功的消息后，温家宝总理指出，立足自主研发和技术创新，企业才有生命力；拥有自主知识产权和核心技术，企业才有竞争力。

——青岛电视台报道

例4:

《王发的官司"赢"了》

【导　语】还记得电影《秋菊打官司》吗?为了讨个说法,秋菊拖着怀孕的身子,四处奔走。在我省海伦市,农民王发比秋菊还要执着,受的苦也远比秋菊大。今天,好不容易打赢官司的王发却挨了法官一顿打。

【现　场】海伦市人民法院执行一庭庭长打人。

【解说词】挨打的就是农民王发,打人的是海伦市人民法院执行一庭庭长李季。王发这次挨打,和他7年前无故被抓、无端被打以及后来的一系列遭遇有关。

1997年3月16号深夜,乡派出所到村里抓一个外号叫"王发子"的人,却把睡梦中的王发抓了去,一顿拳脚过后才发现抓错了人。第二天上午,王发被放了回来。

【同期声】海伦市向荣乡向众村农民王发:放了之后,我回来我媳妇精神就是吓坏了,一直颤抖地说话,说别抓我别抓我,以为我被绑架了。

【解说词】从此以后,王发的媳妇刘淑文整天变得目光呆滞,就连家里人都不认识了。医生诊断,由于受到惊吓,刘淑文患上了精神病。

【同期声】王发的二女儿王艳丽:我妈天天在炕上躺着,一句话也不跟我们说。

【解说词】随后,王发将海伦市公安局告上法庭,同年秋天,海伦市人民法院判决公安局赔偿王发十四万两千九百四十八元。转眼7个年头过去了,可赔款一直没给,在这期间刘淑文的病情一天天加重,家里还欠下了几万元的外债。为了要回这笔赔款,王发没少去找海伦市人民法院执行一庭的李季庭长。

【同期声】王发的大女儿王艳清:天天找法院,法院也不给解决,迟迟推我爸,不理我爸。

【解说词】万般无奈之下,王发把情况反映到了省政法委,有关领导做出批示后,事情才有了转机,昨天,李季庭长把赔款存折送到了王发家。今天王发拿着存折来到乡信用社,想取钱却取不出来。

【同期声】信用社业务员与王发对话:密码告没告诉你啊?

"(李季庭长)说没有密码啊!"

有密码。

【解说词】没办法,王发只好再次找到法院,在大门口,正碰上李季庭长上了一辆轿车。王发凑上前去,想问问密码的事。

【现　场】王发被打。

【解说词】庭长的轿车扬长而去，王发无奈地上了回家的汽车。在路上他告诉记者，安顿好妻子之后，明天他准备再去省里跑一趟，他相信自己一定能讨回公道。

——黑龙江电视台报道

例 5：

《农机下乡了》

【解说词】省机械部门今天举行送农机下乡活动。

【同期声】省机械厅厅长刘柏常：这次活动目的就是要把最好的农机送到农民家中。

【解说词】上午 8 点，下乡车队从省政府门前出发，令人意外的是车队并没有直接奔赴宾县白桦村，而是在省直各大机关和商业闹市区转起了圈子，两个小时后车队又转向了省政府，人们情绪更加高涨，锣鼓也敲得更响了。上午 11 点，浩浩荡荡的车队开出城，平常 40 分钟的出城路，走了 3 个小时。观众看到的红线是车队前往农村的最佳路线，黄线是车队出发的实际路线(路线图)。

【解说词】中午 12 点，车队到达宾县，场面也更加热闹，在警车的引导下，车队又在宾县的大街转起了圈子，最后驶进宾馆用餐。下午 2 点车队终于到达此行目的地宾县白桦村，听到消息的农民们一拥而上，细细打量起这馋人的宝贝。在组织者的指点下，记者找到了一位正在点钱买车的农民。

【同期声】农民：事先告诉一下就好了，买大件得凑钱。

在组织者的指点下，记者又找到了一位点钱买车的农民。

【同期声】农民：我是半月前买的，这次他们特意让我来参加一下这次活动。

【解说词】下午 3 点，浩浩荡荡的车队匆匆离开了白桦村。

【解说词】这次活动历时 8 小时，与农民见面的时间不足 1 小时，整个活动耗资 1.8 万元，工作人员 260 多人，除组织者特别安排的外，没有卖出一台农机。

——黑龙江电视台报道

例 1《綦江彩虹桥垮塌》在导语中交代了最重要的新闻事实——綦江彩虹桥突然垮塌，桥上行人全部落水。在接下来的主体部分，先对事故发生后的现场施救状况进行介绍，最后对大桥的基本背景档案做了补充交代，整个报道结构紧凑，报道内容安排前重后轻，观众的关注程度也依次递减，这就是一种典型的倒金字塔结构。倒金字塔结构是一种常用的结构方式，它更强调事实而不是事实之间的衔接技巧。

例 2《浙江：万亿元投资的“加减乘除”》先是在导语中概括地介绍浙江人将拿起算

盘,对新增投资的一万亿元“加减乘除”细算账。接着,在主体部分中,分别对“加”“减”“乘”“除”的具体内涵进行介绍,各部分之间没有孰轻孰重,并列进行。作者采用的是并列式的结构方式,这种结构方式一般适用于非事件性新闻报道。

例3《中国芯 海信造》的导语先是陈述了一个事实:“装有中国第一款自主知识产权的数字视频处理芯片的电视机在海信正式下线”,并进一步阐述了这个事实的价值和意义:“这是国产彩电首次用上‘中国芯’,它改写了中国自生产彩电以来核心技术被国外垄断的历史。”那么,这个事实只是一个“点”,“点”的背后究竟经历了怎样的过程?为什么这个点就如此不同寻常?这些问题在主体中进行了解释和说明。如果没有主体的背景交代和说明,就不可能完全理解人们导语中阐述的事实价值和意义,该新闻的价值也就不能很好地体现出来。作者采用的是背景介绍式结构,这种结构方式常用于人物报道、科技报道等。

例4《王发的官司“赢”了》在导语中提出问题,设置悬念,在主体部分把疑惑层层剥开,让观众随着主体部分的展开而得到了问题的答案,这种结构方式叫悬念式结构,这种结构方式常用于一些比较奇特事件的报道。

例5《农机下乡了》报道农机下乡从上午8点出发,下午3点离开下乡地点,从这一头一尾的时间看,这中间的过程应该不算太短,“支农”活动也应该是有所成效的。但随着下乡过程的展开,记者却发现了种种怪现状:上午8点从省政府门前开始出发——经过2个小时后又转向省政府——上午11点出城,40分钟的出城路走了3个小时——中午12点到达宾县(而宾县并非此行的目的地),转了圈子,用餐——下午2点到达目的地白桦村——下午3点离开白桦村。从这一行的时间来看,支农活动中的形式主义可见一斑了。这篇报道好就好在按农机下乡的时间顺序展开报道,一系列颇能说明问题的数字再加上记者细致的观察,细节动作、典型事实的选取,使观众一目了然地看清了支农中的形式主义、不切实际的做法,自然而然地揭露了事件的真相。时间、顺序、结构适用于反映某一新闻事件的每个事实和细节都比较重要的新闻,许多现场报道都是按这种结构处理的。

以上是消息主体的几种主要的结构类型,对于这些结构类型,一要遵守,二不能死守,如果用一个固有的框框去硬套,就会使电视新闻失去特点,没有生气。

2. 主体的写作要求

(1)避免和导语重复

主体的职责是将导语中突出的事实进一步展开、补充,但不是简单地重复导语的内容。比如前面提到的关于某某市专业技术资格评审工作将进行重大改革的报道,导语中提出的“绿色通道”的具体内容和开辟“绿色通道”的意义,都应该放在主体部分。

不然，主体就失去了存在的意义。

这篇报道的主体部分可以这样设计：

所谓"绿色通道"，指以下人员可不受学历、资历、外语等条件限制，直接由市职称办公室随时受理相应的中、高级职称申报：国家、省部级自然科学奖、科技进步奖、发明奖、优秀设计奖获奖项目的主要完成人；获得国家发明专利、实用新型专利的主要完成人；获得国家、省科技成果的主要完成人。这些人员也不再局限于原来每年一次的申报机会。开辟"绿色通道"，旨在更好地为在经济建设中作出突出贡献和成绩显著的专业人才服务。

由于导语中提到的"初级职称不再评审，全部实行考核认定"，不能认定是否属于"绿色通道"之列——"考核"与"评审"究竟谁易谁难不能确定。所以，在这篇报道中可以不写有关初级职称的内容。

(2)层次分明

短小精悍的消息必须要有科学的材料组合方式。所谓层次分明，不仅表现在对新闻事实步步展开的叙述上，还表现在对新闻事件和背景材料的组合上。

(3)材料要充实，让事实说话

新闻中的思想性和指导性，应该通过那些既能体现社会本质规律和发展方向，又有鲜明个性的典型材料来体现。

(4)语言简洁，在朴实中求生动

消息的语言简洁、朴实，但在此基础上要尽量追求活泼、新鲜、生动，避免大话、套话、陈话、虚话。

四、结尾的写作

万事有开头，自然也有结尾。电视新闻的结尾，是指记者为了深化新闻主题，强化新闻价值或扩大消息的信息容量，根据新闻内容精心设计的消息的收结部分。

结尾的类型

(1)点题式结尾

点题式结尾在结尾部分亮出主要观点，点明报道的主旨。当然，主旨是在前面展示事实的基础上提炼出来的。

《我们要什么样的世界第一》是一则关于上海地下轨道交通建设的新闻报道。记者在前期的采访中了解到，在地下工程高速发展的同时，规划建设不同步，各部门间缺乏协调已经是一个比较普遍的现象。于是,记者采访了多名国内轨道交通权威专家,并深入多个工地进行案例拍摄。在我国有史以来最大的上海轨道交通6、8、9号线同时开通,世纪大道车站项目的经理被选为轨道交通建设明星之际,记者以这个高关注度的事件作为新闻,把"世界第一"作为切入点,首先对工程人员在世纪大道车站中的努力表示肯定,其次,通过项目经理的自我质疑完成转折,进入深度剖析,突破了常规成就报道的框架。报道提出这样一个观点:相比修修补补的世界第一,高效规划的世界第一显然更有价值。发展得要快,更要发展得好,这才是科学发展观。[①] 这样的观点在新闻进行中逐渐清晰和凸显,新闻的结尾更是点明了新闻报道的主旨,起到了画龙点睛的作用:

> 要做到统筹规划,同步规划,除了要求工程设计人员有宏观大局的理念,更要求城市管理者有敢于突破各种框架束缚的勇气和智慧。与其反复破解自己制造的难题,不如想办法避免这些难题的产生,毕竟,我们的时间和精力有限,还有更多更有价值的世界第一等待着我们去创造。

(2)反问式结尾

这类结尾是以反问的句式在结尾处提出问题,引导观众对新闻事件进行深入思索,起到发人深省的作用。

> 例1:警方目前已展开了全面的调查工作,对枪手撒下了天罗地网,各媒体还呼吁现场的目击者主动提供线索,配合警方破案。那么,又是谁胆敢在太岁头上动土?
>
> 例2:像这样悠闲自在,却要出钱请人帮助尽"义务"的做法,是不是使义务劳动变了味呢?

例1是一则报道萨达姆长子乌代遭枪击的新闻,结尾的"谁敢在太岁头上动土?"这一反问必会引起观众思索:是什么人派出枪手枪击乌代?枪击乌代的目的是什么?有无政治背景?等等。例2的标题是《变了味的义务劳动》,结尾一语中的,作者巧妙地运用幽默诙谐的语言对此现象进行反讽,让观众从这"调侃"的语言中反思这一怪现象。

---

① 翟慧生:《中国新闻奖作品选》(第十八届),新华出版社2008年版,第66~67页。

(3)呼吁式结尾

呼吁式结尾就是在新闻的结尾，对报道中一些亟待解决且涉及面大的问题进一步呼吁，以引起广泛的关注，促成其早日解决。例如新闻《农机千里走中原》的结尾就是呼吁有关部门充分重视广大农民对农业机械化的需求：

> 记者在河南各地看到，尽管形成了如此大规模的农机千里走中原现象，但仍然不能满足广大农民对农业机械化的需求，这种情况也引起有关部门的高度重视。

(4)抒情式结尾

抒情式结尾是以虚映实、调动观众的联想，以优美的意境进一步升华主题。例如新闻《山东农民再闯关东》的结尾：

> 当我们结束采访回到济南火车站时，看到忙完了秋收的山东农民又踏上了新的征程，去播种更加美好的明天。

电视新闻的结尾是事物发展的必然结果，是整个报道构思中必不可少的一部分，不是硬加上去的。结尾的作用主要表现在以下几个方面：

1. 能够加深观众对新闻的感觉和理解。
2. 能够深化新闻的主题，增强新闻报道的社会效果。
3. 能够恰当地增加“旁人他事”，增加消息的信息量。
4. 为“后续报道”作伏笔。

五、恰当运用背景材料

新闻背景材料是指新闻事实产生的历史条件和环境条件以及新闻事实的内部联系和外部联系。它是对新闻要素中“为什么”的展开，是对形成新闻事实的来龙去脉、历史环境中各种矛盾之间内在的辩证关系的剖析与解释，是对新闻影响更充分的预示。

任何事物都有发展的过程，但新闻报道不可能反映这一发展的全过程，它只截取事物发展全过程链条中最有价值的那一段。任何新闻的产生都有一定的环境和历史条件，在报道时，不能割裂所报道的事实和它所处的社会环境、地理环境、时代特征等。这些与新闻事实有关的环境与历史材料就是新闻背景材料。新闻背景材料具有纵向性(发展的来龙去脉)和横向性(与周围事物的关系)的特点。背景材料的使用能促进观众对新闻事实的进一步理解,对深化新闻主题有直接作用。

1. 背景材料的作用

(1)揭示主题,深化主题,提升新闻价值

有一则关于河南省禹州市中华药城开工的报道,如果没有以下背景材料的运用,人们可能认识不到这条新闻的价值:

> 禹州自明代便是当时全国十大中药材集散地之一,改革开放后,禹州中药市场重又复兴,并新建了药行三条街,入住商户千余家,但随着市场的发展和中药行业的兴盛,现在的药行街已远不能满足客户及市场发展的需要。

背景材料只有简短的几句,却道出了禹州中药材市场兴盛的历史渊源,把兴建中华药城的意义一下子凸显出来了。

(2)突出新闻的"新"

有些新闻是报道新成绩、新变化的,如果运用背景材料进行今昔对比,形成强烈的对照,烘托新闻事实或新闻人物,就能突出"新"字,增强宣传效果,让观众体会到历史的进步。有一则关于某城市工业飞速发展的报道,运用了一系列该城市"历史上的今天"生产的各类工业产品的数量作比较,显示出十几倍、几十倍的增长速度,这些数字的比较,说明了城市的快速发展。

2. 运用背景材料要注意的几个问题

(1)背景材料应真实、简明、典型

在报道某事物时,某事物所产生的环境和条件是背景材料,是不是这些背景材料都必须用呢?

任何事物都有其最初产生的环境和条件,它们在一定程度上决定了事物的最初状态。但随着事物进一步发展,其主客观因素都会发生变化,特别是经过"质"的飞跃,变化会更大。因此,能够说明事物最初状况的原始背景材料,不一定能揭示该事物在所有发展阶段所具有的意义,所以要选取那些"最近"的、能够直接揭示事物本质意义的背景材料,做到简明扼要,突出重点,避免使冗长、层次不清、分散主题的背景材料堆砌,也就是不能让背景材料的分量超过新闻事实。凡与报道主题不太紧密的背景材料,能删则删,大胆舍弃,尽可能地使背景材料精当。

(2)应用要灵活

背景材料的位置是比较灵活的,没有固定的清规戒律。新闻背景材料是新闻的从属部分，可以独立成段，可以是结合电视声音线性听知规律和画面视觉效果的要求，把背景材料以段落或句群的形式穿插在导语、主体和结尾的任何一部分，形成层次的错落有致；也可以是“随风潜入夜，润物细无声”的毛毛雨，暗暗隐含在新闻某个合适的位置，也就是把背景资料化整为零，以句子和句子成分的形式隐入导语、主体或结尾中去。

例 1：今年 93 岁高龄的梁婉珊老人成为北京电视大学中年龄最长的一名学员。

梁婉珊老人从小跟着母亲学习识字，曾经就读于教会学校，后来进入私立朝阳大学学习法律专业，但不幸的是，梁婉珊老人的父亲病故，家道中落，使她梦想成为一名律师的希望化为泡影。

梁婉珊老人早在 1987 年时就吟诗作赋，她常把身边的老年人聚拢在一起，以诗交友。至今，老人们已经出版了三册《梁园诗集》。现在，梁老每天收看电视大学课程辅导，对老师所讲授的《唐诗宋词选讲》认真做好听课笔记，有时还提出问题，并写信向老师请教。

例 2：以出口烟草和生产哈瓦那雪茄著名的古巴，今年将进口烟草。

例 1 在导语之后紧接一段背景材料的介绍，让观众对老人上学动因有了更深入的了解。例 2 为了让观众很快明白这条新闻的意义，作者特地在导语里加入背景材料进行了对比，使得要突出的新闻事实——“哈瓦那将进口烟草”更有意义。

(3)要围绕报道主题或主要新闻事实来运用

一条新闻一般只能围绕一个中心来写，不能游离于新闻主题和事实之外。“引旧意在显新”，这是交代背景的原则。背景材料主要是用来证明新闻是真实可靠的，并能使新闻变得更加容易理解和面目清晰。所以背景材料一定要紧扣主题，和新闻主体材料配合恰当，防止东拉西扯。

(4)尽可能地增强趣味性，吸引观众的注意和兴趣

在背景材料的运用中，可以巧用历史典故、民歌民谚、人们喜闻乐见的民间传说等，不但可以增强新闻色彩，加强记忆，而且可以使人产生浓厚的兴趣。

灵活运用新闻背景，并不是说在交代背景材料时可以随心所欲。穿插在导语中的往往是衬托对比性材料，引起观众的收视兴趣；与主体组合的背景材料主要用来注释和说明导语所揭示的新闻事实，再由主体对事实加以展开，这种新闻篇幅较长，节奏较迂缓；背景材料在结尾出现时，则是对新闻事实作进一步的补充、解释，或引出新意，或

对新闻事实进行暗喻褒贬。

由于电视具有声画结合的传播特点,电视新闻运用背景材料一般分叙述式背景材料和插入式背景材料两种。叙述式背景材料的运用主要是指记者在新闻事件现场的自述,以及被采访者对记者提问的解答,或者记者直接转述从报纸杂志的文章、史料和有关文件中引出的与新闻事件有关联的材料,或者通过解说与新闻事实相关的环境、条件等,这种现场直接口播、转述、解说的方式都具有较强的引证性与说服力。叙述式背景材料在电视新闻的结构中可以采取开头、结尾、穿插、浓缩或独立等灵活的方式方法,以达到突出主题的效果。插入式背景材料的运用,是指电视新闻节目制作进入后期编辑阶段时所插入的与新闻事件有关的电影、电视、图片、绘画、图表、音乐、文字等具有直观性的影像资料。插入式背景材料的显著特点是形象,它能给观众留下深刻的印象,有很强的感染力。如中央电视台《新闻调查》节目播出的对山西省绛县科技示范园区的调查,在采访该县副县长谈上一年大面积种植西瓜成功时,插入了当年县政府组织敲锣打鼓游街庆祝西瓜种植丰收的宏大场面的画面资料。当农民向记者道苦水,诉说收成不好时,又插入该地区去年的西瓜实际上又小又少的画面图像资料,对比极为强烈。谁是谁非观众一看心里就明白。

还有一种背景材料的安排与以往的都不一样,专门提出了"背景新闻"的概念。所谓背景新闻就是以新闻背景为主要报道内容的新闻。它关注的是新闻事件发生的原因、条件。虽然其内容大多是旧的背景资料的组合,但因新闻事件的发生凸显出其新闻价值,此时,背景就不仅仅是围绕新闻展开,本身也变成了新闻。从形式上看,背景材料报道和主要新闻事实的报道是两则新闻。背景新闻一般安排于某一重要新闻或热点新闻之后,专门就前一新闻中提到的重点或要点进行整篇的分析、补充或诠释,使观众对新闻要素中的"为什么"有了更深入的认识。

背景新闻有许多类别。按照与原发新闻的关系可分为直接背景与间接背景。直接背景与原发新闻有直接关系,直接解释说明原发新闻,两者的关系非常密切,有的是原发新闻不可或缺的一部分。间接背景则是从侧面来说明原发新闻,与原发新闻往往是并行的关系,即使缺少了也并不影响原发新闻的完整性。比如相对于非典型肺炎的报道,有的媒体就发了《瘟疫警告人类》的背景新闻,不仅介绍了人类历史上的几次大瘟疫,而且从介绍中自然而然地得出不少观点,如"恐慌、偏见也是杀人的瘟疫""对疾病的科学研究成果并不能被顺利接受"等,让人们在掌握知识的同时,也从中体会到了不少东西。

无论哪一种背景新闻,都具有以下三个特点:(1)新闻性。这是背景新闻区别于其他知识介绍的最主要特点,因此,背景新闻必须在原发新闻刚刚发生不久的组织报道,过早或过晚就不能再称其为新闻。(2)相对独立性。它必须独立成篇，内容上与原发新闻相对脱节，这是背景新闻区别于新闻背景的地方。(3)知识性。背景新闻的核心功能是解释与说明，因此它除了有助于观众了解把握原发新闻外，还具有很强的知识性。如关于伊拉克战争的大量背景报道，除了加深观众对战争的了解外，还令观众掌握了关于伊斯兰教、两河流域文明、军备、武器、兵法等大量的知识。

总之，红花虽好，尚需绿叶扶持，有了绿叶的衬托，红花才会格外娇艳夺目。凡事都有一个度，绿叶太多就可能把红花掩盖掉。所以我们在写作中运用背景材料时，一定要首先摆正主要事实和背景材料的关系，在采访时也必须深入细致，多方了解；在生活中则要注意学习积累，做个有心人，真正掌握好和用好背景材料，使其真正为新闻增色。

【优秀作品赏析】

安徽沿江“屠龙记”

【导　语】 生活在长江边上的安徽人，形象地把当地的工业废气比作盘在头顶的“污染龙”，为了使“沿江经济带”不成为“沿江污染带”，安徽正进行着一场转变经济发展方式的“屠龙记”。

【实　况】 爆破现场——爆炸声

【字　幕】 安徽铜陵：炼出新中国第一炉铜水的高炉烟囱爆破现场。

【解说词】 在爆破的废墟上，铜陵有色总投资5.2亿元的贵金属和渣选矿项目宣布开工建设，代表产业发展方向的两大接替产业建成后，将使铜陵有色第一冶炼厂彻底甩掉环保包袱。

【同期声】 (安徽铜陵有色第一冶炼厂厂长张源)在这建一个新的更环保的冶炼厂是我们唯一的选择了。

【解说词】 在企业干了一辈子宣传工作的退休干部周家其，为了找到最佳拍摄角度给烟囱拍最后一张照片，几乎走遍了厂区的每个角落。

【同期声】 (铜陵有色党委宣传部退休干部周家其)围绕着这个烟囱不知道拍了多少照片，70年代初，为了参加省里的一次影展，我有个创意，在这两个烟囱之间等一轮红日，旭日东升，烟囱浓烟滚滚，但等来等去没等来，结果没办法，我在这张底片上加上了浓烟……说明企业兴旺发达，当时的认识就是这样。

【解说词】 按照周家其的说法，铜陵人对烟囱的认识经历了三个阶段：新中国成立初期怕“没烟囱”，建不起烟囱就不能按时投产；随后的几十年中怕烟囱“不冒烟”,不冒烟就意味着停产减产,没产量就没效益;现在最怕的就是“冒黑烟”,环保达不了标。

【同期声】(安徽铜陵有色第一冶炼厂厂长张源)为了达标排放,每年我们有大量的环保投入,目前已经累计投入1个多亿了,这相当于我们厂整整三年的利润,里外里算起来“冒烟”(生产)还不如“不冒烟”(停产)。

【解说词】在安徽的经济版图中,铜陵与安庆、芜湖、马鞍山同为沿江经济带的重点城市。它们在创造了安徽42%地区生产总值的同时,也成为沿江污染的主要策源地。以钢铁产业为主的马鞍山,排向空中的是一条“黄龙”;水泥企业众多的芜湖,有无数“灰龙”散布各地;以铜冶炼起家的铜陵,是诞生“乌龙”的地方;石化企业聚集的安庆,少不了“火龙”和废气。

【解说词】随着安徽淘汰落后产能速度的加快,四条“龙”也由大变小,由浓变淡。“十七大”以来,安徽利用节能减排的刚性约束,确立起产业结构调整的“倒逼机制”,行政、经济和法律三大手段并举,使沿江各市的“屠龙刀”更加锋利。如果说,铜陵消灭“乌龙”靠的是“壮士断腕”,那么安庆逼退“火龙”靠的则是变废为宝。

【记者现场】在人们的印象中,废气和食品是完全不相干的两样东西,但在这里把废气变食品只有不到50米的距离,安庆石化排放出的高浓度二氧化碳经过我身后这套装置的净化和提纯,就变成了碳酸饮料中必不可少的食品添加剂。

【解说词】截至目前,形成“火龙”的废气,已经有98%得到回收利用,围绕安庆石化打造的6条循环经济产业链也已显露雏形。

【同期声】(安庆市大观区联盟新村村民黄文章)这个火炬一开始的时候有几十丈高,晚上照得我们全村发亮,都不需要点灯。现在你看,火也没有了,气味也没有了,我们家不点灯也不行了。

【解说词】在芜湖,“五小”清理整顿办公室已正式挂牌,20多家水泥企业进入关停黑名单;在马鞍山,安徽第一大企业马钢正朝着零排放的目标迈进。安徽沿江四市的“屠龙记”正在同步进行中。

【同期声】(安徽省经委资源处处长李家寿)“沿江经济带”绝不能成为“沿江污染带”,“十一五”期间,安徽要淘汰3,100万吨落后产能,这相当于整个马鞍山市的工业产能。

【提示与思考】

《安徽沿江“屠龙记”》是安徽电视台《安徽新闻联播》栏目播出的一条消息。该消息从各地烟囱明显减少的变化入手，非常形象地把对安徽沿江经济带的环境治理比作“屠龙记”，并把各地冒着黄烟、白烟、黑烟、喷出火舌的烟囱比喻为“黄龙”“白龙”“乌龙”和“火龙”。作品脉络清晰，画面清楚，解说词与画面、现场环境音响、人物同期声等衔接得天衣无缝，互为衬托，使得整条消息点面结合，逻辑清晰，具有很强的冲击力和说服力。

【优秀作品赏析】

富裕的“低保户”

【导　语】我们都知道，农村最低保障是发给那些家庭困难的农民们的，是国家的一项重要保障制度，必须认真审核、认真对待。但是在保定易县的龙湾头村，最近一次低保公开选举却演变成了一场闹剧。

【解说词】易县龙湾头村最近举行了一场低保户的“选举”，然而许多村民对这次选举却颇有争议，在村里有一位刚被选举上的低保户名叫田明兰，今天上午，记者一进她家大门，首先映入眼帘的就是一辆私家车，从这家里的布置来看，怎么也不像低保户的生活条件。

【同期声】记者：我看您家也不穷呀，还有车呢。

保定易县龙湾头村村民田明兰：我脖子歪了，干不了活。

【解说词】经过记者了解，王明兰家不仅有私家车，还经营着旋耕机、播种机帮工生意，像王明兰这样富裕的低保户，在村里并不是个案。与之形成鲜明对比的是70多岁的兰贵林家，他的爱人是一位聋哑残疾人，还有精神分裂症，平时老人就靠拾破烂为生，他认为自己符合低保条件但是却没有享受到低保。

【同期声】记者：你有低保吗？

保定易县龙湾头村村民兰贵林：我没有低保。

记者：为什么没有？

保定易县龙湾头村村民兰贵林：那谁知道呀？找村支书村主任，他们说是村民代表选的，他们也做不了主，管不了这个。

【解说词】老人说，前几天龙湾头村进行的低保选举中，由30名村民代表增选出了15名低保户，当时他也是参选对象，但在这次选举中，很多像兰贵林这样家庭困难的贫困户都落选了，一些富裕的村民反而当选为低保户。

【同期声】保定易县龙湾头村村民刘庆房（对我说）：我去参选也选不上，我没人，没关系，又穷。

保定易县龙湾头村村民说,有劳动能力的、有生活保障的都吃上低保了,穷的却都摸不着。

【解说词】该选的人没选上,村民对此都是议论纷纷,颇有意见,而按照规定,这些富裕户根本没有参选低保户的资格,那他们是怎么参选,又是怎么被选出来的呢?对此龙湾头村的村支书和村主任表示,在选举之前,他们村委会就接到了很多的"暗示"。

【同期声】保定易县龙湾头村村支书:当时就说就给你这么多低保指标,你尽量围绕着这些人选,选不上也没事。

记者:谁打的招呼?

保定易县龙湾头村村支书、乡政府民政助理、保定易县龙湾头村村主任刘清河:我们选举的时候,就把乡里打过招呼的写一个栏,把村里的候选人写一个栏,都是谁,写清楚。

记者:那田明兰在哪个栏里?

保定易县龙湾头村村主任刘清河:在乡里打招呼的栏里。

【解说词】村主任刘清河介绍,在最后的选举中,这些不符合享受低保规定的富裕村民,有的是县里的领导打了招呼,有的则是镇里的领导突出了名字,有的领导则干脆自己参与进来,田明兰就是这样被选举上的,而在最后选出的15个低保户中,只有三个人符合低保条件,对于这出闹剧,村委会也表示无能为力。

【同期声】记者:你们选出的这些低保户,民政局不会来审查吗?

保定易县龙湾头村村支书:没有,就2009年审查了,这几年一直没有审查。

【解说词】随后记者找到易县民政局了解情况,这里的工作人员却以各种借口推脱、拒绝接受采访,但是我们在采访中却了解到,(字幕)以每个贫困户每月领取52元低保金的标准,2011年,整个易县就有近500个村2万多人享受了1362万元的低保补助,如果都按照当地民政部门的监管态度,这些钱最后会落入谁的口袋呢?

【同期声】社会学者毕晓哲:最根本的问题就是我们的政府部门监管不力,相关民政部门没有严格地把关,对选举过程中最后审核的时候是严重的失职,结果造成低保资金的流失,弱势群体进不去(低保范围),强势群体进去了,扰乱了社会公正性,同时对低保制度也是一种严重的破坏!

【提示与思考】

2011年5月，河北电视台经济生活频道《今日资讯》栏目组陆续接到保定易县龙湾头村、南太和村等许多农村群众的热线，反映在2011年低保补助发放的过程中，出现了很多违规的乱象。记者调查后发现，2011年4月保定易县龙湾头村举行了一场低保选举，原本用于补助贫困村民生活的低保政策，因为某些领导打招呼，反而使得富裕户评上了低保。低保户因为穷反而成了评选低保的障碍，国家的好政策在个别地区被念歪了经。

该新闻导语部分提出问题，留下悬念；正文通过记者对村里贫困户和富裕户的对话，对村干部的采访，既解疑释惑，又将整个新闻背后的深刻原因展现了出来；结尾运用社会学者的同期声点名题意。新闻中解说词解释说明，补充背景，承上启下；同期声真实生动，说明问题；画面生动形象，有说服力。该消息获得第22届中国新闻奖电视消息类二等奖。

【写作训练】

一、分析下列标题的特点。

1.《掷——人到此时当“孤注”》——一则关于男子铅球比赛报道的标题。

2. 谁给减肥市场“减肥”。

3. “一把手”尤其要管好自己的“手”。

二、试比较下列每组中的标题，你认为哪一个更好？

1.《药品价格再次下调》《关注药品降价》《再“挤”药品价格的水分》。

2.《××县举办新提拔科级干部培训班》《新官上任先充电》。

3.《致富要有长远打算》《致富不能“鸡啄米”》《农民致富中值得注意的一个问题》《兼顾当前和长远》《当前和长远》。

三、下面是一个关于“呼唤传统游戏回归”的报道资料，根据资料，确定一个报道的标题。

玩具是孩子的天使，随着经济的发展，可供孩子们选择的玩具琳琅满目。现在的一些玩具材质考究，价格昂贵，虽不无可取之处，但无形中也给稚嫩纯洁的幼小心灵蒙上了盲目攀比、追求奢华的阴影。而多年来在民间广泛流传的跳房子、丢手帕、搬拐等简单易行的游戏，既锻炼了孩子们的身体，又能培育孩子们的心智。

四、下列导语是报道同一事件的12个导语,各有优劣,试分析其特点。[①]

1. 最近两个多月来,一批活梭子蟹由福州运往日本和我国香港,从而结束了我国只能出口冷冻梭子蟹的历史。

2. 最近,福建省外贸部门摸索出活海产品"过冷"处理办法,使出口到日本的梭子蟹成活率达到90%左右,成活期在6天以上。日本商人称赞这是个奇迹。

3. 奇迹!从福州运到日本的梭子蟹,成活率竟达到90%,成活期在6天以上,连经营有道的日本商人也不禁啧啧称赞。

4. 中国的梭子蟹不再是冰冷僵硬而是神气活现地出现在日本市场上。日本商人称赞经过长途运输的福建梭子蟹十有九活,是个奇迹。

5. 在福建平潭县外贸公司储养仓库里,一筐筐八足乱舞、吱吱叫唤的梭子蟹浸入冰水之后立即安静下来,进入冬眠状态。当它们一觉醒来时,却发现已是"身在异乡为异客",置身于东京超级市场的货架上了。事情不仅新鲜,也显示了中国出口海产品的新途径。

6. 一筐筐从活水池中拖出的"手舞足蹈"吱吱叫唤的梭子蟹,被按入冰水后安安静静地开始"冬眠"。这不是科学家在实验室做实验,而是记者前几天在福建平潭县外贸公司看到的"过冷"处理出口活梭子蟹的现场情景。

7. 过去,即使在沿海城市也没有供应活梭子蟹的。现在,活梭子蟹却成批地从福州运往日本和中国香港了。

8. 我国福建出产的梭子蟹,如今已能活着运销日本和中国香港了。而过去,即使在沿海城市也没有供应活梭子蟹的。

9. 历来被称作"隔夜愁"的只能冷冻出口的福建梭子蟹,现在却八足挥舞、神气十足地出现在国际市场上。近两个月来,由福州出口的28万斤梭子蟹,成活率高达90%,日本商人称之为奇迹。

10. 中国出口梭子蟹创奇迹:过去只向海外供应冻蟹,而今活梭子蟹却由福州源源不断运往日本和中国香港。

11. 一变为五。中国梭子蟹活着从福州外销日本和中国香港,身价猛增,每吨价值与过去出口的5吨冻蟹相当。过去即使在我国沿海城市也没有供应的活梭子蟹,如今却奇迹般地成批由福州运抵日本和中国香港了。出口一吨活梭子蟹的价值超过5吨冻蟹,福建省外贸部门用这种方法为国家换回了更多的外汇。

12. 福建省外贸部门现在出口一吨梭子蟹,可以换回5倍于过去的外汇。这不是

① http://www.xici.net/b244699/d61299004.htm.

国际市场行情突然起了变化,而是他们用“人工冬眠”的办法,使从来都是冰冻出口的梭子蟹如今能活着出现在国际市场上。

五、阅读分析下列新闻,并回答下列问题。

1. 依据导语的写作要求,你认为该新闻导语写得如何?为什么?

2. 就该新闻所提供的一系列事实材料,重新设计一条电视新闻导语。

新华社伦敦12月25日电 狗对骨头独有钟情,凭着灵敏的嗅觉会很容易地发现埋在地下的骨头,不过英国一条名叫杰克的狗却很幸运,它最近从英国一处海滩上找到了一块恐龙骨化石。

杰克是在随主人约翰·温奇在英国南部怀特岛的一处海滩上散步时发现这块恐龙前肢骨化石的。怀特岛地质博物馆的科学家鉴定后认为,古时怀特岛时有恐龙出没,这一化石来自一条重4吨的禽龙,它的生活年代距今大约1.18亿年,是最早的恐龙之一。

这块恐龙的前肢骨化石十分完整,由于保存得完整的恐龙骨化石不多,因此愈发显得珍贵。杰克这几天也成了英国新闻界的小明星。

六、下面是一则报纸新闻,该新闻获得第23届中国新闻奖报纸消息类二等奖,试分析并回答文后问题。

山东作家莫言获诺贝尔文学奖

本报高密10月11日讯 晚上7点刚过,高密的大街上便响起了鞭炮,一条消息在鞭炮声中口口相传:高密走出去的山东作家莫言荣获2012年度诺贝尔文学奖。这是中国籍作家首次问鼎这一奖项。

几天前,莫言成为诺贝尔文学奖大热门的消息不胫而走。来自国内外20余家媒体的记者奔向高密,在莫言文学馆的手稿中,在莫言出生的大栏乡平安村,在高密的剪纸、扑灰年画和山山水水中找寻密码,期待着一条爆炸性新闻。

这是收获的季节,高密的棒子黄澄澄地摆满了场院和房顶,侍弄着活计的老乡们略带疑惑地观望着纷至沓来的记者。莫言的二哥管谟欣已经说不清接待了几拨客人,但他还是面带笑容。

随着时间的推移,记者群里散发出焦急和期盼的气息。他们不停地看表,翻着网页,一遍一遍追问着莫言的下落。莫言事后对记者说,那时,他正躲在一个地方逗着小外孙玩耍,还舒舒服服吃了顿晚饭。

“成了!”晚上7点刚过,当中一个手疾眼快、性子急的记者率先确认了这一消息,人群中随即爆发出热烈的掌声。

在斯德哥尔摩当地时间10月11日13时，远在北欧的瑞典文学院宣布，2012年诺贝尔文学奖授予中国作家莫言。

瑞典文学院常任秘书彼得·恩隆德在瑞典文学院会议厅先后用瑞典语和英语宣布了获奖者姓名。他说，中国作家莫言的“魔幻现实主义融合了民间故事、历史与当代社会”。

诺贝尔文学奖评委之一、瑞典汉学家马悦然说，莫言的作品十分有想象力和幽默感，他很善于讲故事。莫言获奖会进一步把中国文学介绍给世界。

晚9点，让各路记者找得好苦的莫言终于现身。对于获奖，莫言表示：“可能是我的作品的文学素质打动了评委，中国文学是世界文学的一部分，表现中国独特的文化和民族风情，站在人的角度上，立足写人，超越了地区、种族的界限”。他强调，“诺贝尔文学奖是重要的奖项，而并不是最高的奖项”，自己要“尽快从热闹喧嚣中解脱出来，该干什么干什么”。

莫言出生于1955年2月，原名管谟业，山东高密人。小学即辍学，曾务农多年，也做过临时工。1976年2月离开故土，尝试写作。1981年开始发表作品，一系列乡土作品充满“怀乡”“怨乡”的复杂情感，被称为“寻根文学”作家。他的主要作品包括《红高粱家族》《丰乳肥臀》《檀香刑》《蛙》等。长篇小说《蛙》获第八届茅盾文学奖。

按照诺贝尔奖有关规定，所有获奖者将前往瑞典首都斯德哥尔摩，参加12月10日举行的颁奖典礼。

——刊于《大众日报》2012年10月12日一版头条

1. 这则消息主体部分的主要内容可以概括为哪几层？

2. 根据电视消息类新闻稿的写作要求将这条消息改为电视消息。

七、试根据下列材料写一篇倒金字塔结构的消息。

(1)瑞典Sebra电影公司摄制组到中国摄制《中国的乡村义务植树》电视专题片，选择在北京、山西、广东取景拍摄。

(2)《中国的乡村义务植树》专题片是根据国家林业局领导有关加强林业对外宣传的指示，国家林业局宣传办公室、国际合作司决定，并交外交部、国家广播电影电视总局批准，特邀瑞典Sebra电影公司拍摄制作的。

(3)摄制组在广东的拍摄对象选择在东莞市长安镇。

(4)改革开放以来，在经济发展的同时，长安镇镇委镇政府高度重视植树造林、绿化美化工作，从1990年至今，先后投资了5,000多万元，高标准、高起点地做好规划，高质量地抓好建设和管理。1992年长安镇实现绿化达标，1994年荣获“全国植树造林绿化百家镇”的称号，还多次被评为省、市植树造林绿化先进单位。

(5)目前，长安镇全镇林业用地的绿化率为97%，道路绿化率达100%，全镇绿化覆盖率达40%以上，逐步形成了低、中、高层次分明、布局设计合理、品种多样、色彩丰富、纵横交错的绿化格局，初步形成了园林式现代化城镇的雏形。

(6)摄制组于4月14日至16日到达长安镇，陪同人员有国家林业局宣传中心副处长杨波、广东省绿化委员会办公室副主任宋尚豪、东莞市绿化委员会办公室主任赖观生、副主任郑志时。

(7)摄制组一行分别到了长安镇长安门、一环路、二环路、长青街、长安广场、笔记山公园、体育中心、中心小学、莲花山、莲花山庄、乌沙、沙头、街口、友讯电子厂等地进行实地取景拍摄，还采访了副镇长黄炳仪及街口村绿化队负责人邓富兄。

(8)摄制组16日下午离开长安镇，乘机返回北京，继续开展北京、山西之行的拍摄工作。

(9)专题片制作完毕后，将在欧洲、美洲、亚洲等地播出，全球将会有5亿以上的观众收看到此片。

第三节 电视新闻深度报道的写作

电视新闻深度报道是一种常见的电视新闻表现形式。电视新闻深度报道是指凭借声、画形象，对重大的新闻事件，有影响的社会问题、社会现象，做有背景介绍、有分析解释、有归纳预测的报道与点评。[①]

电视新闻深度报道立足于宏观，着眼于整体，把对事实的单侧描述变为全方位扫射，以质朴、凝重、深邃、思辨的笔法和风格观察和把握社会，提出并关注对这一时代具有重大意义的根本问题。深度报道因其信息量大、矛盾冲突明显、思辨性强等特点深受大众喜爱。然而，深度报道的写作毕竟不像普通消息那样简单，它在选材、采访及撰稿等方面均对记者提出了更高的要求。

一、深度报道的选题要求

什么样的题材适合深度报道呢？有的事件本身不错，但比较简单，可供深入报道的余地不大，所以没有必要做深度报道；有的事实本身比较复杂，但进一步深入挖掘起来比较困难，而且也不具有普遍性，这样的题材也不适合。深度报道的题材，应是具有一定的社会意义并有深度报道价值的人物、事件、经验和社会现象等。所谓有一定的

① 叶子:《电视新闻节目研究》，北京师范大学出版社1994年版，第174页。

社会意义,就是指报道的问题具有较高的社会关切度,是广大群众普遍关心、密切关注的问题,同时又具有正确的舆论导向,这是深度报道赖以产生的前提。所谓有深度报道价值是指所选择的事件和现象具有极大的信息承载量和牵动力,具有进行深入调查和层层推进的可能性。

1. *矛盾性*

所谓矛盾是指事物内部或事物之间对立双方既互相依存又互相对立的对立统一关系。深度报道是在不断触及社会矛盾及解剖社会矛盾的过程中显现其特殊厚度和感染力的。

有位记者从当地一个童装市场了解到“民工辞老板,老板抢民工”这一怪现象后,进行深入调查和剖析,发现了许多矛盾:有民工和老板间的,有管理部门和劳动力市场间的,还有日趋规范的市场经济要求和传统经营理念间的等等。这些矛盾既有互相对立的一面,也有相互依存的一面。有矛盾就有冲突,有冲突就有碰撞,有碰撞就有争议和高潮。发现这些矛盾后,记者认为这个事件值得做深度报道,由此采制了一则报道——《“民工辞老板”说明了什么?》,报道在对这一对对矛盾的展开及剖析过程中,同时也得出了急功近利的短期行为及小农意识驱使下的实用心理已经不适应市场经济发展需求的结论,并总结出了经营者和有关管理部门如何致富思源及富而思进的办法。节目播出后,引起了很大反响。

2. *整体性*

一般的新闻报道往往从单纯的角度来观察事物,一事一报,主要以传递信息为主,而深度报道在阐述时则强调整体性,常用的一句话就是:“以今日的事态和昨日的背景,说出明日的意义来。”整体所反映的就是事物的内在联系。在选择一个题材适不适合做深度报道的时候,应该考虑到:这件事、这个现象是不是一个单纯的孤立体?能不能将它放在一个开阔的社会背景下进行多维透视?能不能在向观众展示新闻事实或新闻观点的同时,解释、剖析、追踪、预测这些新闻或新闻观点的前因后果和发展趋势?能不能以小见大,选择它前后左右的多重联系来最深刻、最具体地反映事物本质?近几年兴起的新闻调查类节目对这一特性的反映和要求尤其明显。一般新闻报道中有“五”要素,即何时、何地、何人、何事、何因。而深度报道着重在“联系”上大做文章,将新闻事件所发生的时间、地点的相关背景,当事者与所处社会环境的联系及新闻事件将会带来的社会影响表现出来。换个角度看,深度报道其实是要求新闻记者对纷繁芜杂的新闻表象进行筛选和挖掘,力求将新闻背后的东西表现出来。

获得第23届中国新闻奖电视专题类三等奖的《7·21生命大救援》就是这样一个典型。作品以纪实的手法真实记录了当北京市房山区遭受500年一遇特大自然灾害时，房山人民与特大暴雨、山洪抗争，营救生命的惊心动魄的大事件。创作者大量采用现场同期声，多方搜集、运用了记者摄像机拍摄、当事人手机抓拍、执法记录仪拍摄、马路探头拍摄以及实景照片等方式，还原了灾情和大救援的全貌，真实反映了在数万群众生命受到威胁的情况下，北京市、房山区党委、政府将保证人民群众的生命安全放在首位，全力以赴、争分夺秒，成功营救被困群众的全过程。[①]

3. 思辨性

对新闻加以立体表现的深度报道，是新闻追求历史真实、体现当代意识的最佳模式之一，思辨性是它的一个重要特性。在一些优秀的深度报道中，作者往往把理性寓于事实中间，把对象与自己同化，同时也将自己完全对象化，这样就会使外在的认识变为内在的体验。只有这种发自内心的审美把握，才能对观众产生极大的感染力。在考虑深度报道题材的时候，往往需要具备以感性事实为基础、在对其提炼把握的过程中折射出理性光彩的能力。

二、深度报道的主题表现

1. 深度报道的思维方式

电视新闻深度报道“深”和“长”的特点有别于一般电视新闻的短小，所以被称为电视新闻中的“重磅炸弹”。一则深度报道的成功，素材的占有是基础中的基础，而记者对素材的判断、分析及采集的能力又直接与其思维方式相关。

(1)纵向思维有利于新闻报道向深度延伸

纵向思维要求记者在采访和写作过程中能反映背景、过程，并能预测未来，对报道对象的过去、现在和未来作纵向的研究和展示。

以一篇连续报道《瓷展缘何起风波》为例。记者以江西瓷商在湖州经营，与中介机构及有关职能部门之间发生的一场冲突为新闻由头，展现了湖州中介经营机构的现状、存在的问题及有关部门应该如何进行规范管理等问题。记者在接触这一新闻事件后，并没有就事论事，采访内容既有动态的跟踪，又有相关背景(湖州中介机构市场运作的历史、现状，有关管理条例的具体操作、监督等)的调查；既有对这场瓷展风波起始的报道，又探讨了风波平息后，该如何痛定思痛，加强和处理好经营者、中介机构、管理部门三者之间的关系的问题。这样，就增加了新闻的厚度和深度，从而强有力地烘托了主题，达到了宣传效果，体现了深度报道的魅力。

---

① http://news.xinhuanet.com/zgjx/2013－06/20.

(2)横向思维能拓展新闻报道的空间

横向思维指的是用对比、联系的眼光对事物进行多角度、多侧面的透析。

比如,某市举办首届文化节,如何做好文化节的宣传?记者针对目前各地纷纷利用传统资源,借“办节”的载体扩大当地知名度,促进经济发展的现状,在文化节前走访了一些地市,通过采访、调查其他城市办节的经验,结合本地的实际,制作了一组生动的系列报道,有内有外,有理有据,点面结合,起到了良好的宣传效果。在采制报道的过程中,记者只有“走出去”,站在一个宏观的立场上,用联系的眼光看问题,才能接触到更广阔的空间,才能提炼出更深刻的内容。

(3)逆向思维能赋予新闻报道“新”内涵

逆向思维指的是记者在采访或构思的时候,能从与众不同的角度来考虑事物,在内容或形式上赋予其更深、更新的内涵。新闻要有新意,这个“新”字很大程度上就是逆向思维在采访报道中的体现。

2. 发挥电视优势

电视之所以区别于报纸,是因为它有视听结合的无可比拟的优势。能否发挥出这种优势,关系到电视新闻深度报道的成功与否。

(1)挖掘画面的形象性与特定性

电视新闻深度报道应当考虑如何寓思辨于形象,通过形象的画面承担起阐释事理的作用,那种放之四海而皆准的万金油式的画面显然不能体现出电视的优势。

(2)现场的记录

电视新闻深度报道要对重大的新闻事件,对有影响的社会问题、社会现象做背景介绍、分析解释等深层次的报道,要追寻事件的本源,开掘事物的内涵,揭示事物的本质。现场的记录是电视深度报道的基础,如果没有现场记录,感染力与冲击力也就荡然无存。因此,做电视新闻深度报道要十分注意拍摄或收集新闻事件第一现场的镜头。

(3)情感的渗透

电视可以直接通过富有情感的画面及声音来表达情感,无需另外加以描述,观众用自己的眼睛、自己的耳朵来理解电视节目,来体会这种情感。

3. 由事入理,揭示本质

深度报道是以深刻和全面为传播旨趣的新闻报道形式。写作时要注意以事阐理,见微知著,以理服人,揭示哲理,突出思辨色彩。

4. 缩小口子,深采细挖,用过硬的典型材料增强说服力

形于外的形象,可以为人的感官所直接感知,藏于内的本质,则是看不见、摸不着

的，只有靠理性才能把握。这就需要钻井机似的“深深钻探”，层层递进，深采细挖。

5. 善于运用背景材料

报道中的背景材料，对补充、交代、说明、对比、衬托和解释主要事实，突出和深化主题，有着重要的作用。

三、电视新闻深度报道的策划文案的内容

深度报道的策划文案包括以下几个方面：

1. 报道主题

这主要是指为什么要进行这次报道，报道的目的是什么，主旨是什么，要解决什么问题等。

2. 表现形式

深度报道在内容上是对事物作多层次立体化的展示、分析和理性思辨，它需要的是观众整体性的接受和认知，这就要求它的表现形式能够保证传播过程的完整性。

3. 叙述方式

深度报道关注的是某个新闻事件点的延伸与联系，它要求结构上能超越时空，通过记者、主持人的报道活动对新闻事实进行跨越时空、由表及里、从内到外的反映。

在深度报道的实践中，人们创制出了一种适合于深度报道的叙述方式——聚焦法。

聚焦法的基本模式如下：

导语：采用白描的方法，从一个与报道主题相关的最为典型的人物或事件入手，为观众提供一个生动的情景化、具象化的个案或场景，激发观众的兴趣。

过渡到主题：在个人的遭遇或经历与一个宏观性的社会问题之间建立起某种联系，然后点出报道主旨，使报道顺畅地由对个人问题的描述转换到对大问题的考察分析。

发展主题：对大问题展开报道和分析，多层面地观照和透视主题，使主题得以全方位地展现。

有力的结尾：结尾要和开头连贯，如果报道从某位人物写起，就一定要以这个人物收尾，如果报道以一个戏剧性场景开场，结尾也一定要回到这段场景，使观众在对一个具体的人物或场景感受中，再次回味大问题。[①]

下面再介绍几种美国电视深度报道的叙述方式：

---

① 喻国民：《深度报道：一种结构化的新闻操作方式》，http//www. people. com. cn。

(1)调查式叙述方式

调查式深度报道一般用于犯罪新闻和事故新闻的调查取证与推理归纳。节目往往以记者(或主持人)概述新闻事件为开端,然后根据掌握的资料和证据询问罪犯或当事人。在叙述犯罪或事故经过时,为了便于说明问题,有时记者还要利用工具重现新闻现场。在视觉表达上,调查式深度报道往往用全景或中景来强调记者的超脱性与独立性,表明记者是在以中间人的身份参与新闻事件的调查。调查式深度报道一般都在结尾部分向观众交代事件发展的结果与影响,告诉观众当事人的结局或下场。美国的许多调查式深度报道做得都非常出色和大胆,在一些犯罪新闻的调查中,虽然记者手无寸铁,也没有警员一样的特权,但有时记者对案件的突破能力超过了政府的专门调查机构,记者依靠超常的理性分析和推理能力以及坚忍不拔的探究精神往往能够突破案件的疑点和难点。

(2)分析式叙述方式

与调查式深度报道的叙述方法不同的是,分析式深度报道的主要目的不在于剖析罪行和演绎新闻事件的发展过程,而是"记者承担着社会评论员或精神分析者的角色,赋予叙述以结局和道德含义"。①

分析式深度报道主要基于这样一种考虑:现实社会中往往包含着许多不具有激烈冲突的矛盾。凶杀和事故在人们的日常生活中毕竟只是少数现象。社会生活中大量的矛盾具有更加隐蔽、缓和与渐进的性质,而这些矛盾在更为广泛和深远的程度上影响着人们的生活。分析式报道就在于剖析这些"软性矛盾",解除人们在精神与心理上的压力和困惑。

在分析式叙述方式中,记者的角色相当于社会评论家。他根据新闻事实来分析社会中存在的某种现象、新闻本身所造成的影响以及对未来作出某种预测等。有时记者也试图深入探讨采访对象的精神生活和内心世界等。在分析式报道中,记者是带有明显的感情色彩与好恶倾向的。表现在画面语言上,分析式报道中的记者有时会有近景与特写镜头。这与调查式报道显然不同,其目的是想在分析式报道中打动观众的情感,拉近记者与观众的距离,从而使观众更易于接受记者的分析结果与推断。

(3)白描式叙述方式

记者以一个旁观者的身份来记录其所见所闻。在这里,记者只是观众的"代理人"。白描式报道方法的目的在于:通过记者近乎"纯客观"的描述与记录,反映现实生活中的原生态新闻事实,让观众自己从中得出合理的判断与结论。

---

① 王纬:《镜头里的"第四势力"》,北京广播学院出版社1999年版,第213页。

白描式叙述方式的采访、评论都不具有明显的感情色彩与认知倾向，甚至其画面语言、图文设计以及色彩运用都显得非常“客观”“公正”与“中立”，孰是孰非从不加任何评说，但在“客观”“公正”与“中立”的背后，往往隐藏着鲜明的节目观点。

比如，《60分钟》曾经做过一个名为《远离这一切?》的深度报道节目，记者在节目中讲述了这样一个事实：美国的一些乡村小镇正面临着被大城市和现代工业吞噬的危险。“苹果花香和蜜蜂嗡鸣正逐渐被沥青的气味和车辆的喧闹所吞没……原来放牧的地方正逐步变为超级市场。”在画面语言中，散发着苹果花香的田园风光和都市的柏油马路其实代表着一对矛盾——现代工业文明对传统生活方式的冲击。然而在节目中记者并没有对现代工业文明与田园风光的优缺点做对比分析，而是将两种生活方式作为一对矛盾提出来，至于如何处理这个矛盾则启发观众去思考与解决。

通过对正义与丑恶、传统与现代、个人与社会、历史与现实、文明与愚昧等问题和矛盾的揭露，调查式、分析式和白描式深度报道都试图帮助人们构筑自己的“生存地图”。在这样的“地图”中，人们比照新闻报道更易于找到自己的方位，朝着新闻报道所引导的方向行进。在这一点上，三种叙述方式的目的是一致的。

【优秀作品赏析】

谁动了我的隐私

【演播室】 你有没有经历过自己的隐私正在被别人随意翻动的时刻呢？还记得那一刻的恐惧和愤怒吗？在今天，类似这样隐私权受到侵害的事件已经越来越多。在去年年底，有400位名人的电话号码在网络上被曝光。但是，受到伤害的并不只有公众人物，每一个普通人的隐私也都有可能受到威胁。你的隐私安全吗？

【解说词】 不久前，一份收录了近400位名人手机号码的名单突然出现在网络上。其中包括了许多演艺圈大腕，号码准确性接近90%。中央电视台几位知名主持人的电话也在其中。

（央视主持人同期声略）

（资料：冯小刚家庭地址被曝光略）

【解说词】 有人说：名人就是生活在闪光灯下的，想要保护自己的隐私当然很难。不过，你是否知道：我们的隐私也不见得比名人更安全……

（普通市民的烦恼略）

【解说词】 而且，有些时候对方似乎不止知道你的电话号码，对你的个人情况也了解得很清楚。例如:孕妇生孩子之后,各种针对性极强的推销电话和短信会马上追踪而至。

(孕妇和记者对话略)

【解说词】在生孩子、买车、买房之后,信息的泄露渠道有迹可寻。不过,绝大多数人被骚扰后都选择了不了了之。

……

【解说词】然而,在河南郑州,有一位伊先生在个人信息被泄露后较了一次真。起因是他刚领结婚证几天,就收到了一家名叫"上花轿"的婚纱影楼的电话。

(尹先生情况略)

(记者和婚姻登记处负责人对话资料略)

【解说词】记者最终拿到了该负责人提供的新人信息……这一事件让我们看到:除了商业机构、企事业单位,政府机关也有可能在利益的驱使下,成为个人信息泄露的源头……在隐私权方面有深入研究的法律学者张新宝认为,这背后隐私泄露的风险应该格外被重视。

【同期声】张新宝(中国人民大学法学院教授):……现在呢,你要是在某一个数据库里面打入我张新宝的或者其他人的名字,你的所有的个人数据会一目了然。这样对政府管理是方便了,但是可能会带来严重的隐私问题……

【解说词】……互联网上,出现了许多专门买卖个人信息的网页,种类繁多,数量惊人。不仅如此,在街头,也有信息贩子公开推销个人信息……

(记者和信息贩子的交流略)

(记者核实资料的准确性略)

【解说词】……个人信息的泄露不止会打扰我们的安宁,更有可能带来安全隐患。打电话确定没人后入室盗窃,盗用他人资料骗买电话,套用车牌,通过短信和电话进行诈骗……面对这些威胁,我们发现自己赤手空拳难以应对。现有的法律,暂时还没有为我们提供有力的武器。

【同期声】周汉华:我们国家涉及隐私概念的法律也制定了一些,但总的来说,现在的立法是分散的,保护的力度也不够,执法的机制也不健全。……通过民事诉讼的方法,维权成本很高,而且很难界定到底是不是侵犯了你的个人信息。传统上根据名誉权保护隐私,保护的范围很窄,我们传统的法律已经没有办法提供解决方案,很难给个人提供有效的救济渠道。

【解说词】针对这样的情况,一部专门的《个人信息保护法》正在酝酿当中。周汉华就是这部法律的专家建议稿负责人。他认为,现有法律中对隐私权的界定模糊，保护范围狭窄，与中国人对“隐私”概念的理解有一定关系。

【同期声】周汉华：法律里面也好，传统文化的理解也好，我们觉得隐私是比较负面的东西……

【解说词】对隐私理解的局限，使很多应该保护的隐私得不到重视。究竟什么是“隐私”，什么是“隐私权”？或许，只有清晰地理解了这些概念，我们才能更好地保护自己的隐私。

【同期声】晁继周：我们对这个词的解释就是15个字，不愿告人的或不愿公开的个人的事……

【同期声】周汉华：……隐私权的核心就是自由生活权利，不受别人干扰的权利。

【解说词】那么现在，我们的隐私究竟面临哪些威胁？在调查中，我们发现，有许多情况是我们最初没有想到的……

【解说词】这张报纸上刊登了许多带有私家侦探性质的调查公司广告，其中一项内容是：“话单、车档、户籍、身份、住址当日提取。”他们真的能做到吗？我们联系上了一家公司，提出要购买某部手机的通话清单。

（电话暗访调查公司职员略）

【解说词】……最近，某公司在网上公开销售一种软件，号称如果安装在手机上，可以监控它所有的通话记录、短信内容。而且，如果你用一个设定好的号码拨打安装了该软件的手机，手机就会自动变成窃听器。

（电话暗访公司接线员，对软件进行试验，电影《手机》片段略）

【解说词】现在已经不是农业社会，进入了信息社会。我们触手可及的范围变大了，但同时，也可能别人一伸手就触及我们的私人空间。

……

【同期声】周汉华：……当你在上网的时候，可能在获取信息的时候，已经把自己完全毫无遮拦地暴露给了网站，更不用说那种恶意的窥探者。

【解说词】有些隐私如果被窥探者掌握，后果很严重……网上隐私的安全状况，已经制约了电子商务的发展。

【同期声】黄澄清（中国互联网协会秘书长）：……这个影响就是，由于网民对网络的不信任，使得很多实质性的应用推进不下去。

……

【解说词】不仅互联网上有许多窥视的眼睛，在生活中，或许，也有一双双眼睛悄悄瞄准了你。偷拍、偷窥这一类侵犯隐私的行为时有发生……

（香港明星钟欣桐被偷拍情况、普通人被拍案例略）

【同期声】黄澄清:网上的内容越低俗,越能吸引眼球,越吸引眼球,越能增加广告,越能卖钱。

【解说词】让你防不胜防的专业偷拍设备有很多,在一家私家侦探社,我们就看到了做成手机样式的偷拍机。

(记者和私家侦探的对话,记者电话暗访针孔摄像机售卖者略)

【解说词】我国法律明文规定,生产、买卖、使用偷拍窃听设备是违法的。不过现在,不使用法律禁止的设备一样可以很方便地偷拍。手机已经普遍具有拍照、摄像的功能,技术指标也越来越高,各厂商还以此作为一大卖点。甚至有人在网上推荐哪一款更适合偷拍……

【同期声】张新宝:技术是中性的。它既可能给人们带来福利,也可能会成为某些人犯罪或者是侵权的工具……

(一个偷拍案例略)

【同期声】摄像头在预防犯罪、帮助破案方面能起到巨大的作用,但是,如果摄像头的安装涉及敏感地带,就会引发是否侵犯隐私的争议……

……

【解说词】……和偷拍相比,这些"电子眼"可以说是"明拍"。它们对于保障公共安全、维护公共秩序起到的重大作用毋庸置疑,但是,公共安全与个人隐私的界限在哪里?如何告诉这些眼睛该看什么、不该看什么呢?

【同期声】张新宝:不能够对私人的空间进行监视。当公共场所安装了监控设备,要让这些出入的人知道这里被监视着……录取的这些资料只能够用于特定目的,就是安全目的……

【解说词】现在,有些城市已经出台了相关规定……我们期待更多城市能及早出台相关法规,保障"电子眼"下公民的隐私安全。

【同期声】周汉华:只有通过法律的规范,包括技术上制度的设计,才能够最有效地利用技术所带来的好处,而把它所带来的负面的作用降到最低。

【解说词】偷窥,明拍,我们周围的眼睛已经很多了……让人想不到的是:有时,窥探的眼睛就在你家中,来自你身边最亲近的人。

(电影《手机》片段略)

【解说词】恐怕不会有孩子想到,自己的行动有可能被父母雇人监视。孩子在老师、家长面前应该有隐私吗?我们来到了一所学校,想听听同学们的想法。

(学生的看法略)

【解说词】成人在做出这些举动的时候,可能并不认为这是侵犯孩子的隐私。其他侵犯隐私权的行为也是如此，侵权者根本没有意识到自己的做法有何不妥。

(新疆石河子的居民刘女士案例略)

【解说词】 我们当然觉得医院的做法不可取，那么，我们自己有没有过侵犯了人家的隐私，自己还不觉得的时候呢？在《百家讲坛》节目中，中国人民大学的姚辉教授提出了一个很有趣的观点。

【同期声】 姚辉：我举个最简单的例子。中国人见面打招呼说的是什么呢？干吗去。跑上来第一句话，两个人一见面首先就打探别人隐私……在这样一种下意识的行为当中，实际上表达出来的是什么呢？表达出来的东西就是在我们的观念里面，在我们的日常生活当中，这种东西它并没有成为一种行为的规范。

【解说词】 或许，正因为如此，我们才一再于不经意之间把他人的私密领地当作可以任意进入的公共空间。

【同期声】 张新宝：父母亲去了解孩子的情况，上级去了解下级的情况，组织去了解个人的情况，过去这些不当作隐私来看待，但现在有一些会需要反思。

【解说词】 需要反思的，或许还有我们自己内心深处的欲望。你喜欢偷窥别人的隐私吗？有家网站做了一次这样的调查。在参与的七千多人中，相当大比例的人选择了“喜欢，很刺激的感觉”。这，难道是一种与生俱来的本能吗？

【同期声】 孙东东：天生的，是好奇。打探人家的消息，好奇是所有人都有的，是人的天性。

【解说词】 也许正是因为有这样的心理需要，隐私才成为一种商品，才带来各种利益关系。甚至有人在主动贩卖自己的隐私。

(电影《601个电话》片段略)

【解说词】 更多人在贩卖别人的隐私。从网络点击率的排行榜我们可以看出，隐私的市场销路相当不错。或许，你也是消费者之一。

【同期声】 张新宝：比如说我在新浪网上浏览了某个演员自曝和哪个导演的私生活关系，没有买单，实际上是买单了。因为你在浏览这个网页的时候，上面是有广告的，网站是赚了钱的。所以你是花了时间去买单的，尽管你没有直接掏现金来买单。

……

【解说词】 面对种种不安全因素，怎样保护自己的隐私？目前，我们能想到的方法似乎不多。

(市民的看法略)

【解说词】这是一个主题为“墙”的艺术展览。就像这些作品里表现的一样,当人们缺乏安全感,就会纷纷修起一堵堵防备的围墙来保护自己的私人空间。当墙变得越来越多,也随之带来各种各样的问题。

【同期声】周汉华:因为现在是信息社会,信息社会要求信息的自由流动,要求信息能够交换,否则的话,我们就会成为一个信息孤岛。如果我们之间都不能交换信息,那谁还相信谁呢?市场怎么来运转呢?……如果你走到了某一个极端,最后导致的结果是大家都不能够进行信息交流,那实际上也是很可怕的一个场景。

【解说词】一堵堵围墙所带来的问题,不仅仅是对经济发展、信息化发展的影响。

【同期声】孙东东:那就是社会都层层设防吧,所有的人都是敌对的……

【同期声】张新宝:人和人之间更加没有信任,不信任公共机构,不信任周围所有的人。

【解说词】种种案例让我们发现:我们建造的保护自己的围墙,在各种窥探的手段面前,或许只是一层透明的玻璃……这层玻璃的围墙,没有隔绝窥探的眼睛,却隔断了彼此内心的交流。

【同期声】张新宝:个人修墙,修很厚的墙,我想它有很重的成本。一个是心理、精神方面的成本,还有社会的成本。人们的沟通更困难了,心情更沉重了,从一个单纯的人会变成一个比较多心眼的人。这个成本好像是用钱算不出来的,但是它却是一个实实在在的成本。建立一个好的法律制度,使得人们自觉地去尊重他人隐私,这样成本会低一些。

【解说词】及早出台法律的意义,不仅是对个人权利的保护,还直接影响到国际贸易。

【同期声】周汉华:……我们只有通过国内的立法,才能使我们在国际的舞台上有应有的发言权,避免那种不利的后果,因为立法的迟缓被人家认定为不充分,最后信息都不能向你这儿转移,避免这种情况的出现。

【解说词】目前,《个人信息保护法》已经形成了草案,立法程序正在推进当中。如果有了法律的保护,我们的隐私安全系数无疑会大大提高。

【同期声】张新宝:……如果说有了比较健全的制度,我们就知道自己该做什么,不该做什么。其次,它是一个裁判规则。如果说一个侵害他人隐私权的行为比较严重的话,是要受到制裁的。……他要赔很多钱的话,我想他就不会去干这样的事。

【解说词】法律为我们的隐私划出禁区,并明确警示踏入禁区的后果,是我们都希望早日看到的。不过,总会有些侵犯隐私的行为处于一个难以界定的灰色地带。

【同期声】孙东东:单靠法肯定是不行的。因为侵犯隐私权,在很大程度上是道德问题。

……

【解说词】或许，只要我们还没有学会如何克制自身的窥探欲望，学会如何尊重别人的权利，各种侵犯隐私权的行为就还会不断出现。

【同期声】孙东东：关键在于观念上，我们每一个人都要树立一个观念：尊重他人的隐私权。

【同期声】张新宝：我们不去传播他人的隐私，不去打探他人私生活的内容，这样的好习惯的形成，好的主流道德的评判，都属于隐私文化。隐私文化的培育，也需要较长的时间。

【字　幕】或许尊重别人的隐私权就是尊重自己的隐私权，当每个人都不再翻动他人的隐私，隐私的安全乐土才真正降临人间。

【提示与思考】

《谁动了我的隐私?》是一个典型的深度报道，节目开始先从名人手机号码被在网上泄露入手，按照隐私被动、贩卖隐私、保护隐私的逻辑顺序层层递进，展示了不论是名人还是普通人，不论是公共空间还是个人空间都已经遭到隐私被入侵的现象，指出了其危害性，借调查过程、解说词和专家的言论提出了这种现象发生的原因、解决的办法等。节目以事明理、以理服人、以"画"说事，层层剥笋，给观众留下了深刻的印象。

【写作训练】

一、观摩几个电视新闻深度报道，分析它的表现主题、层次结构等方面的优缺点。

二、以下面提供的材料为素材，做一个深度报道，你将如何发挥电视优势，如何突出深度报道的特点?

公共卫生，需要大家维护，这是现代文明社会起码的常识。但是在很多地方，破坏公共卫生的人很多，维护公共卫生的人少，而自觉爱护公共卫生、勇敢与各类破坏公共卫生的行为进行斗争的人则更少。

对公共卫生造成破坏的行为主要有以下一些情况：

随地吐痰和乱丢烟头，这是两种最常见的不文明行为。去年，某市有关部门对乱丢烟头进行过一次专项清理，还请来电视台记者现场录像，结果令人触目惊心：在该市较繁华的1,000米的路段内，环卫工人在8个小时内共捡到行人随意乱丢的烟头11,032个！而随地吐痰的现象更是相当普遍。但直到今天，该市还没有人因随地吐痰和乱丢烟头而被处罚。

城市居民养狗、养鸽子及其他宠物，也对环境造成不小的污染。有些人带狗上街，出入公共场所,让狗随地大小便。

婚丧嫁娶也带来很大的环境污染。有些地方红白喜事都要放鞭炮,鞭炮放得毫无禁忌。

兜售各类零食的小摊店也是一个污染点。现在,有不少小商小贩把发财的目光瞄向了中小学,生意做到了一些中小学附近,学生们购买各类零食后,随意丢弃包装物和食品残渣,但小商小贩们挣了钱就走了,从不进行任何清理,也没有受到任何部门的卫生处罚。

随意乱堆、乱倒垃圾现象也很严重。有一些居民和小饭店,不论时间、不讲地点、不分场合,随意乱堆乱倒垃圾,乱倒污水,既造成环境污染,又增加了环卫工人的劳动负担。

各种宣传促销活动、抽奖活动散发的传单广告导致纸片满地,"迎风飞舞"。

第四节 评论类电视新闻的写作

随着新闻传播业的飞速发展,电视新闻正在越来越深入地走进人们的生活,它不仅可以使人们了解外部世界,获得各种信息,而且还可以通过针砭时弊、匡正思想、明辨是非,潜移默化地影响人们的思维与认识,影响人们对客观事物的判断和选择。评论类电视新闻节目责无旁贷地担负起了这一任务。

评论节目是新闻媒介集中体现党和群众喉舌作用的节目,是媒介的旗帜和灵魂。评论类电视新闻节目是评论者、评论集体或电视机构对当前具有普遍意义的事件、问题或社会现象表示的意见和态度。[①]

优秀的电视新闻评论应当做到"三性"的统一,即新闻性、说理性和电视性的统一。它依据新闻事实,就实论虚,以深刻的分析和议论,阐明代表社会主流意见的媒体立场和观点,是一种具有鲜明针对性和指导性的论说体新闻体裁。它以电视化的表现手法将新闻性和说理性贯穿于一体,从而达到揭示真理、引导舆论的目的。

一、选题的要求[②]

1. 选题要典型

新闻评论的选题好坏是决定新闻评论成败与否的关键。选题从政治层面上要选

① 杨伟光:《电视新闻分类与界定》,中国广播电视出版社1994年版,第22页。

② 王伟、顾理平:《电视新闻评论选题》,《新闻战线》2002年第8期。

择政府重视、群众关心、普遍存在的题材，从业务层面上要达到“情、趣、理”三者有机结合，从效果上看，节目播出后要达到比较好的社会效果。评论的前提是所评事件一定是新闻，只有在新闻的基础上才能去评论。

电视新闻评论担负着新闻舆论监督的重要职责，这就决定了它与普通新闻相比较有其特殊性。这种特殊性就表现在选题的典型性上。所谓典型性，就是指电视新闻评论要选取那些具有代表性的新闻事件进行剖析和评说。我们生存的这个社会每天都有许许多多的国内外大事发生，会出现各种各样的矛盾和问题，电视新闻评论不会也不可能一一予以评说。但是电视新闻评论可以把握那些有代表性的人和事，举一反三，由此及彼，以个别来反映一般，由此影响观众。实践表明，电视新闻评论的社会反响如何、社会效果如何，很大程度上取决于是否抓住了典型的新闻事件。

2. 选题具有异常性

所谓异常性，包括两个方面，一是指特定的社会行为，这些行为违反了应该遵守的社会准则与规范，破坏了特定的社会秩序，给社会带来了危害。这种行为既有道德层面的，也有法规层面的。二是指与人民群众息息相关但又暂时不为大家所熟悉或者无法理解的新鲜事物。对前者，电视新闻评论通过对社会上这些不正常的、不合法的、假恶丑的行为和现象进行评论、批判，引起广大群众的注意、警醒，从而使广大人民群众能明辨是非、善识美丑，起到激浊扬清的功效。对后者，电视新闻评论追根溯源，并通过严密的分析论证，告诉广大人民群众：它对我们的日常生活有什么影响，对我们周围的人有什么影响，我们该如何看待和对待它，以及它将如何进一步发展等等，有利于消除人民群众面对不熟悉或无法理解的新鲜事物时所产生的怀疑或焦虑，有利于人民生活的稳定和社会的安定团结。

3. 选题具有建设性

所谓建设性，指电视新闻评论评说过的事件能产生积极的效应。在电视新闻评论中，正面的、表扬性的或中性的新闻事件，在观众中较容易产生积极的效应，但同时，电视新闻评论也担负着新闻舆论监督的重任，是党和人民扶正祛邪、激浊扬清、解决问题、推动工作，促进社会健康发展的有力工具。所以，从群众的观点出发，揭露问题的题材不可或缺。所以选择这类题材时，要考虑节目播出后的社会效果，选题必须有助于问题的解决和矛盾的化解，增强凝聚力，必须考虑社会承受力。所谓“建设性”，即指对于某些社会矛盾和社会问题，从揭露问题入手，引导广大人民群众和领导干部认识问题，找出产生问题的根源及症结所在，并及时地采取措施纠正之，力争以后杜绝这类问题再次发生，从而化消极因素为积极因素。概括地讲，电视新闻评论的这种建设性，是以舆论监督的方式扬善抑恶，倡导正确的行为方式和价值观，鼓舞人民群众的斗志和信心,引导人民积极投入到社会主义物质文明和精神文明建设中去。

4. 选题要注重效果,讲究方法

电视新闻评论是通过电视媒体开展新闻舆论监督的一种形式,它借助于电视这样一种传播媒介,令声画有机结合,使现场感、立体感和纵深感鲜明,有极强的说服力、感染力,易被观众接受,并给观众带来强烈的情感体验。这决定了电视新闻评论在选题上,要更加注重效果、讲究方法,注重整体与局部的统一、眼前与长远的统一,促进难点与热点问题的解决,树立和鼓舞人民的信心,密切党和政府与人民群众的联系。

5. 选题应立足自身,但又不能囿于自身

这是就电视媒介自身属性来说的。按电视媒介的层次划分,我们国家的电视媒介分为中央电视台、省级电视台、省会市级电视台、地区级电视台、县级电视台,处在不同层次的电视台开展新闻评论,选题范围自然也受到地域限制。但打破自我束缚、画地为牢的意识和框框,建立一种更加开放的新闻视野和新闻触角,跳出地域性,适时选择一些大视角、大手笔的题材对地方电视台也很重要。这一点对于应对电视"触网"后的激烈竞争尤显重要,因为面对各个不同地域的观众,只有能引起普遍兴趣的选题才会有较高的收视率。

二、标题要讲究

以下面一些标题为例来进行分析:

例1:《灾后安置更要"安心"》——中央电视台新闻频道于2008年6月2日播出的电视短评的标题。该短评是对四川汶川地震灾后心理救援问题提出的建设性的言论,标题抓住了"安"字,"安置"是基础,"安心"是根本,同时,也道出了人们对安全、安稳、平安生活的愿望。

例2:《多情广告无情刀》——揭露虚假广告的严重危害。"多情"和"无情",一正一反,形象地对比了广告的虚假宣传和现实严重后果。

例3:《烂泥当水泥,监理理不清》——杭州一个开发区建筑海塘工程偷工减料,监理方马虎渎职造成工程质量极差。

例4:《假酒真相》——2010年12月23日在中央电视台播出。记者历时两个月四访河北省昌黎县,对假酒背后的真相深入调查,发现当地部分葡萄酒厂用酒精、色素、香精加水勾兑劣质假酒,又贴上假名牌标签,行销全国,数量巨大。从造假酒出发,记者又挖出当地从添加剂销售到假商标制作的一条龙造假酒产业链。另外,节目还反映出当地一些正规的大酒厂用"大厂里套小厂”的方式造假酒，规避监管，而相关执法部门的一些监管措施也形同虚设。[①]

例5:《洋快餐低薪用工岂能无法无规?》——既是问话，又是答案，在问话中鲜明地亮出了观点，比“洋快餐用工要遵守法规”这样的陈述性标题更能引起人们的关注和思考。

例6:《冬天里的一把火》——把政府推出的最低生活保障制度誉为冬天里的一把火。

例7:《填湖、胡填》——武汉江夏区庙山开发小区搞房产开发竟填湖300亩。

例8:《其身不正，何以正人?》——江西抚州地区检察院反贪局为办一桩涉及金额8000元的案子向当事人单位索要20万元“办案费”。

例9:《一批劣质钢材“大旅游”》——陕西电视台报道，强烈地讽刺了一批劣质钢材不但走出厂门，而且“走南闯北”，畅通无阻的现象。

例10:《公交让座“让”与“坐”》——这是重庆卫视《新闻解码》节目于2012年9月播出的一期节目标题。节目探讨以软暴力的方式谴责不让座者是否恰当，弘扬美德为何演变成侵犯他人隐私；对于不让座者到底该持怎样的态度，能否以公德之名暴力让座；以重庆綦江82岁老人为让座者发红包，倡导大家让座为落脚点，体现出媒体的舆论导向。题目中读音相同的两个词，既有强调的作用，又一下子把一方的行动变成了两方的行为，给人以思考，还具有动感和形象性。节目并没有单纯分析“让座”的尴尬、争执乃至暴力背后的情理、法理困境，而是从“让”与“坐”的双方、两种行为方式多维度探讨关于道德、法律、尊严、人性、刻板印象、习惯性思维等话题。言论客观、中立，具有思辨性。

例11:《“君子”爱才，取之无道》——凝练整饬，古朴雅致。揭露湖北公安县自来水公司派人拨快用户水表多收水费的现象。

例12:《家电下了乡，服务要跟上》——天津电视台《新城市新空间》栏目播出的一期节目标题，记者以一位农户为切入点，探讨了家电下乡政策如何能够可持续发展，满足农民切身利益的问题。题目中可以一目了然地看出记者的观点，而且“乡”和“上”的韵母相近，读起来很有韵味。

例13:《期货? 欺货!》——该评论是反映西安隆达投资公司期货炒作诈

① http://news.xinhuanet.com.

骗的行为。标题巧用谐音仿词对非法行为尖锐揭露,辛辣嘲弄。

例14:《春种一粒粟,秋收万颗?》——报道安徽种子公司从外地调用假杂交水稻种子坑害农民一事。标题兼用引用、跳脱辞格,言未尽而意无穷,引人回味深思。

例15:《商业的"鼹鼠"》——用比喻的手法把盗窃商业机密者比喻为鼹鼠,形象传神。

例16:《给孩子的书包"减肥"》——孩子的作业多,负担重,这已是一个亟待解决的老问题,作者借用"减肥"一词,用拟人的手法把观点鲜明地亮了出来。

例17:《人找岗位,岗位找人》——用回环的手法把目前择业的现象形象地作了概括。

例18:《"变味"的课间餐》——"变味"一词一语双关,反映了学校在给学生准备午餐中出现的不正常的现象。

例19:《加味奶粉还是"假味"奶粉》——该标题运用谐音仿词生动地反映了个别奶粉制造商的欺骗行为。

例20:《148,要司法》——巧用人们日常生活中较熟悉的谐音字表达意旨。

例21:《病人求仙,仙婆求钱》——"仙"和"钱"韵母相同,而敛钱又是所谓仙婆"看病"的唯一目的,该标题句尾押韵,听来朗朗上口,又深刻揭示了主题。

例22:《真医,假药》——该标题平仄相间,听来抑扬顿挫,悦耳动听。

例23:《儿童节不见儿童片》——逆向思维,正话反说,报道的是儿童节这天,某市各大影院的广告牌上却找不到一部反映少儿生活的影片,相反,一些有损于儿童健康的影片却比比皆是,有的还在片子下边写着"儿童不宜"的字样。

分析以上标题,或语言简明扼要,用事实说话;或尖锐明快、主旨显豁;或文字清新活泼,具有"诗意美"。这些标题既做到了准确地传情达意,又从视觉上、听觉上吸引了观众的注意力。

三、突出旗帜意识

评论在所有新闻媒体中,都发挥着旗帜的作用。作为电视媒体,每天都要对社会形势、党的中心工作、社会生活、各种国内国际的问题加以报道，给予评论。提倡什么、反对什么，都是通过评论表现出来的。一篇评论报道就是一面旗帜。

以中央电视台新闻评论性栏目《焦点访谈》为例，《焦点访谈》的很多节目是弘扬正气、讴歌典型的，如反映为我国建设、发展、平安默默奉献的各行各业普通工作者的《用生命丈量大地》《高原铁骑是怎样炼成的》《八方努力保高考》《一个理论工作者的追求》等等。同时，该栏目也围绕着社会上各种丑恶现象、不正之风、假冒伪劣、民生问题等进行了报道。如反映以考察名义公款旅游的《考察何以变旅游》，反映民生问题受到危害的《自来水何以浑浊》《一次性公路》等，反映贪污腐败现象的《中介组织参与腐败透视》等。

无论是正面榜样还是反面典型，这些报道都立场坚定，旗帜鲜明，从思想上给观众一种引导，从行为上给观众一种规范，让观众明辨是非美丑，并积极参与到惩恶扬善的工作中来。

四、就事论理，可视性与哲理性相结合

评论不是为了单纯介绍某个人、某件事、某个现象，它的目的是为了议论，为了“说理”；评论也不是空发议论、赤裸裸地表达观点，而要精心选择新闻事实、挑选报道角度，与新闻事实密切结合、与现场采访密切结合，以自然流露的方式传达给观众某种观点和倾向。电视评论既不是就事论事，也不是就理论理，而是就事论理。它不仅包含了完整的新闻要素，也包含了作为评论的所有必备要件：论点、论据和论证过程。论点是新闻评论的核心内容，是所论述问题或事件的基本观点和主张的概括。论据是用来证明论点的事实和理由，而论证则是用论据证明论点的过程。

电视评论是迄今为止手段最为丰富的评论形式。电视评论要强调可视性和哲理性相结合。“可视”就是要充分调动各种视听元素，让观众觉得“好看”；电视评论的哲理性就是通过充分且典型的论据、恰当的论证过程，由表及里地揭示社会事件和现象的本质，把握其与社会关联的意义，提出富有哲理的思考。可视性与哲理性相结合就是运用丰富、直观的电视手法，通过记者现场采访、评述，群众、专家访谈等方式，在记录事实、展示矛盾的同时，作出分析和提供思考，让观众在获取事实性信息的同时了解意见性信息，也就是以“论”统“画”，“论”是“画”的灵魂，“画”是“论”的依据，“论”由“画”出，以“论”取胜。

五、寓情于理，情理交融

电视新闻评论论据的形象性、实证性、论证的群体性，都要求只有情理交融才能获

得更多的观众。情理交融一方面体现在以理性的观念说服人,以情感来感化人,同时,充分调动观众的情感,使他们参与到节目中去;另一方面还体现在主持人、记者的总体把握上。出自主持人之口的评论语言应是鲜活生动、平易晓畅的,同时又不乏思辨的哲理光彩,把理性说理和感性触发很好地结合在一起。

六、点评要到位,针对性要强

电视评论是通过叙事和评论来完成的,既要叙事,又要点评,叙事要层层递进,点评要准确到位。所谓点评准确就是把新闻事件的实质点清、点透,要有"点到穴位的话"。点评的准确到位,一是要求记者要有高度自觉的理性思维,跳出一事一议,放宽视野,找出具有普遍意义的共性问题,融入理性的思索。二是要"实事求是",要将主体认识与客体事实统一,要全面审视问题,既不能乱扣帽子,混淆不同性质的矛盾,也不能片面化、绝对化。同时,语气要把握火候,既不能不疼不痒,又不能火气太大,火药味十足。不疼不痒引不起警惕,火气太大容易上纲上线,这二者都不可能出思想、出理性、出品位。

《变了味的信息服务站》是中央电视台《焦点访谈》栏目播出的一期节目,报道了国家的特殊政策被变相利用,河北省辛集市的农村信息服务站没有成为农民查找、交流致富信息的平台,反而成了接待未成年人上网的"黑网吧"的主要事实。节目结束时,主持人的点评如下:

> 农村信息服务站本来是信息产业部、农业部以及各地方政府在广大农村地区推广的一项便民措施,河北省辛集市的农村信息服务站,却利用国家特殊的政策,变相搞起了营利的"黑网吧"。更令人担心的是,当地各级管理部门明明知道信息服务站变了味,却没有采取有效的措施引导和制止,让农民无法真正受益,让孩子们深受其害,这样的信息服务站恐怕早已经脱离了建设的初衷,真的应该好好规范一下了。

东方卫视《深度105》栏目播出的《走样的经济适用房》是关于"在经济适用房土地上违规建别墅"一事的评论报道,该报道采访过程中一些采访对象的语言起到了很形象的评论作用,如村民宋铁桩所说的"五个部门看不住一个违规开发商?难道政府养的猫都不会逮老鼠?"河南财经学院经济管理学教授史濮的观点,"如果某一块是有利的话,你会发现每个部门都会去介入,他都说他有权力管,那问题就出来了,有利的地方很多部门都要往上凑,得罪人的地方,每个人都说这事我管不了。这种人不按照国家的法律法规来处理，谁来管他们？谁能够管他们？”等等，非常到位。再如结尾主持人的点评：

> 目前，虽然已经有了调查结果和处罚决定，但是还有一系列的问题没有答案：比如说砍伤村民的恶性暴力事件伤人致残，难道就这样不了了之吗？违规建造的别墅和楼中楼虽然已经被责令停工，但实际上已生米煮成了熟饭，那接下来该如何处理呢？前不久中共中央和国务院办公厅印发了《关于党政干部问责的暂行规定》，其中就有对职能部门管理、监督不力的问责，新华社的评论文章也指出，“经适房变别墅”事件有关部门的责任人，该负什么样的责任？受什么样的处罚？人们期待最终的定论。

这段点评点出了问题的要害，跳出了一事一议，没有仅仅局限在被批评者的个人原因，而是放宽视野，提出了完善干部评价系统是干部人事制度改革的关键这一观点，思想深刻，令人思索。

七、讲究通俗性

评论要阐明道理，但道理应讲究通俗性。中央电视台记者曾把啤酒带到演播室讲述泡沫经济的危害——一个杯子中泡沫越多，啤酒就越少，一个国家的经济也一样，泡沫成分越多，实质经济就越虚弱。这比任何文字的表达更形象、更具体、更通俗、更易使人接受。

再比如，在陕西电视台《今日点击》栏目的一期节目《透视“贵族图书”》中，主持人在节目结尾的点评中轻松幽默地说：“我们国家还是发展中国家，吃饱肚子的时间并不长，远没有富到钱多得没处花，非得用黄金造书来炫耀奢侈的地步。无论购买黄金书的资金来自哪里，浪费的都是我们的社会资源。在这里我们诚恳地希望更多的城市能够让礼品书改姓平民。你想，读书人是喜欢倚在床上看一本简装轻便的《三国》，还是愿捧着一块三斤多重的精装大砖头摆谱呢？”

【优秀作品赏析】

走样的经济适用房（节选）

【演播室】 大家好，欢迎收看电视评论节目《深度105》。前段时间，郑州市规划局副局长逯军面对记者采访时一句“替谁说话”的质问，引起了巨大的社会反响。

现在,逯军已经被停职接受调查,但是,“在经济适用房土地上违规建别墅”的事件并没有结束。记者在调查中发现,这起事件其实由来已久,而且当村民们举报时,还发生过暴力伤人的惨剧。来看《深度105》与新华社记者的联合报道。

【大景+字幕“郑州市须水镇西岗村”】

【记　者】 大家现在看到的这一片白色的建筑,就是这家开发公司承建的经济适用房了。在近12万平方米的建筑面积上,有近3万平方米的建筑面积,也就是我现在手指的那一片红色的区域,这些房子无论是房屋的样式,还是房屋的面积,与前面的这些经济适用房相比都大相径庭。

【解说词】 据当地村民介绍,从2004年到2008年,经过郑州市政府批准划拨,西岗村村委会先后把近12万平方米的土地,转让给了河南天荣置业公司用于承建经济适用房。但后来村民们却发现,在其中约3万平方米的土地上,建起的却是12幢连体别墅和两幢楼中楼。随后,村民们和开发商争执不断,并导致了暴力事件的发生。

【记者进入宋家+宋母哭泣实况】

【解说词】 这位哭泣的村民叫刘勤娣,她说2008年6月2日那天,有村民拦住了进入工地的车辆,刘勤娣的儿子宋国辉当时正在现场围观,却被突然冲来的一群来历不明的人砍伤。

(采访农民被砍伤事件略)

【解说词】 这些受伤的村民平时也没有跟谁结过怨,只是对在经济适用房土地上建别墅不满。他们推断,下此毒手的人一定与在建的这个工地有关。事后,郑州市中原区公安分局刑侦大队介入调查。

【采　访】 郑州市中原区公安分局副局长王军:当时这几个受伤群众并不认识这一帮人,后来了解的情况是,因为那儿有个工地,因为工地上有什么问题没有商量好,所以他们工地之间有发生争执和围堵的过程,后来来了一帮不明真相的人,开着面包车,带着砍刀,把村民砍伤了。

……

【采　访】 郑州市中原区公安分局副局长王军:他们是受雇郑州的一个人。[他们是什么人呢?]还是跟那工地有关系,帮助(开发商)看工地的。

【解说词】 随后,中原区公安分局立即对涉案人员予以刑事拘留,并移交检察机关申请批捕。但接下来发生的事情,让公安部门也感到疑惑不解。

【采　访】 郑州市中原区公安分局副局长王军:8月份,检察机关给我们一个撤案建议书，上面写的是双方已经达成和解，受害人强烈要求不再追究当事人这方的责任，建议撤案，我们就把这案件撤了。

【解说词】 让人不解的是，西岗村的多位村民被暴徒砍伤，他们理应维护自己的权益，为什么会要求撤案呢？

……

【解说词】 原来，当警方介入后，就有人给宋国辉和宋大伟家分别送来了 18 万元赔偿金，并警告他们不要再告了。

【采　访】 村民宋大伟：把咱们吓得不轻，这开发商幕后势力太大，再也不敢惹他。

村民宋国辉：到现在我们也不知道到底是谁，他们互相推，都不知道是哪里人伤了我们，是谁出的钱，都是一笔糊涂账。

【演播室】 原来，这些受伤的村民不是不想告，而是受到了威胁不敢再告。由于已经撤案，不再调查，时至今日凶手到底姓甚名谁他们也不知道。可能有人要问：农村的土地应该是归村民集体所有的，那当时村里为什么会把土地转让给那家天荣置业公司？转让前是否征求过村民们的意见？后来矛盾又是怎样激化的呢？

【解说词】 西岗村位于郑州市西郊，紧邻城市后备水源地西流湖。城市的扩张使得村里的土地成了摇钱树，2004 年，天荣置业公司以解决拆迁安置房为名，获得了在这块土地上建设经济适用房的资格，并将未来小区的名字取为"西湖秋韵"。

【采　访】 村民宋铁桩：当时说解决郑州无房家庭、低收入家庭的住房，确实咱们农民没地心里也有点难受，但是由于土地是国家的，任何个人和集体是不能买卖的，所以给我们村民一点补偿款，反正让他们建吧，没房的家庭比咱还难呢，我们也就同意了。

【解说词】 西岗村 6 组村民宋铁桩是村民们的民意代表，他告诉记者，一开始每位村民得到了 7,500 元的征地补偿费用。但是随着所建房屋的逐渐成形，村民们发现，一些房屋怎么看也不像经济适用房。

【实　况】 村民宋铁桩：这个就是楼中楼，这两栋是楼中楼，超标了。这就是我举报的连体别墅，这叫经济适用房？

【解说词】 于是，从 2006 年开始，宋铁桩就一直代表村民上访，向各级单位反映西岗村违规建设的问题。

（老宋与记者进楼的实况略）

【解说词】 看到这一切，西岗村的村民感到十分愤慨，他们觉得自己被欺骗了。

……

【解说词】发现被骗的村民们不断反映情况,与开发商的关系也越来越紧张。为了弄清楚自己的利益损失,村民们自掏腰包,委托当地的土地估价事务所进行了土地使用权价格评估。估价结果是,被村里以每亩12万元转让的土地最少值29万元。村民们认为,开发商以建造经济适用房的名义低价拿地,然后在其中一部分土地上建别墅房和楼中楼,以牟取高额利润。

【实　况】村民宋铁桩:他要是盖成这连体别墅,他是四千块钱一平方(米),三万平方米他都是卖一个亿,他要是卖经济适用房了,他只能卖五千万。

【解说词】(有当天村民拍的手机视频)觉得自身权益受到损害的村民们认为,既然是建设商业用房,补偿款就应当比经济适用房要高。多次交涉未果后,他们开始阻止施工。2008年春节后,须水镇政府和村委会成立了"西湖秋韵"指挥部强制施工,这是西岗村村民在2008年3月27日用手机拍下的画面。

……

【记　者】按照我们国家的规定,经济适用房的面积是不能高于九十个平方米,但是对于这间隔只有十来米的两片建筑来说,它们之间的差异却是如此地大,一片是符合国家标准的经济适用房,而另一面却是让我们感到眼花缭乱的样式和超大面积的住宅。究竟是谁允许这批建筑在这土地上出现,而背后有多少个疑团,等待着我们一一解开。

【解说词】记者走访了西岗村村委会和须水镇镇政府等部门,但是均被相关人员以各种各样的理由婉拒。记者几经周折,在郑州市区一幢很不显眼的楼房里,找到了开发商天荣置业公司的办公场所。

【采　访】[去年与当地村民发生肢体上的冲突和你们……]

天荣置业公司副总经理王秀华:与我们无关,我们都不管这些东西。[你们是不知道还是与你们没有关系?]与我们没关系,我们也不知道这件事。

……

【采　访】[当时土地证上面不也只是让你们建经济适用房吗?]天荣置业公司副总经理王秀华:是啊,我们接触这公司已经很晚了,建别墅的时候,是在我们接触以前,我们接触的时候他们已经建过了。

【解说词】但事实上,违规的工程在2005年初拿到土地使用许可证,在2006年才开始正式动工,现任的天荣公司管理层也难辞其咎。在郑州市工商局中原区分局,记者了解到,天荣置业公司原本是西岗村的村办企业,之后几经转手变成了一家私人房地产公司。目前一位叫马晓霞的女性为公司法人代表,控股60%。而一个在当地长期从事房地产开发的人士爆料说,这家公司的背景不一般。

【暗　访】(新华社资料)某房地产人士:天荣置业有限公司的法人是马晓霞,马晓霞是土地储备中心李一鹏的老婆,李一鹏在操作完之后让老婆当了法人。她老婆平时也不出面,她的七大姑八大姨任副经理。

【解说词】违规改建,管理部门为何不履行监管职责?

【采　访】郑州市国土资源局副局长杨庆华:从目前现状来讲,对不上法律条例。

【解说词】违规现象屡禁不止,背后原因引发深思。

……

【演播室】天下事,继续关注《走样的经济适用房》。"经济适用房违规建别墅"经媒体曝光后,2009 年 7 月 12 日晚,郑州市政府发布了对这一事件的调查结果和处罚决定:依法取消天荣公司"西湖秋韵"小区一期三万平方米的经济适用住房建设计划;责令企业停工、依法限期改正,并对天荣公司开出了 77 万元的罚款单。但人们不禁会问,如此大的一个工程,如此长的时间,如此多的上访意见,为何就挡不住一个违规项目的建设步伐呢?

【解说词】根据我国于 2004 年制定的《经济适用住房管理办法》规定,像天荣公司这样的开发商要承建经济适用房,需经过房管局、经济适用房管理中心会同建设、规划、国土资源部门逐个审批,办理相关手续。而西岗村的民意代表宋铁桩也正是在这些部门之间来回奔走,可偏偏违规建筑还是这样一天天盖了起来,几乎接近完工。

【采　访】村民宋铁桩:五个部门看不住一个违规开发商?难道政府养的猫都不会逮老鼠?

【解说词】2004 年 2 月,天荣公司首先在郑州市规划局取得了 3 万平方米建设用地规划许可证。按照相关规定,规划局应当根据工程的规划设计方案进行全程监控,但逯军所在的郑州市规划局表示,开发商后来一直未能提供规划设计方案报批,现正在立案查处,其他情况无权答复。

【实　况】郑州市规划局工作人员:我们领导就让我们出示这个(他们无权答复的情况说明)。

【解说词】记者了解到,天荣公司拿到规划许可证后,在 2004 年 8 月收到郑州市政府关于同意这片土地"作为经济适用房建设用地"的批复。2005 年 1 月,郑州市国土局颁发了"国有土地使用证"。对于后来村民举报的三万平方米的违规开发,土地管理部门其实十分清楚。

【采　访】郑州市国土资源局副局长杨庆华:大家一致说他是在经济适用房上盖别墅,

事实上我们省厅也查过,我们也觉得他是属于违规建设。

[那归哪个部门监管?](笑,不回答)要说履行职责,各个部门都有分工,都按分工来履行职责。

[土地局的分工是什么?](沉默)

【解说词】《经济适用住房管理办法》第35条明确规定:对未经批准、擅自改变经济适用住房或集资、合作建房用地用途的,由土地行政主管部门按有关规定处罚。但杨庆华副局长说,由于房屋还没有销售,无法从事实上认定其属于擅自改变用地用途。

【采　访】郑州市国土资源局副局长杨庆华:如果现在它当商业房出售了,我们肯定会按改变用途依法查处的。从目前现状来讲,对不上法律条例。

【解说词】但国土资源局的说法,并不能得到村民们的认同。因为这些违规房屋的面积、户型都明摆着不符合经济适用房的标准,为什么一定要等到出售时才能确认查处呢?

……

【解说词】拿到规划许可证和土地使用证后,应当申请建筑施工许可证,才能开始施工。但是郑州市建委总经济师闫建民表示,天荣公司建造连体别墅没有在建委办理过任何手续。

【采　访】郑州市建委总经济师闫建民:这个经我们调查,这14栋楼三万二千平方米的连体别墅,没有在建委办理报建、招投标委托、质量和安全监督,没有办理建筑施工许可证这个手续。

【解说词】尽管村民一再举报,但房子却一直在造,直到媒体将此事曝光后,郑州市建委今年7月初才出动监察队让工地停工。

【采　访】郑州建委总经济师闫建民:2008年这个事情,正在立案调查中,包括取证工作正在进行。

【解说词】除了以上职能部门外,对于建造经济适用房的企业,当地经济适用房管理中心也负有管理和监督的职责。但是该中心回避正面采访,只是出示了“该建设计划未到我中心办理任何手续”的书面回复。

【采　访】河南财经学院经济管理学教授史濮:有些权集得太多,有些权分得太开,在实际管理实践中,我们发现一种现象,某一个部门想去做好事,执行政策,他会发现受到方方面面的制约,某个部门某个人想去做违规的事,他发觉谁都管不住他。

【解说词】在河南财经学院经济管理学教授史濮看来,作为一起广受关注的公共事件,如果调查结果仅仅将板子打在开发商身上，对事件中的公权力部门的不作为避而不谈，实在奇怪。

【采　访】河南财经学院经济管理学教授史濮：这种事，绝不是单单一个人就能做的。诸多的相关部门管不住这一块地，但是另外一方面，有另外一种现象，如果某一块有利的话，你会发现每个部门都会介入，他都说他有权力管，那问题就出来了，有利的地方很多部门都要往上凑，得罪人的地方，每个人都说这事我管不了。这种人不按照国家的法律法规来处理，谁来管他们？谁能够管他们？

……

【演播室】目前，虽然已经有了调查结果和处罚决定，但是还有一系列的问题还没有答案，比如说砍伤村民的恶性暴力事件伤人致残，难道就这样不了了之吗？违规建造的别墅和楼中楼虽然已经被责令停工，但实际上已生米煮成了熟饭，那接下来该如何处理呢？前不久中共中央和国务院办公厅印发了《关于党政干部问责的暂行规定》，其中就有对职能部门管理、监督不力的问责，新华社的评论文章也指出，"经适房变别墅"事件有关部门的责任人，该负什么样的责任？受什么样的处罚？人们期待最终的定论。好，《天下事》就到这里，接下来是精彩的《非常道》。

——东方卫视《深度 105》栏目播出

【提示与思考】

《走样的经济适用房》这则电视评论以其震撼人心的形象化的画面语言和富有强烈思辨色彩的说理给观众留下了深刻的印象，该评论有以下几个特点：

1. 形象生动，有极强的可视性

该评论利用现场拍摄的连体别墅，使观众对走样的经济适用房有了一个直接而感性的认识，一幅幅让人震惊的画面将会深深印在观众的脑海中。

2. 深入剖析，突出了思辨性

作为一则评论性节目，仅仅把事实摆在观众面前是不够的，还必须把感性认识上升到理性认识的高度。该评论深入剖析，层层剥笋，深入剖析了由于部门管理、监督不力造成的后果。

3. 语言简洁有力

电视评论的语言最忌空洞的说教，该评论言简意赅，通俗易懂，深刻有力。

【写作训练】

一、请从选题、标题、声画关系、论述过程等方面分析下面的新闻评论,并概括出它的主旨。

会说谎的作文[①]

【主持人】本月,《中国青年报》社会调查中心进行了一项调查,调查问题直指小学生作文撒谎结果,83.3%的人承认自己在上学期间编过作文。孩子们为什么要撒谎?他们究竟有什么难言的苦衷?为此,我们的记者走访了我市金山路小学和五里店小学,发放并回收了30份关于撒谎作文的调查问卷,希望能从中找到答案。

【解说词】通过发放调查问卷,记者了解到,在30名被调查对象中,有22名小学生曾经有过"编作文"的经历,约占总人数的73%。

【同期声】三年级小学生:我们实在写不出来,可以摘抄一下。

五年级小学生:有些人甚至没有改一两个字,全部仿照,全部照抄。

【解说词】金山路小学的刘志老师告诉记者,前几天,他给学生们布置了一道作文题,让他们写一件和父母之间发生的感人的事情。结果,在批改过程中,刘老师发现了这样的情况。一个学生写道:(以下做成并排的两屏对比,内容可用孩子配音)

"一个星期六的早上,我发烧了。爸爸妈妈喂我吃饭,我始终不肯吃,但看到他们着急的样子,最终还是硬着头皮吃了下去。他们细心地在身边照料着我。"

【解说词】同一个班级,另一个学生的作文却和这篇如出一辙:"有一次我生病了,温度达到41度。实在不想吃饭,但是为了让妈妈安心,还是硬着头皮将这碗带着伟大母爱的稀饭吃了下去。经过妈妈的细心照料,我的病情有了好转。"——摘自三年级作文

【字　幕】片段1:一个星期六的早上,我发烧了。爸爸妈妈喂我吃饭,我始终不肯吃,但看到他们着急的样子,最终还是硬着头皮吃了下去。他们细心地在身边照料着我。

片段2:有一次我生病了,温度达到41度。实在不想吃饭,但是为了让妈妈安心,还是硬着头皮将这碗带着伟大母爱的稀饭吃了下去。经过妈妈

① 2010年5月26日重庆卫视《特别关注》栏目播出,第21届中国新闻奖二等奖。

的细心照料，我的病情有了好转。

【同期声】金山路小学三年级一班班主任刘志：我数了一下，二十几个学生，基本上都写的是我生病了父母是如何如何照顾的。

【同期声】五里店小学教导处主任刘珍：学生交上来，看完之后，大部分都是一样的，完全看得出来是编的，要么就是借鉴别人的，抄的，借鉴一些好的句子，凑合在一块。

【解说词】学生在作文中作假的现象其实非常普遍，在网络上，甚至还流传着"20句最经典的小学生撒谎作文语句"。

"买东西的时候阿姨多找了2角钱。突然看到胸前飘扬的红领巾，就退回去了。我低下头，发觉胸前的红领巾更加鲜艳了。"(可用孩子配音)

【字　幕】买东西的时候阿姨多找了2角钱。突然看到胸前飘扬的红领巾，就退回去了。我低下头，发觉胸前的红领巾更加鲜艳了。

【解说词】这些耳熟能详的程式化语言流传在小学生作文中，使学生养成了说谎和违心写作的习惯。

【主持人】我们了解到，出现撒谎作文，孩子们分主动和被动的情况，但不管是被动还是主动，孩子从小撒谎毕竟不是好事，于是我们的记者决定亲身体验一回小学作文课，看看孩子们究竟为什么撒谎。

【解说词】在某小学四年级的单元命题作文课上，老师给孩子们布置了一道作文题，名叫《生命》。生命是什么？怎样书写生命？这样的命题，对于还不满10岁的文文来说，显然非常头痛。

【同期声】四年级学生：有关生命的作文题材不够，我就从网上查，查了很久也没有查到，最后翻到一本作文书，看到上面写了，然后我把那个题材抄了下来。

【同期声】五里店小学教导处主任刘珍：生命的那个作文，四年级的孩子，他有多大的感悟？那个题材确实让人感觉头疼。这种情况下老师就只有引导，然后让他们去观察小动物，感受生命的可贵。

【解说词】调查显示，小学生写撒谎作文有几方面的原因：43.3%的学生认为题材不好找；26.7%的学生说是缺少生活实践的缘故；另有20%觉得是因为题目范围太窄，局限在"难忘的""感动的"一件事；还有10%认为作文有标准化倾向，只能写正面不能写负面，成了八股文。(饼状图)在小学生出现撒谎作文的问题上，家长方面似乎也需要负担一定的责任。

【同期声】五年级小学生：必须在金钱和诚实之间做选择，有些人可能选择金钱，但那些同学绝对不会写成选择金钱，都是写选择诚实。

【解说词】家长瞄准考试评分标准,经过他们的把关,或许会出现一些高分作文,但学生却因此丧失了抒发自己真情实感的机会。例如,在写军训作文时,孩子们本想说"真累呀,都要把我给晒晕了",可经过家长的修改,作文变成了"听说要军训,我真是太兴奋了,我把自己也当成一个军人,大步踏在操场上"。

【同期声】九龙坡区进修学院初教部主任祝传武:语文课标这样说,写作是运用语言文字表达和交流的一种形式,认识世界、认识自我创造性表述的过程。

【解说词】作文的本质是书面语言交流和表达的工具,不过现在它更多的是充当获取高分的载体。为了获得一点高分,在一篇《战胜脆弱》的高考作文里,无数的父母离婚,不计其数的家庭罹难,许许多多的学生成了孤儿,还有多少父亲或者母亲患了癌症。与此对应的是,每年各地公布的一些0分作文,一些具有极强思辨能力的文章,却由于不符合应试作文的"规则"而"落马"。

【同期声】重庆师范大学文学院教授莫怀戚:我们的应试教育作文的功能只抓分,为了学生能抓分,官员要政绩,老师要业绩。

【解说词】由此可见,"应试心态"和各级考试,直至高考作文评分标准,才是"撒谎作文"的始作俑者。

【解说词】透视了小学生写撒谎作文的原因,我们不禁感叹,撒谎的其实远不止这些无奈的小学生们。那么,为了减少或避免编造抄袭现象的发生,老师和家长又该为孩子做些什么呢?

【解说词】记者了解到,目前我市很多小学在出作文题时,开始尽量减少命题作文,更加注重话题作文,从而给学生以更广阔的思维空间。老师们也开始更加注重启发孩子写作的思路,引导学生拓宽作文题材,细心观察生活、增加体验,激发他们的写作兴趣。

【同期声】五里店小学教导处主任刘珍:在教学当中,我特别注意引导学生,从我们班级里面发现题材,比如说我们班上有两个同学,今天发生了矛盾,打架了,然后我就给他们布置一个周记,孩子们特别感兴趣,写出来就特别真实。

【解说词】金山路小学五年级学生家长李兰:为了让孩子完成写家乡的一篇作文,还亲自带孩子回了一趟老家,亲身体验。

【同期声】金山路小学五年级学生家长李兰:回到了那个地方,确实感到非常失望,我们首先就闻到了一股臭气,紧接着就看到原来那个地方办了一个养猪场,我就跟孩子讲了,这一次亲自体验到了,那你就写真实的事情,孩子就写出来一篇真实的作文,在班上还获得了一等奖。

【主持人】小学生撒谎作文的存在有多方面的原因,需要各方面合力解决。我们相信,通过作文评分标准的修改;老师拓宽题材、启发思路;家长带孩子体验生活,孩子们一定能够写出真诚而美丽的作文。

二、下面是评论节目《强扭的"枣"能甜吗?》的开头和结尾,试分析其特点。

节目开头:谁最了解农民、农村?谁最了解农民脚下的土地?答案当然是农民!可是,在我省有些地方,最熟悉脚下土地的农民却无权决定在自家地里种啥。那么,是谁在替农民做主呢?

节目结束:谁的地?为谁在种?这些看似不成问题的问题在武威市部分地方还真是个问题。在地里种啥,农民和干部的意见并不相同:农民看中的是收,而干部看中的却是种。因为考虑问题的角度不同,所以,当"万亩枣园"的尝试失败后,当地政府依然有足够的勇气强制性让农民继续发展枣树种植。可是,当政府的任务顺利完成后,农民的损失谁又能看得见呢?

第五章 电视纪录片的写作

纪录片创作主要解决四个方面的问题,即选择题材、开掘主题、安排结构、声画表达。选择题材是为了做到“言之有物”,开掘主题是为了保证“言之有理”,安排结构是使作品趋于“言之成序”,声画表达则是为了“言之丰富”。

第一节 电视纪录片的选题与开掘

一、选题

选题是纪录片创作中遇到的第一个问题,即拍什么。创作者要考虑什么是最有意义的,什么是值得记录的,什么是有永恒价值的。行话说:“题材选对头,成功就已一半”,要从丰富多彩的生活中找到一个好题材,也不是一件容易的事。一般来说,纪录片选题应符合下列要求:

1. 必须是现实生活中客观存在的真人、真事、真时、真地、真情、真景

纪录片是历史的一面镜子,不能主观地干预生活的自然流程和事态的客观发展规律,也不能杜撰情节、移花接木,更不许虚构故事,编造事实。

2. 选择对人们的自身思索有着积极意义和永恒人文价值的题材

3. 选取触动自己内心,激起创作欲望的题材

如果某一题材触动自己的心灵深处,就可能产生一种不可抑制的创作激情和冲动。在这种激情和冲动的驱使下所迸发出来的最大限度的创作潜能,对纪录片的成功起着至关重要的作用。正如法国著名的纪录片导演雅克·贝汉所说的:“对于我来说,重要的既不是拍摄角度的美丽,也不是拍摄手法的新颖,而是情感,这是唯一重要的事

情。在你一生当中，会经历很多事情，当这件事情涉及情感的时候，你就会有回忆。我所做的就是试图给人们留下回忆。”

纪录片《化蛹为蝶》记录了杂技团里几岁到十几岁的孩子们每日辛苦而且危险的训练，同时，他们还得面临无情命运的选择——只有那些能在比赛中获得好成绩的学员才能留在团里做演员。在“全国少儿杂技比赛”前夕，一部分学员有幸能够参赛，但他们常常也会因为在训练中受伤而不能如愿；而那些不能参赛的孩子，显出了深深的无奈。孩子们表现出的更多的是超乎年龄的成熟与懂事。当然也有人因为“不懂事”而付出了代价。一天又一天，排练厅里几乎看不出时间的变化，这恰似杂技团里单调、枯燥的生活。而这种看似平淡的生活却又恰似我们的人生。本片以冷静的纪实手法，表达了创作者对人类普遍生存境遇的关怀。当这个题材走进该片导演王冬冬的视野时，他认为这恰好可以成为描述自己、观照自己的一种方式、一个叙事“模型”，因为在大赛（全国少儿杂技比赛）前的超压训练极端状态下，恰恰就把普通人可能要经历的一生的跌宕起伏、命运的不可预知性都浓缩到一个点上了。他在导演阐述中写道：“我们无法回避一个人在成长及融入社会的过程中所产生的变化。当我面对那些过早地为了自己的前程而独自走入社会的孩子们的种种表现的时候，在心灵震动之外，开始反向观照自己，其实这是我们每个人在社会不同层面融入过程的缩影。几年前，我们在黑龙江杂技团的所见所闻，就在这种震撼中深刻地烙在我的印象里。”①

4. 有利于电视画面表现，容易“出戏”的题材

这是指一个题材的内容具有适合电视表现的生动的形象因素。客观事物所表现出来的形象是不一样的，并不是所有的人和事都有生动自然和富有个性的形象特征，但即使形象性差的题材，也应该发现其中有表现力的形象因素或与之有关的形象因素（如环境、物体等），挖掘大量可以用于视觉形象表达的细节与内容，思考如何让观众“看明白”所要讲述的故事原委、人物命运；“看明白”所要表达的一种意愿、呼声；“看明白”某种深层的思考，给观众留下一些咀嚼的空间。

5. 新奇

题材的独特性、新奇性正好满足了观众的好奇心。选择人们不知道的或从来没有注意过的事情作题材，尽管有时意义并不重大，但会给人一种新鲜感。

6. 具有接近性

题材的接近性会让观众产生亲近感。接近可以指心理上的、年龄上的、地域上的等各方面的接近。比如，针对区域观众选择区域性题材是赢得观众的一个有效措施。

---

① 刘洁：纪录片《化蛹为蝶》，《一种挣扎的美丽——纪录片编导王冬冬访谈》，http://www.cnjlp.tv。

7. 具有一定的容量

题材所提供的内容不能过于简单，要有一定的容量，也就是材料要丰富，要足以支撑所要表达的论题和相应的时间长度。具体表现在：

(1)人物经历曲折

(2)思想内容深刻

(3)涉及的面较广

比如《舌尖上的中国》主要通过表现中华美食的多个侧面，来反映食物给中国人生活带来的仪式、伦理等方面的文化；通过展现中国特色食材以及与食物相关、构成中国美食特有气质的一系列元素，让观众了解中华饮食文化的精致和源远流长。内容为中国各地美食生态，广博浩大，主题深刻。

(4)较完整的事件情节

总之，不管何种选题，不管选题如何产生，纪录片都应自觉地把记录历史轨迹、反映时代脉搏的社会责任和个人兴趣结合起来，从具有人类普遍意义的角度选择题材，让自己处在主动的自觉状态，以出色地完成创作任务。

二、开掘

选材是创作的开始，纪录片创作是一个过程，成功的纪录片创作者应在创作过程中不动声色地随着生活流程的自然进行、人物命运的转折变化、事件情节的跌宕起伏，把蕴藏于生活背后的最具本质性的精神、最具深刻内涵的思想一层层剥离出来，开掘出来，展示给观众。开掘主题可以从以下几方面来考虑：

1. 分析素材

分析素材的目的是从事物诸方面中找出主要方面，从现象中探求本质，从个别中识别一般。

2. 展开联想

联想是在对已有材料有所认识的基础上，浮想联翩，回忆起与此相同相关的材料，通过联想可以进一步丰富材料。

3. 进行想象

纪录片创作不能虚构，但可以想象，通过想象，增强作品的形象性，开拓创作者的思路，发现表现的角度。

4. 提炼主题

主题是对材料全部意义的高度抽象概括，它反映了正确、深刻而又新颖的对事实本质的认识和通过材料的个性反映共性的独到的见解，它既能包含材料的思想意义，又在叙事过程中渗透创作者的思想、情感、观念等。

5. 辨别选择材料

主题确定后，要辨别材料与主题是否相关，是什么关系等。辨别出与主题有关的材料，还需要精心选择，选择最典型、新颖、生动的材料去表达主题。

纪录片《梁思成林徽因》的编导胡劲草在谈到该片的创作时说，“作为这部纪录片的编导，回想过去三年多时间的创作过程……沉浸在相关史料的搜寻和阅读中，拜会亲属、学者，游走在片子主人公的内心世界……被震撼、感动……之后，精心挑选每一封书信、每一篇手稿、每一段古建考察报告，图片、音乐、旁白、字幕……试图将自己的经历感受编织进为片子设计的段落，负载到各种创作元素中，但是我内心也非常清楚，我自己所谓的‘被感动’‘被震撼’都是源于我自己长时间的‘投入’……回想那些创作过程中的‘选择’和‘表达’，闭上眼睛，锁定一段故事，这段故事就会缓缓驶过我的眼前，不过呈现在眼前的并不只是屏幕上看到的画面，更多的是发生在它们背后的故事，那些和获取这段影像相关的人……最终的结局，总是一个理智的谋篇布局、精心设计后的呈现，而探究其创作过程，具体到每一个段落、故事，无论是史料的选择，还是最后影像的表达，都是一个凝聚着各种情感的取舍过程……史料的搜寻过程漫漫，暂且不说，作为一部电视纪录片，说到底，最后呈现到观众眼前的还是经过处理的声音和画面”。①

【写作训练】

阅读下面文字，并提炼出主题。

一个孩子在充满批评挑剔的环境下成长，他学会了吹毛求疵、谴责他人。

一个孩子在充满敌意的环境下成长，他学会了争论反抗。

一个孩子在充满恐惧的环境下成长，他学会了忧虑害怕。

一个孩子在充满被怜悯的环境下成长，他学会了自哀自怨。

一个孩子在充满嫉妒的环境下成长，他学会了贪得无厌。

一个孩子在充满耻辱的环境下成长，他学会了自觉有罪。

一个孩子在充满宽容的环境下成长，他学会了耐心。

一个孩子在充满鼓励的环境下成长，他学会了自信。

一个孩子在充满赞美的环境下成长，他学会了赏识他人。

---

① 胡劲草：《影像中的情感塑造——纪录片〈梁思成林徽因〉的创作背后》，2012 年 03 月 05 日，http://jishi.cntv.cn/program。

一个孩子在充满认同的环境下成长,他学会了爱惜自己。

一个孩子在充满被接受的环境下成长,他学会了爱惜这个世界。

一个孩子在充满被肯定的环境下成长,他学会了立定志向。

一个孩子在充满分享的环境下成长,他学会了慷慨。

一个孩子在充满安全感的环境下成长,他学会了信任他人。

一个孩子在充满公正诚实的环境下成长,他学会了正义真理。

一个孩子在充满友善的环境下成长,他学会了热爱人生。

一个孩子在充满安宁的环境下成长,他学会了平安。

——〔美〕桃乐斯诺特,原载《中国妇女》

第二节 电视纪录片编导阐述的写作

编导阐述是指电视编导在电视作品拍摄之前,以书面形式对作品作具体解释和说明。它是编导前期案头工作中的一部分,表明了编导对作品的思想和艺术的全部构想,体现了编导本人在电视观念和艺术创作上的美学追求及个性。

一、写作目的

1. 统一思想

编导对作品的整体构思和艺术上的种种想法以书面形式写出来,告诉每一个创作人员,让每一个人心里都清楚,这样全体创作人员对整个作品的编导构思和对各个环节的要求就会心中有数,就会从思想上统一认识,明确要求和规范。

2. 指导创作

编导阐述不是为写而写的,不是为了写一篇文章,关键是需要落实到创作上。只有在创作中真正体现编导的构思和追求,编导阐述的价值才能实现。

二、写作要求

编导阐述有简有繁,节目样式不同,写法也会有所侧重,但无论如何,都要符合一些基本的写作要求。

1. 认识深刻

编导首先要对拍摄题材、拍摄目的有一个清醒而深刻的认识。

2. 思路清晰

编导阐述体现的是编导对作品思想和艺术的全部构想,思路不清晰,就无法指导创作。

3. 要求明确

编导对每一个创作部门有什么要求，每一种视听表现元素在片子中的位置和作用如何都要明确表达出来。

4. 涉及面广

编导事先要对可能出现的各种情况有一个大体的计划，要考虑到前期、后期各方面的情况。

三、编导阐述的内容

编导阐述没有固定的规格和形式，一般可从以下几个方面来考虑：

1. 拍摄作品的基本目的和构想；

2. 在作品中要阐述的观念、表达的思想等；

3. 作品大体的结构框架，即片子大体的结构顺序与思路，选择何种叙事方式，怎样架构全片内容等；

4. 作品的风格样式，即未来片子大致的样式；

5. 对拍摄对象的理解和认识；

6. 对各个电视表现元素的大致要求。

四、编导阐述样本分析

例 1:《我们的奥林匹克》，总编导：张朝夕

奥运是奋斗历程

奥林匹克重要的不是取胜，而是参与，如同人生，重要的不是成功的喜悦，而是奋斗的历程。

在每一个人心里，都有一个自己的奥林匹克梦想。也许你是一名运动员，你的奥林匹克梦想是能够在奥林匹克运动会上实现自我的超越；也许你是一名体育爱好者，你的奥林匹克梦想是能够在奥林匹克盛会上感受体育带给你的激情；也许你是一个并不熟知体育的人，你的心里其实也有一个奥林匹克梦想，你的奥林匹克梦想是生命和生活带给你的不断奋斗和超越的人生追求。

奥林匹克并不只是体育而已，奥林匹克是人类的一种精神和文化。

《我们的奥林匹克》努力想要表达的不是竞技，而是参与；不是体育，而是人生。《我们的奥林匹克》将要展示的不是历史或者现实，她是一个梦想，关于你的、我的，关

于我们的人生的梦想。

《我们的奥林匹克》,中国奥林匹克委员会、中国中央电视台联合摄制,一部全景式的展现中国奥林匹克运动的大型纪录片。

《我们的奥林匹克》的源起:北京梦想,中国梦想

奥林匹克来自于希腊,希腊是欧洲文化的发祥地,中国则是东方文明的发源地之一。

2008年8月8日晚8时,这是中国文化传统里非常吉祥的数字组合,奥林匹克将带着她浓郁的西方文化气息走进东方文明古国中国。

这样一次有着特别意义的体育盛会带给人的遐想是无限的。

随着这个日子的一天天临近,无数的人开始关注行进中的中国,关注着古老又时尚的城市北京。

到底文化的融合会带给世人一个怎样的奥林匹克盛会?

到底瑰丽的奥林匹克梦想在北京将以怎样的方式呈现?

这样的时刻,总是在时时激荡着所有人的内心,我们渴望见证这样的历史,我们身在其中,我们有太多的激动和兴奋在内心酝酿。

于是,我们想到,也许,一个关于梦想的《我们的奥林匹克》可以实现这种激情和渴望。

《我们的奥林匹克》的表达:辩证主题

一个梦想,将如何表达?

这确实很难,我们希望她呈现出来就是一个梦想,一个我们所有人共同的奥林匹克梦想。每一个人在其中都能看到自己,或者是成功,或者是挫折,或者是辉煌,或者是黯然,但是所有的东西加在一起,你能看到,那就是梦想,一个关于生命的梦想。你也许只是经历过生命的部分,你也许失败彷徨,你也许成功欣然,但是那只是人生的一个片断。就像奥林匹克希望传达给世界的一种精神一样,奥林匹克最重要的不是取胜,而是参与,如同人生,最重要的不是胜利的喜悦,而是奋斗的历程。

在总体构思上,我们强调采取"辩证主题"的方式,这是因为以往的纪录片手法显然不适合《我们的奥林匹克》的要求:A."编年体"过分专业和冗长,而《我们的奥林匹克》需要选取最新的、观众最熟悉的人物和事件作为切入视角;B. 疑问是本片的内容诉求,但是想象不可能作为一种形式、按照地理的线索结构《我们的奥林匹克》;C."单项运动史"的构思是一个适合在体育频道播出的设想,但是由于各个项目发展的不均

衡和《我们的奥林匹克》在文化性和国际性上的要求，显然不适合；D. 人物片的构思也是不成立的，一是因为这类样式的节目很多，二是因为《我们的奥林匹克》并不承担为奥林匹克人物树碑立传的责任——对于《我们的奥林匹克》来说，事件的意义大于事件中的人物。

《我们的奥林匹克》不追求完全概括，《我们的奥林匹克》讲述的是一个个不同的历史瞬间，一个个不同的人生断面，我们给你的不是纪年史。历史的宏大不是一部纪录片能够涵盖的，我们给你的是历史长河里的涓涓细流和朵朵浪花，你能感受到的不是历史沉甸甸的脚步，而是其中真实发生过的故事和个性鲜明的人物，他们真实地哭过、笑过，他们真实地走过那段岁月，真实地身处其中，他们将和那段时光一起共同给你一个他们的奥林匹克，也是我们的奥林匹克，中国的奥林匹克。

《我们的奥林匹克》的创作：四个核心观念

"以公正的视角梳理历史"是梳理线索——对于中国奥林匹克运动的一些重大事件按照现代的视角进行描述，记录历史的真实面目和梳理人物与事件的线索是主要诉求。其中，现代视角和现代的价值观是尤其要强调的。

"以现实的敏感发现历史"是发现联系——很多历史事件和历史人物的背后，和其他的人物和事件具有内在的、本质的联系，所有的人和事都不是孤立的，这是考察历史的一种唯物主义观点。

"以立体的视角升华历史"是思想升华——思想深度虽然不是《我们的奥林匹克》唯一追求的目的，但是主要的目的之一。

"以未来的视角厘清历史"是面向未来——关于中国体育、中国奥林匹克运动的过去和未来，五十多年来价值观的变迁，使社会上存在着各种各样的说法，《我们的奥林匹克》应该承担起对过去梳理归纳的任务，更要承担起正确认识未来的任务。

在构思《我们的奥林匹克》的时候，我们反复考虑过很多种可能性，但是最后归结为上述的四个核心观念，我们认为这是最佳的创作角度。

《我们的奥林匹克》的方式：奥林匹克之图

我们的奥林匹克，从哪里开始这段梦想的旅程？

我们最后选择了从中国之外开始这段故事，最后将在公元 2008 年来到北京，来到中国。

这段旅程将涉及从 1984 年开始到 2004 年的 6 届奥运会的多个国家和城市，多位奥林匹克运动会的参与者和见证者。

奥林匹克某种意义上也是一种城市文化的体现。每一座城市,都有她别样的风景。每一个城市的角落,都蕴含着不一样的文化味道。奥林匹克,是每一座城市的集体狂欢。这一刻,奥林匹克圣火点燃的绝不仅仅只是人们的体育热情,更是这个城市的每一寸肌肤和每一根神经。这一刻,奥林匹克的梦想成为这个城市的梦想,成为这个国家的梦想、成为世界的梦想。

那么,在看过这么多风景之后,你会不会更加期待北京的梦想,中国的梦想?

《我们的奥林匹克》就将给你一个奥林匹克的梦想之图,在奥林匹克圣火点燃的土地上,你将真实地看到和听到,你将经历那些梦想的实现,你有理由更加期待北京梦想的到来,你有理由相信中国北京将带给世界新的梦想。

《我们的奥林匹克》的价值:北京奥运会前夕的权威发布

北京奥运会之前,世界各国的主流电视媒体都需要表现中国奥林匹克全貌的作品,《我们的奥林匹克》将在下述方面产生价值——

第一,全面性——能够完整地表现中国奥林匹克运动的本质。

第二,国际性(现代性)——符合国际上电视制作的主流趋势,达到电视节目的国际水准,能够站在历史和现实结合的高度表达现代的价值观和审美观。

第三,大众性——不将奥林匹克运动作为少数精英的舞台,而是还原其大众属性。

第四,文化性——要在《我们的奥林匹克》中介绍相关的奥林匹克文化知识,这是此片的主要诉求之一。

第五,前瞻性(新闻性)——要能够适当地表现2008年北京奥运会的有关内容,在表现中国奥林匹克运动的时候,尽量选取最具有新闻意义的角度。

《我们的奥林匹克》的梦想

公元2006年,这个梦想已经在我们的内心成长。

公元2007年,我们将带着这个梦想开始奥林匹克之图的旅程。

公元2008年,我们的奥林匹克,将成为世人的梦想。

一个关于北京的梦想,一个关于中国的梦想,一个关于世界的梦想。

我们的奥林匹克。

《我们的奥林匹克》以奥林匹克运动在中国的百年历程为参照,以人物故事命运的变迁为依托,体现了"奥林匹克影响中国,中国丰富奥林匹克"的主题。导演阐述中把创作依据、创作核心、主题、表达方式等都做了阐述,使全体创作人员统一思想,以共同实现编导的创作追求。

例 2:《同里印象》,编导:刘郎

赋俚俗以格调 予雅逊以生机

一

在我家里,可以历数的东西,除了一堆 DVD,剩下的恐怕就是这几架江南文史了。俚语云“卖什么吆喝什么”,打从告别了中国西部的雄浑野逸,来到了红翠沾衣的水乡,我已经做过了整整十年的江南题材,江南就得弄些古书垫底,一来二去,这书堆也渐渐垫高了。对我而言,这些古书可算是亦师亦友,它们每天都和我一起饮食起居,给我们讲一点江南的掌故。喜欢古书的人很容易对历史产生敬畏与神往,因此,听得多了,拍一部古镇的念想,便成了袅若游丝的梦,总在我心里不时地飘忽,后来竟也终于等到了机会。

本人以前所做的江南题材,风格多偏典雅。这自然由于内容的制约,《江南》里的古今落差,《苏园六记》里的东方审美,《苏州水》里的古城意蕴,都离不开文史的大范畴,可以说,由于学术为体、艺术为用的创作倾向,那批作品呈现出典雅的面目,似乎也顺理成章。但是,这次的《同里印象》却是很难拷贝前者的。首先,水乡古镇既不是通都大邑,又不是渔庄蟹浦,而是城乡的结合点,用本人的总结,便是“都市的田园化和田园的都市化”。经过了许多次的否定之否定,才在这一特定的题材中,最终找到了雅逊与俚俗结合的创作动机与风格定位。这动机和定位之所以不是一下子形成的,是因为要拍好任何一部作品,都要有一个重新参玄悟道的过程,哪怕是已经非常熟悉的题材。没有源自于痛苦深处的思想营养之水,那构思便终究发不得好芽子。在所有的关乎技术性的创作训练中,我一直认为作品的立意始终是难中之最。

二

我曾戏称,现在做文化片,就画面而论,似乎已经没有别的招数了。视觉上叠千垒百的都是巷子、宅子、窗子、案子、椅子、盏子、叶子、牌子、穗子、檐子、环子与狮子,甚至不止这些“子”,就是不见一个活人的影子。看来,不往深里用脑筋,而是用“进行时”的道具们去表现“过去时”的古人们的那点事,翻来覆去也就只能是这些点子了,不过这次所拍的古镇,用当地的话说,它是一个活着的千年古镇,因此,那些往来的船只,临水的街市,特别是小巷民居十分丰富的日常情趣,都会因季节的变化而变化,并为我们提供异常活泼的事象。

比起古镇的古典园林与深宅大院的美学基调,总的说来,这些古镇的生活场景都属于俚俗的类型,不过处理得当,这俚俗的格调也是很高的。江南农村普遍流行的兰花布的图案,就是能从俚俗中透出无比高雅的典型。

江南古镇其实是俚俗与雅逊浑然如一的整体,这就像园林与居民,一藤两绕,互相借景,中间不过是道墙。那么,我们写历史岁月,写文化底蕴,便要雅得有个度数。雅过头了,要收一收,同样,俗过限了,要减一减,常见大赛上有去掉一个最高分,再去掉一个最低分的做法,是不无道理的。不久前观摩了昆曲《长生殿》的演出,感到表演者的成功之处,在于删汰了大量的并不影响主题的冗长过场和空泛辞藻,这不仅让案头文学真正向实用文本转了型,同时也为昆曲的声腔艺术腾出了地方。应当说,本片的音乐已经为我们做出了成功的范例,作曲家姚杰军先生,从对江南文化的长期积累中提炼出的这几个段子,委实体现了对雅逊与俚俗的独到理解,既醇正又现代,既有地方音乐的元素,又有别富新意的创造,达到了很高的期望值。

本片的面目,要的就是它。

三

纪实与写意,并不是对立的,白石老人就是综合二者的典范。大写意的芭蕉叶下,活生生爬着一只蟋蟀,再题上一句"一年容易又秋风",那一派秋天的爽意,便像刮过来一阵风。这只纤毫毕现的蟋蟀体量虽小,作用可是大极了。

受示于白石老人的"衰年变法",我想,《同里印象》在写意的前提下,不仅应当特别注意捕捉大量的江南生活的细节,而且还要着重营造那些画面的符号性,而在通常反映江南文化的作品里,这往往又是容易被人忽略的部分。

与以往表现江南风物的思维有所不同,这次的拍摄,我们十分注意艺术创作中的细节精神。这精神其实并不虚玄,它常常在某些人物的情态之中。这种情态,不论是桥边对弈的老人、河塘嬉水的儿童,还是浣洗莲藕的妇女、放养鱼鹰的船夫,他们的身上都会有,哪怕只是在一瞬之间。沈从文先生有一段至言,原话我一下子查不到了,但那本意,至今却还记在心里:"写好一个地方,笔要贴着人物走。"只要我们的镜头也能贴着人物走,《同里印象》一定会是丰满而生动的。这种严防空泛、强调充实的设计,将是和本人以前所做的江南题材的重要区别之一。

中国古代的田园诗派有三个里程碑,一是晋代的陶潜,二是唐代的王维,三是宋代的范成大。就我个人的兴趣而言,则是独钟范成大。陶潜以隐逸入田园,王维以画意入虚静,而范成大却不仅兼容了二者之长,而且在描写鸡犬桑麻、阡陌平畴的同时,又特别注意到了充沛于四时农事中的生活气息。这种内容充实的笔墨与细节生动的写法,值得我们认认真真地活学活用。文心异代,原理却是互通的。

四

与江南题材耳鬓厮磨许多年,总会有一点经验留下来,这一次做同里,至少有两点可资延续，一是立意要精当，二是拍摄不草率，尤其后者。要拍到一座古镇一年四季的最佳光影，决不能侥幸于奔袭的运气，大凡画面堪称精彩者，无不成功于等待的虔诚。

不要以为，一部作品的篇幅有限，就可以当作牛刀小试。推敲《文心雕龙·熔裁》中的理论，任何文艺作品的创作规律，都是相近的。有时候，长篇可以容山纳海，短制也可以追求丰富，而且更易于体现出精炼的品格。在艺术创作的范围里，我一直以为，精短的佳作，从来不比长篇大制矮半头，弄得好了，还会透现出那句雅语所揭示出的艺术辩证法——这便是“梦窄春宽”。

《同里印象》是刘郎先生张扬意境、注重情采，深具意韵悠长的古典意象的又一力作。他通过凝练的“笔法”将水乡古镇的文化个性、审美个性外化为具有深邃文化和美学神韵的水巷、小桥、园林、人家，铺陈出同里文化乃至中华文明的深厚底蕴。正如编导阐述中所表达的“立意精当，拍摄不草率”，“十分注意艺术创作中的细节精神”，真正做到了“赋俚俗以格调，予雅逊以生机”。

例 3:《马王堆汉墓陈列宣传片》编导阐述 编导:谢冯卓

文物的鲜活拍摄与观众情绪的调动①

——《马王堆汉墓陈列宣传片》导演阐述

《马王堆汉墓陈列宣传片》(以下简称《马王堆》)，是一部意在向世人展示马王堆汉墓精品文物的文物类宣传片。其结构并不复杂，表现手法带有传统的印痕，但片中文物的鲜活拍摄和观众情绪的有效调动，使此片较好地完成了文化意蕴传播的功能诉求，是该片的一个亮点。作为导演，笔者就这部片子的构思和技法做个阐述。

构　思

首先，文物如何拍摄是笔者思考最多的问题。《马王堆》的主要塑造对象是文物，文物是不具有人格化特征的实物，相比人物拍摄要彰显其表现力颇具难度。文物历经岁月变迁，留下的仅是静态的表征，观众对其背后所蕴含的深厚文化的感知，需要宣传片对其进行整体包装和动态呈现。因此，在画面上，将文物拍摄得鲜活、有感染力是笔者的主要追求，这就要求导演在摄影镜头和光线造型上下功夫。

其次是从受众的角度来思量。作为导演必须考虑观众的参与程度、情绪被激发的程度。尽管拍摄鲜活的文物能在一定程度上感染观众，增强观众的现场感，但是光用

① 谢冯卓:《文物的解治拍摄与观众情绪的调动》,《声频世界》,2008 年第 10 期。

镜头难以充分表现文物的历史感和文化意境。因此,背景音乐和解说词不能少,这两个创作元素能营造出远古的意境、激发观众的情绪,让观众产生心理的震动。

技 法

(一)风格与结构。"讲述""橱窗式"展示贯穿全片,风格是在再现基础上的表现,影像格调尽可能用古拙色调勾勒出文化氛围。全片从文物的历史背景、陈列馆展览的文物、陈列馆陈列特色、文物产生的影响四个部分来展现马王堆汉墓文物和陈列馆。整个宣传片用富有汉文化特征的小片头隔断,每个部分以快切割节奏的镜头、灵动飞扬的字幕、背景音乐为主,旁白为辅。当然,整个片子的节奏应张弛有度、舒缓结合,符合观者的视觉感受。

(二)镜头。由于本片的定位是将文物表现得有"活力"并充分打开观众的情感闸门,这决定了画面构图会不可避免地使用大量主观镜头和运动镜头。因此,笔者在拍摄过程中,力求让观众与文物产生碰撞,运用了大量的镜头语言。

主观镜头一:躺在棺椁中的辛追夫人。画面打开,女尸陈列的环境和参观的游客次第入画,镜头开始模拟观众视觉角度,由远及近缓缓移动,景别最后定格在面容安详的女尸处。这个主观移动镜头长达20秒,模拟了观众观瞻两千多年前女尸时的心理酝酿过程:"她,是否还具有千年以前的容颜?走近她时,她是否会具有一种蛊惑的力量?"这组带有"好奇"和"胆怯"的镜头,揣摩了观众心理,让观众的心弦被拉紧。

主观镜头二:展示轪侯家族的娱乐用品。笔者以观众之"眼",将镜头沿着橱窗和玻璃展柜迅速推进,画面呈现的七弦琴和轪侯家族的陶制丝竹小乐队向观众扑面而来,让观众仿佛看到了一个抒情娱人的世界:也许美丽的宫女正在弹奏着沁人心扉的曲目,悠扬的琴声在她的指尖流淌;一个个身怀绝技、神采各异的乐俑似乎在向观众遥遥招手,盛邀今人与其共享这场觥筹交错的楚汉歌会。这组镜头重在表现文物,调动观众情绪,启发观众的想象力。

运动镜头一:展示陈列馆和陈列的众多文物。摄像机镜头随着陈列馆的展厅浮雕缓缓展开,尔后进入陈列馆,几个游客的调度场面开始进入画面。镜头继续慢速推进拍摄文物,并跟着游客观瞻的脚步,沿着楼层走廊前进,转弯,又前进,又转弯。随着镜头的平稳移动,精美的漆器、传神的导引图、光艳的丝织品,在观众面前仿佛飘摇和曼舞起来。观众也好像置身于几千年前的轪侯王府,领略着这座文物瑰宝的艺术宫殿,一如时光倒流,亲身经历,产生了时空变迁感。

运动镜头二:"T"型帛画。镜头缓缓从帛画的底部上摇到整幅图画,细腻刻画了帛画的全景,画上森严的地府与关口、飘逸的人物图像一一呈现。这个摇镜头的镜像展现了对文物动态的一种“表情”解读，旨在让观众脑海中浮现出思索与联想，好似看到美丽的轪侯夫人灵魂已经飞向了宁静的天国。

从上述片段可以看出，笔者在拍摄中追求的效果是让画面在一定程度上克服静态的呈现，以展现文物的“鲜活”，将观众迅速带入情境，增强观众现场参与感。

（三）光线造型。文物光线造型也是形成画面视觉的一个关键因素。因此，导演在拍摄镜头时尤其要注重对光线的把握。

马王堆汉墓陈列馆陈列的都是一些价值连城的文物，对光线有十分严格的要求，光线在这里成了保护文物、“装扮”文物的“化妆品”，导演对文物的造型得依据陈列馆光线的“原生形态”进行捕捉和甄选。

笔者在拍摄文物时，一般以面光和轮廓光在文物表面形成明显的光面、阴影面和投影，利用微妙的光影变化，展现文物的轮廓。文物光线布局均以“明”调为主，以引导观众细细观瞻。而在拍摄文物陈列环境时，光线布局则以“暗”调为主。场景光线的一明一暗、一暖一冷、一深一浅所营造的意境，在一定程度上彰显了文物孤僻的“性格”和优雅的“气质”。同时营造了一种神秘且充满想象的空间氛围，容易激发观众情感，让观众形成时光变迁的心理暗示。

（四）解说词。文物是具有深刻精神文化内涵的实体，所传达的文化意蕴抽象，观众不容易触摸。因而，笔者在与作家进行沟通的过程中，对《马王堆》解说词提出的要求是形象而富有诗意，要把文物表达的历史情感宣泄出来。如为配合展示辛追夫人所用衣物和她躺在棺椁的画面，创作者写下了这样一段形象的文字：“她臣仆无数，身份极其神秘；她遍身罗绮，充满贵族气息；她独自穿越两千年的时空，面容姣好，关节尚能活动，皮肤仍奇迹般充满弹性。”这段解说词与画面相印，使文物表现得生动隽永。

又如，片中在配合半景画细节展现画面时，解说词跃动着创作者的诗情：“那一场楚汉相争的纷飞战火，那一段古城长沙的盛世繁华，那一种钟鸣鼎食的贵族生活，那一次风光大葬的最后定格，仍在这个半景画展有声有色地上演。”

（五）背景音乐。在《马王堆》中，笔者依照不同画面对背景音乐的节奏和主题旋律进行了选择。比如，为配合带有浓厚历史感的远古战争场面，笔者选用了节奏急促有力的打击乐，以烘托出一种岁月感；为配合具有强烈汉文化色彩的小片头画面，笔者则配以深重、粗野的男声合音，容易让观众联想到汉初劳动者兴建皇陵和农耕时的场景；为配合片中主观、移动镜头画面，笔者以古筝、扬琴、埙乐器声作为背景音乐，古朴、深沉的古琴音色，融合舒畅的扬琴音色，一个悠远宁静的世界飘然而至，而凄凉、孤寂的埙音色，恰似来自远古的悲切。文物伴随着音乐的一急一缓，场景的镜头切换，就在背景音乐中被“激活”起来，历史也在此被唤醒。

(六)后期剪接。片子的剪接风格决定了片子的最终形态,流畅的画面、平稳节奏的控制、动静结合的镜头跳切使影像产生了明快、真实的视觉美感,蒙太奇手法的使用不露痕迹。

阐 发

《马王堆》中文物的鲜活拍摄和一些创作元素的运用,实现了历史与现实的焊接,古人与今人的对话,文物与观众的交流。对这部片子的执导,让笔者对文物类宣传片应如何拍摄有了更深的体会。归纳起来,笔者有以下几点心得:

镜头在导演和摄影师手中,是运动的核心载体。文物是静止而缺乏生命力的,凭借摄像机镜头的创作和想象,多运用主观镜头和运动镜头,文物的动态拍摄才会淋漓尽致,文物才能被塑造成鲜活的角色,吸引观众的眼球,实现文化类宣传片的展示与文化传播功能。导演应从观众观看时的体会、感受出发,运用一些技法使观众产生较强的现场感和参与感,实现情绪的调动。

文物类宣传片该如何拍?如何让观众理解文物静态的表征背后所蕴含的深厚文化?如何最大限度地调动观众的参与,激发观众的情绪?《马王堆汉墓陈列宣传片》的编导阐述中已经详尽地考虑到了拍摄的风格、结构、镜头运用等,力求通过精心的拍摄和结构处理,营造神秘且充满想象的空间氛围,激发观众情感,让观众与文物产生碰撞。实现历史与现实的焊接,古人与今人的对话,文物与观众的交流。编导说通过对这部片子的执导,使其对文物类宣传片应如何拍摄有了更深的体会,编导的阐述也帮助观众对其拍摄的文物类宣传片有了更深的认识。

在纪录片创作中,还涉及拍摄前拍摄提纲的写作。拍摄提纲在电视片创作中的实际应用最为广泛,它是未来片子的蓝图,是创作过程中始终遵循的主要思路。拍摄提纲顾名思义是为拍摄而准备的提纲,一般而言,对于内容相对固定、能提前预见到的题材,如历史、风光、民俗等题材,提纲可编写得细致一些,具体一些。但如果拍摄正在发生或尚未发生的事件,在编写提纲时则不要求详细,可以只是一个较粗的轮廓设计,随着拍摄过程的继续,提纲可根据事件的发展变化作出适时的、相应的补充和调整,甚至可能是比较大的变动。拍摄提纲一般包括拍摄的基本目的、采访路线、拍摄点和拍摄对象、大致的段落层次、基本的风格样式、视听语言的处理方式等。如下面这个拍摄提纲:

《丝绸之路》的《古道流沙》中的一段:

地点:昆仑山深处山谷

时间：每星期二由山里运出

运载：骆驼队、毛驴队

影片上文：茫茫昆仑山川大势

影片下文：玉石加工及雕刻

风格基调：艰难、缓慢、深沉、原始

当然，文无定法，拍摄提纲由于题材内容的不同和个人爱好的不同会有各种各样的编写方法，不能也不应强求一致。

【写作训练】

一、下面是人文类纪录片《问道武当》的制片人兼总导演蓝冰撰写的创作手记，请仔细阅读并体会编导对创作的思考。

风景中的文化

——谈人文纪录片《问道武当》的创作

2009年新春伊始，中央电视台第10套《探索·发现》栏目在春节期间的黄金时段，播出了由中央新闻纪录电影制片厂地理节目部制作的9集高清人文纪录片《问道武当》。作为本片的制片人和总编导，我对于在这样的时间段播出这部系列片，心里不免有些忐忑。

出乎意料的是，《问道武当》自阴历腊月二十九开播之后，吸引并留住了很多观众的目光，无论是科教频道的反馈还是收视调查的结果，都表明这部片子收到很好的反响。挂在网络上的视频，单集的点击率也超过了两万。据武当山管委会告知："2009年春节期间武当山景区的旅游收入比去年同期增长了3,000万元人民币。在遭遇国际金融风暴的大背景下，很多游客仍然被纪录片中所展现的武当山美丽风光和故事所吸引，利用春节长假直奔这里而来。"这个消息让我们对风光类人文纪录片的创作有了新的认识和信心。

确定一个标尺

中国是一个地理形态丰富、自然风貌独特、人文景观旖旎的国度，具有得天独厚的创作条件。长期以来，我们惊叹于美国探索频道(Discovery Channel)的高收视率、美国《国家地理》杂志的全球销量，自己却在创作实践中一次次捉襟见肘。前些年，我们更多的时候把这种差距归咎为经费的掣肘和设备的落后。随着国家经济实力的大幅提升和电视事业的迅猛发展，我们现在使用的高清设备，几乎与世界发达国家同步甚至超前于不少国家,但是我们的人文地理和风光类纪录片,仍然与国际水准有很大的差距。

2007年,英国BBC和德国相关电视机构联合摄制推出一部关于地球与大自然的纪录片《地球脉动》。由阿拉斯泰尔·福斯基尔(Alastair Forthergill)率领的制作团队,5年时间穿越了世界七大洲和62个国家,用45部摄像机精致地记录了在全球气候变暖的时代,动物的迁徙和生态的改变,大自然的宏伟和风光的无限,生命的无常与坚韧。地球奇景衬托着柏林爱乐乐团演奏的动人音乐,让全世界的观众在震撼人心的视听情境中感悟爱护环境、珍惜生命的意义。这个成功的案例,在《问道武当》拍摄之初为我们确定了一个标尺。

明确一条脉络

最近几年,各地为了打造旅游形象,推出过许多制作精良的形象片和风光片。《问道武当》的联合摄制机构——武当山特区管委会的初衷是,通过本片,用武当山的自然风光和道教文化吸引旅游者。但是,中央电视台副台长兼中央新闻纪录电影制片厂厂长高峰却对本片的定位提出了更高的要求。他希望"新影"的人文地理类节目要有自身的文化高度,不仅要制作精良,还要有引人入胜的故事。比如武当山,就要在介绍道教文化上把文章做足,这样才能使节目的形态有更大的拓展空间和更长久的生命力。

编导组经过反复讨论,梳理出道教文化与武当山相生相伴的2,500年历史,以之作为本片一条贯穿始终的主体脉络;用传播《道德经》的尹喜,坚守27年修建南岩石殿的张守清,隐身仙人张三丰,进献榔梅的李素希以及把武当建造成皇家道场的孙碧云等道教文化的集大成者,同时也是武当山守望者的传奇故事,作为九集铺陈展开的依托点来架构全片。根据这一布局,在全片第一组镜头就开宗明义:

究竟是什么让这座绵延八百里的大山吸引着芸芸众生,成为所有问道者心中的圣地?是历经六百年风雨仍恢宏如初的建筑,是云雾掩映中如山峦般波澜壮阔的历史,还是穿越时空追寻了两千多年的一个梦想?(引自解说词)具体到画面和解说词的设计,我们遇到最大的难题,是片中涉及的所有人物,除了明清时期的帝王尚有一些画像可资参考之外,其他人物犹如仙人一般无迹可寻。好在我们从道教鼻祖老子的《道德经》中找到灵感:"人法地,地法天,天法道,道法自然。"既然人类生活行为的运行是以地球物理运行的法则为法则,地球运行是以宇宙运行的法则为法则,宇宙运行又是以道的法则为法则,那么道的运行就以自然法则为法则。

因此,让道教的武当山深藏于自然的武当山之中,融历代仙人高士的道骨仙风飘逸弥漫在《问道武当》全片的每一个镜头、每一句解说、每一段音乐里,或许正是本片要找寻的风格和境界。认识到这一点，编导组的创作豁然开朗。紧紧抓住这条意境的脉络，使我们对解说词和音乐的风格有了一个初步的设计轮廓。

营造一片氛围

我认为，对于一部风光类的人文纪录片来说，如果摄影师仅仅拍摄编导眼中所见的画面，未来的片子只可能有三分成色；拍摄到编导意中所有而眼中未见的画面，未来的片子可能有六分成色；如果能拍摄到编导意想不到的画面，未来的片子才可能有九分成色。对于《问道武当》来说，编导组试图展现"有形的山水，飘逸无形的仙风，无形的道骨支撑有形的武当"，这无疑给摄影师提出了新的挑战，增加了难度，意味着如果摄影师只是拍到个别或一组精彩的镜头，哪怕再令人震撼，都担当不起这部片子的重任。因为《问道武当》需要在全片营造一种整体的氛围，才能完成我们希望达到的在"有形与无形"之间的转换。

值得庆幸的是，本片的摄影指导李雄出色地营造了这种整体氛围。李雄是第 26 届金鸡奖"最佳纪录片"——《又见梅兰芳》的主要摄影师之一，我们有过默契的合作。为了本片能拍出我们意想不到的画面并使这些画面能构成整体氛围，李雄和执行总编导褚红霞率摄制组六上武当，在摄影机后面耐心守候武当山的阴晴雨雪、四季变换。李雄还数次亲自登机航拍，甚至首次把"高炮"架到了武当山 1,613 米的主峰——天柱峰金顶之上。2008 年，摄制组在武当山上工作了 150 多天，他们执着和充满创意的工作，为《问道武当》的成功奠定了基础。

如果仅就山体的走势、形态和风光而言，武当不及泰山雄浑，不及华山险峻，不及峨嵋俊秀，不及黄山俏丽多姿。泛泛展现风景，很容易使武当山的神韵流失。根据对本片的总体把握，我们着力在武当的"水"上精雕细琢，把水作为营造整体氛围的重要元素。继全片第一集《何出仙山》之后，在紧接着的第二集就推出《上善若水》：

这是从一滴水开始的传奇。此起彼落的水滴，在一瞬间团聚，又在下一瞬间簇拥成涓涓细流。然后，默默地滋润万物却不求回报。《道德经》有云："上善若水，水善利万物而不争。"老子认为，最美好的品格如同水，滋养万物而不与其相争。所以最接近"道"的本质。（引自解说词）

片中以云聚云散、雨歇雨骤、雪飘雪驻、冰凝冰融来细致地刻画液态、固态和气态的水在武当山营造出的虚境和实景。功夫不负有心人，摄制组在武当山等到了 30 年未遇的一场大雪，漫天洁白、银装素裹的山色是对摄制组辛勤工作的馈赠，也是"显灵"的大山对我们问道武当一次纯净的回应。

武当山的雪景在全片的各集中根据故事叙述的需要多次出现，时而它陪伴着两千多年前的尹喜披荆斩棘,时而飘落到张守清的头顶染白其鬓发,时而覆盖了张三丰神秘的足迹,时而又让今天的探寻者抖擞精神。编导们让这场雪在片中的武当山飘了两千多年,由此产生的间离效果和时空轮转是本片在编辑手法上的一个尝试,用一道特别的风景,串联一段如梦如幻的故事。

再现一种情绪

在近年的纪录片创作中,如何采用电脑特技的三维再现、人物扮演的情景再现,与纪实性的画面成功嫁接,一直是创作者需要学习和面对的课题。我一直认为,纪录片的立足之本是记录,今天的记录就是明天的历史。多少次,我在查阅"新影"的前辈为我们留下的那些纪录片资料时,都会心生敬意。没有他们,我们就不能清晰、准确地看到曾经的岁月,历史也就失去了可以触摸的形象。

在纪录片创作中,如果我们过分地依赖三维制作和人物扮演的"情景再现",不仅会消耗宝贵的时间、精力和经费,还会"舍本而求末",把纪录片创作引入旁门左道。

编导组在结构《问道武当》时,并没有完全排斥用三维和人物扮演的"再现",不同的是,希望通过这些手段能"再现一种情绪"。比如谨慎地使用三维手段来描绘一些地图,局部渲染镜头中的仙气,添加已经消失的榔梅花,在今天的废墟上再现辉煌时期的宫观等,对于"扮演"的处理,用急促行走的脚步、摇曳的烛光、透过门窗的人影……都是为了讲述故事时情绪的抒发或延伸。

《问道武当》想要渗透的"情绪",就是在讲述的故事中可以让观众感受到的情感和思绪。它既可以来自于历史人物自身,也可以体现于现实人物的言行,又可以游走在创作者对武当山与道教文化的感觉和理解之间。我们熟知许多描写情与景的成语:寓情于景、触景生情、借景抒情、情景交融等。巧妙处理好情与景的关系,是中国几千年来文人墨客耗尽毕生心力要追求和达到的境界,自然也是像本片这类风光人文系列片能否给观众留下印象的关键。

为了情绪的传递,全片尝试在每一集中都用现实的人物与历史故事进行勾连,如紫霄宫丹房里研习坤道、弹奏古筝的女道长,土生土长的护林员老梁,在逍遥谷修习太极拳的老外,在南岩宫开设快照摊点20年的商户等。现实生活中的香客、道人是这座大山历经两千多年香火不灭、情绪不断、生命不息的传承。有了今天与昨天之间相互的关照,有了现实人物细节的逼真和历史人物形象的缥缈,武当山才会一直回荡着历久弥新的空谷足音。

《问道武当》的创作过程使我们体会到,与纯粹的风光纪录片相比,人文纪录片的特点是不仅有景色、有故事、有氛围,还要有情绪。这种情绪的把握需要画面、语言、音乐三位一体的节奏，更需要历史与现实的相互照应。只有找到现实的落点，才能回望历史的起点。这一切都需要现实人物情绪的表达，也需要历史人物情绪的再现。遗憾的是，当我们完成这部系列片的时候发现，虽然编导试图在片中表达情绪、再现情绪，也找到了纪录现实的一些落点，但是这些落点有的不够准确，有的切入得不巧妙，有的显得虎头蛇尾。我想，如果能把现实与历史处理得更好一些，《问道武当》还应该有新的面貌。

展现一脉文化

当我们站在天柱峰的金顶之上，透过供奉着真武大帝坐像的金殿飘出的香雾，俯瞰脚下绵延的武当山时并没有看到其龟蛇一体的山脉。然而这个传说，却让一代代君临天下的帝王对这座大山顶礼膜拜，或祭奉，或修缮，或求符索图，或铸像送匾。从唐太宗李世民、元始祖忽必烈、明太祖朱元璋，到明永乐嘉靖、清康熙乾隆都对武当山心向往之，特别是在他们因帝位、子嗣、国运发生转机之时，更要求助于武当，祈福于武当。除此之外，老子李耳、药圣李时珍、游侠徐霞客等各方高人名士也都在武当山留下过足迹。

帝王与百姓，宫观与文化——或许这正是武当山"龟蛇一体"的真正价值，也是《问道武当》应该包含的文化内核。

创作实践使我们懂得，中国的风光与人文是如影随形的，无论是武当山还是泰山、庐山、华山、黄山，都很难抛开人文只谈风光。这使我们在创作中还不能简单地模仿或照搬国外一些地理类节目的结构方式，欧美的这一类片子常常是在人迹罕至的地方从自然和科学的角度切入，猎取奇观。而在中国，即使走到了新疆、西藏等边远地区，仍能寻到文人墨客的踪迹。这就是五千年中华文明对这片山川的承载，也是我们在创作中绕不过去的文化命题，我们也可以理解为中国特色。

《问道武当》的创作过程，是我们了解道教文化，进而更准确地理解中国文化的深层内涵——"和谐文化"的过程。"共祈太和"是武当山千百年来香火不灭的智慧火种，也是对我们今天创作者记录和展现武当山风云际会的文化提醒。老子说："道可道，非常道。"意思是，规律是可以被认识和掌握的，但没有一成不变的规律。

我们的纪录片创作也是"非常道"，需要不断地自觉站在各种角度观察和思考。《问道武当》只是让我们有机会看到了风景中的文化。

二、观摩一部散文风格的电视片，试着为该片写编导阐述。

第六章 电视片解说词的写作

一部电视片是通过电视语言完成的,电视语言不同于文字语言,它包括画面语言和声音语言(如解说、同期声、音乐等),其中画面语言最能体现电视语言的特性,它是电视语言符号系统中关键性的构成要素。画面语言把具体形象直观地呈现给观众,观众接受起来不需要借助中介的转换过程。通过画面语言,观众可以对所表现的客体对象有直接体验。解说词属于声音语言的一种,它是构成整个电视片这部机器上的一个零件,电视创作者运用它,应该让它充分发挥自己的作用,用自己的长处弥补画面的不足,和画面、音乐、同期声、字幕等表现元素密切配合,共同使电视片这部机器良好、快速地运转起来,从而更好地为观众服务。

第一节 解说词和画面及其他表现元素之间的关系

解说词是一种文字语言,但它是以解说员播讲的形式表现出来的让观众听的。解说词离不开画面,但它又不从属于画面,它用来解释、议论、介绍背景、抒情、表达思想等等,更多的是表达抽象的内容。所以,概括起来,可以给电视片解说词下这样一个定义,即电视片解说词是观众在观看画面时,诉诸听觉器官的文字语言,是作者理性思维的直接外化。也就是说,解说词必须帮助观众看画面,它和画面是相互补充、相互加强的关系,同时,解说词又不能干扰观众看画面,在电视片中它有自己应有的位置和应起的作用,它和画面及其他元素的完美结合,向观众传达完整而准确的信息,观众通过接受这种联合起来的传达效果,获取知识,得到享受。

每一段解说词都要和画面相配合,但并不是每一段画面都必须有解说词。解说词创作的关键在于处理好解说和画面的辩证关系。解说词要与画面相融合,构成特定的屏幕语言。写作者必须做好声画对位和形声因素的有机配合，摆脱形声“两张皮”的现象，同时也不能使解说词“看图识字”式地重复画面已有的内容。比如解说一位体育明星摄影的画面，解说词写成“体育明星×××在拍照片”就是重复的废话，倘若写成“体育明星×××的业余爱好之一是摄影”或“×××从少年时期就迷恋上摄影”就是恰当的解说词，因为它补充了画面未能表达的内容。

一、解说词和画面的关系

1. 解说词离不开画面

以下面的解说词片段为例来进行分析：

例 1：

【画　面】	【解说词】
一对父女在荡秋千	游山玩水的人，总不会觉得疲乏，即使歇一歇脚，也有一种与众不同的独特方式。 ——选自《庐山》之《山趣》

例 2：

【画　面】	【解说词】
一队小同学从竹林深处走来，走到摄像机前，孩子们天真、可爱的笑脸	不过，常与竹为伴，久而久之，大概也难有诗人那般心境。此时此刻的小同学所感兴趣的应当是我们的摄像机。 ——选自《竹乡赏竹》

例 3：

【画　面】	【解说词】
舟舟走到乐队指挥的位置，坐到了指挥的椅子上	对现有的位置舟舟不是很满意，他有时要换个地方坐坐。这一般是在排练结束的时候。 ——选自《舟舟的世界》

例 1 的解说词提到了“一种与众不同的独特”的歇脚方式，这种独特的方式指的是什么？例 2 中的小同学对“我们的摄像机”如何感兴趣？例 3 中的舟舟有时要换到什么位置坐坐？这些问题观众单从解说词中是无法找到答案的，如果不看画面，观众从解说词中得到的是一种非常模糊的信息，如果没有画面，这些文字语言是不能够独立存在的，所以，解说词是离不开画面的。在一部电视片中画面语言永远是第一位的，是基本语言。写在纸上的是文章，读出声来的是广播稿。解说词必须以画面为基础，帮助画面完成编导的创作意图。

2. 解说词不能简单重复画面

以下面解说词片段为例来进行分析：

例1：

【画　面】	【解说词】
王尚荣和黄克夫妇	夫人推着将军在院子里散步，十年了，天天如此。
夫人黄克推着王尚荣在院子里散步	将军的眼睛还能看见，夫人的腿脚还能走动，于是夫妇俩人都有了能看路的眼睛和能走路的脚。

——选自《半个世纪的爱》

例2：

【画　面】	【解说词】
刘训深和黄健吾夫妇在金婚庆典上点燃长寿蛋糕上的蜡烛	这对夫妇点燃了长寿蛋糕上的一支支红烛，被那片海峡分隔了38年后，他们今天又团聚在一起了。是什么把他们分开，又是什么把他们团聚的呢？烛火点燃了，我们希望它不再熄灭。

——选自《半个世纪的爱》

例3：

【画　面】	【解说词】
孟金福夫妇在山林中的家	这种用几根树干做支架，用兽皮围起来的住处，鄂伦春人叫“仙人住”。这是孟金福夫妇在山林中的家。 在过去的千百年中，鄂伦春人就这样世代生息在大小兴安岭，一直过着从远古沿袭下来的游猎生活。不知鄂伦春人在山林中生活了多少世纪，他们的族名“鄂伦春”意为山林上的人。

例4：

【画　面】	【解说词】
孟金福举着自己的猎枪打猎	孟金福的枪太老了，老得都不易找到同型号的子弹。可他不想换成自动步枪，那样看不出猎人的本领。 他更不肯学着用套索夹子去狩猎，那样不分老幼地猎杀，山神是不会高兴的。

——以上两例选自《最后的山神》

例5：

【画　面】	【解说词】
巴金与女儿在一	采访中巴金的女儿李晓林深情地对我们说，父亲到了晚

起的照片	年，最关心的就是教育，如今他最大的愿望就是想在香港回归祖国时能亲自去看一看。

——选自《作家巴金》

例 1 画面展示给观众的信息是夫人黄克用轮椅推着将军在院子里散步，解说词告诉观众的是，他们十年来天天如此，将军的眼睛成了夫妇二人共同的眼睛，夫人的腿脚成了二人共同的身体的支撑。这样的解说含蓄而又意味深长地把将军夫妇的相亲相爱、牵手相携的真挚情感表达了出来。

例 2 画面上是隆重而热烈的金婚庆典以及刘训深和黄健吾像其他的金婚夫妇一样在点燃长寿蛋糕上的蜡烛，而关于这对夫妇婚姻路上的"分分合合"以及抑或是夫妇二人抑或是创作者对他们未来的美好祝福是解说词提供给观众的信息。

例 3 中，观众从画面上看到的仅仅是一个像帐篷一样的"建筑"，这是一个家吗？这又是一个什么样的家呢？为什么他们会住在这里呢？画面没有告诉观众，画面也无法告诉观众。通过听解说词，观众明白了画面展示的是"仙人住"，是孟金福夫妇在山林中的家，也了解到了孟金福夫妇为什么会住在这里。

例 4 中，观众从画面上看到的是孟金福打猎的情景，解说词却告诉观众孟金福对待打猎的一种心态："不分老幼地猎杀，山神是不会高兴的。"

例 5 的解说词不仅揭示了巴金与子女们在思想深处的交流与理解，而且流露出老人对祖国深沉的爱。解说词传递的是画面之外的一种信息，表达的是创作者内心对主人公一种升华的情感。

以上几个例子中，解说词或挖掘画面的内涵、或表达人物的情感、或补充画面的背景、或揭示主人公的内心，都是从画面出发，但又不是画面的简单说明和解释，不是简单地重复画面。形象塑造、细节表现是画面的特长，当画面已经一览无余地表明了事物的特性，解说词就切忌再重复画面，不要见山只说山，看水仅讲水，而是要给观众和画面有一定的内在联系、但观众从画面上看不出的那些画面之外的更多的信息，说明画面没有或不能够说明的问题，表达对画面的理解和感受，为观众对画面的顺利读解服务。反之，如果解说词和画面传达的是同一个信息，则会给观众重复累赘、苍白无力之感。

3. 解说词要"贴"画面

"贴"就是和画面有机地联系，就是从画面说起，告诉观众画外的信息。

以下面解说词片段为例进行分析：

例1:

【画　面】	【解说词】
舟舟在武汉乐团排练场 舟舟用书拍打钢琴凳上的灰尘	十几年了都这样,一大早舟舟又来上班了。尽管他不是乐团的在编人员,但这里却有他固定的座位。这是多少年约定俗成的结果,并且神圣不可更改。

例2:

【画　面】	【解说词】
舟舟把橡皮当作印章往自己的画上盖	舟舟是一个十分强调形式的人,尽管这枚印章不过是一块橡皮。

例3:

【画　面】	【解说词】
舟舟在舞台下吃鸡腿,犯了胃病	永远不败的胃口和并不好的肠胃是困扰舟舟的一对矛盾。舟舟几乎没有去医院看过病。像舟舟这类人,都是凭借自身的免疫力和抵抗力来抵御疾病的。 对于舟舟,有时候音乐能成为一剂良药。

例4:

【画　面】	【解说词】
舟舟在商场吃了蛋糕后把包装纸扔进垃圾箱,整理商场的报纸,"训"人	舟舟没有文化,但有一定修养,尽管他是一个对自己的行为并不承担法律责任,因此也不行使某些公民权利的人。但是他懂得社会规范,并具有良好的自我约束能力。 和每个人一样,舟舟远不是一个完人,他有时候会做出一些有损于自己形象的事儿,但从另一方面又不能不看成是另一些人对待舟舟态度的一种折射。

——以上4例选自《舟舟的世界》

例5:

【画　面】	【解说词】
杨成武、赵志珍将军夫妇在锻炼身体	光彩属于每一个热爱生命的人。和院外的同龄人一样,赵志珍和杨成武将军每天也要锻炼身体。不过,在他们的一招一

	式里，都加进了划船的动作。将军说，这是因为他们总也忘不了战争年代的惊涛骇浪。是啊，他们这五十年，经历过太多的风浪。 革命使杨成武和赵志珍走到了一起，谈起五十年前的新婚时光，赵志珍说："他那时 23 岁，年轻有为，长得又潇洒，看中他的姑娘不少，可她们不是党员，不够条件。我们是 1938 年 1 月结的婚，是聂荣臻司令员亲自批准的。结婚很简单，分区领导和同志们在一起吃了一顿饭，有猪肉、鸡蛋、豆腐、土豆、枣酒，弄得还挺丰盛。结婚以后，按规定，一周只能见一次面。我们住的虽然相隔不到一里地，可我们谁也不破坏这个规定。那时候，人就是这么简单，一心只想着工作。"
将军夫妇拿出了相册，翻看旧照片	都说往事不堪回首，但他们的往事确实是值得回忆的。翻开相册，我们看到的每一张照片，又都可以引出一段故事。当然，故事有长有短，有我们熟悉的，也有我们不熟悉的。有地道战、狼牙山五壮士，也有将军夫妇的战地浪漫曲。

例 6：

【画　面】	【解说词】
王尚荣将军在家人的帮助下拉拉力器	当年这双大手一挥，便会有千军万马奔涌而过，如今这双曾经自信挥动的大手，已经拉不动那几根细细的弹簧了。此刻，他需要借助妻子和孩子们的力量。将军决战岂止在战场。就像当年攻打沙家店、攻打宝鸡，王尚荣和黄克夫妇又同病魔进行了十年殊死的搏斗。死神曾不止一次地走近将军，但又一次次溃败而去。

——**以上两例选自《半个世纪的爱》**

例 7：

【画　面】	【解说词】
朱毛红军会师纪念碑、井冈山革命根据地烈士陵园、江华题写的"会师园"匾额、傍晚的井冈山峰、	在当年朱毛红军会师纪念碑附近，有一个烈士陵园，陈毅、谭震林等一大批开国功臣的骨灰就安放在这里。他们当年会师井冈山，然后从井冈山走向全国，为党、为共和国、为人民军队建立了丰功伟绩，他们逝世后，又相聚井冈山。也许他们在一起会谈会师的喜悦，征战的艰辛，建国的劳累，革命的友谊；

落日、晚霞、灵堂里先烈遗像、肃然起敬的瞻仰人群、张震题写的“井冈雄魂”匾额	也许他们什么都没有说,但历史告诉我们:他们那一代是真正值得骄傲的一代,他们是共和国的忠魂,中华民族的雄魂! ——选自《共和国之魂》第八集

通过以上几个典型片段的分析,可以看出解说词“贴”画面主要表现在以下三个方面:

1. 解说词在表达抽象的概念、理性的思想、道德、观念时,要从画面上具体的事物、看得见的事实出发,由具体逐步写到抽象,由画面上的内容逐步写到画面外的内容。

2. 解说词要为观众对画面的思考和关注留下时间和空间,有效地吸引观众观看画面。古人所说的“于无字处读书”和今人所说的“我的书写得最精彩的是书中的空白”讲的都是一个道理,即读者在阅读过程中具有一种主动性,可以随时随处地中断阅读,进行思考,使阅读产生其应有的效果。但观众收看电视节目时则是被动的,他在节目进行过程中的联想和思考受到节目连续进行的限制,真正的思考时间只能是在节目结束之后。所以在解说词行进之中,要给观众提供必要的想象空间,就如同书法中的留白和音乐中的“此时无声胜有声”。

3. 运用解说词介绍背景资料或讲述过去与未来时,应寻找一个与画面相宜的契合点,使解说内容和画面内容形成有机的联系。

二、解说词和其他声音元素的配合

在电视片的声音语言中,除了解说词,还有人物同期声、音响、音乐等,这些声音元素和解说词一起完成电视片“听觉信息”的传达任务。对于它们,也要做统一合理的安排,以达到用完美和谐的声音渲染气氛、表现主题的目的。

例1:

【画 面】	【声 音】
刘焕章的家外,地上堆放着许多树桩和石块儿,渐渐远去,唯见一条宁静的胡同	解说:假如你要来找刘焕章的家,那太容易了,不必记门牌号码,只要记住胡同就行了。因为在他家的窗户外面,长年累月摞着那么多怪里怪气的大树桩。他在不在家呢,你听——
	音响:深沉的劈木、凿木之声一直延续到本片职员表完

——选自《雕塑家刘焕章》

例 2：

【画　面】	【声　音】
	解说词：这就是北京军区某装甲旅模拟的蓝军部队，它装备精良，训练有素，直接配属合同战术训练基地，运用实兵、实弹模拟近似实战的战场环境，每年他们都要与来这里轮训的多支红军部队进行对抗演习，今天挂帅的是装甲旅的一号指挥员张利。
北京军区某装甲旅模拟的蓝军部队训练基地	世界上任何一个国家，任何一支军队都有职业或非职业的蓝军部队，中国的蓝军部队随着合同战术基地化训练的发展，日渐成熟。这位蓝军一号，毕业于中国人民解放军高等军事学府，大学文化，他除了具有军人的耿直与雷厉风行的作风之外，还非常善于钻研理论，对这次对抗演习，他充满信心。
	同期声：这次对抗演习面对的是装备非常精良的红军，我们要以我们逼真的动作让红军感到蓝军部队不是好对付的，只有这样，我们这个对抗和训练才能够真正达到目的。所以，我们的指挥员，到了训练场千万不能就站在一个制高点上，拿着一个望远镜在那指挥，这是不行的。拿望远镜指挥，站到一个制高点上指挥，我有一个前提，是在跑遍我训练场的前提下，在这实施指挥，这个地形我都装在心里头了，哪儿怎么样，哪儿怎么样，兵过哪儿？他动作做不出来，我一个情况给他了，他不走出来，不走出来那就宣布他死亡。把我们的每一个战士既要练成小老虎，还要练成狡猾的小狐狸。不辜负军区首长、战术训练基地的领导机关对我们的期望，是否明白？

——选自《兵者》

例 1 的解说词在结束时以提问的方式提醒观众注意，紧接“你听”之后的劈木、凿木之声长时间地传人观众耳中，也长时间地敲击在观众心上，随着这连续的声音，观众敬佩刘焕章，也在认识自己。例 2 的解说词先从蓝军部队说起，由部队说到指挥员，由指挥员的个人素质谈到了他对演习的信心，接着指挥员的同期声就是对他自信很好的诠释。

【优秀作品赏析】

《乌镇春秋》第一集

【画　面】空地　谭家湾遗址

【解说词】如果高山流水是神圣的文化期待,那脚下的这块平地又怎能不藏古涵今?20世纪80年代,一群有慧眼的人终于发现了这平常之地的不平常。

【同期声】沈根泉:以前老百姓传说这里有龙的,老百姓没有(考古)知识只知道有鹿骨,有鹿的骨头出来了,好像是龙骨。鹿骨好像是红烧土。陶器、陶片都有。田里这时挖深沟时掘出来,在这儿河边上也全部看得出来。经过专家鉴定之后,这儿有个文化遗址,至今也有六千到七千年历史。在1980年时,我向浙江省反映了这个情况,当地砖瓦厂要起土,我向浙江省通报,后来下了一个文,把这个遗址保护下来,不可以动土,一直保持到现在。

【画　面】空地　摇《镇志》

【解说词】现实似乎就这样一下子潜入茫茫沧海,替浙江乌镇人找回了本色的远年血缘。据此印证,乌镇,当属新石器时代马家浜的文化类型,其先民也该是6000多年前,就在这儿繁衍生息了。

【画　面】浙江段运河　船行

【解说词】隋炀帝一声令下,京杭大运河一路浩渺,连通了钱塘江河。当它从乌镇穿行而过时,给乌镇带来了水陆便利,也使一场场兵家觊觎相争的战斗相继打响。

【画　面】银杏树　乌将军　田野

【解说词】就在唐宪宗元和年间,大将军乌赞受命前来这里平叛,不曾想却中了叛军的奸计,遭乱箭射死身亡。百姓为纪念他,在坟前栽下了这棵银杏树,希冀以它活化石般的形象,表述乌将军英姿的永存。于是,从唐代到现代,古银杏万分寂寞了千年,却也不负众望。它用那高大雄壮的身躯,把乌将军的正直、忠诚勾画得如歌如诉。

【画　面】田野　水桥

【解说词】也许是乌将军的气节太让人敬慕了,有人就把乌戍看作乌镇的由来。但也有人因乌镇多湖沼、多淤积土,地脉又高于四周旷野,土色深黛而肥沃而把它叫作乌墩,再称乌镇。

【画　面】鸭子

【解说词】无论乌镇之“乌”源于何处，其自然地势的平坦，河流纵横的交织，气候温和的湿润，都成为有情有义的天赐良赋，给乌镇造就了地名背后的巨大商机，让乌镇有滋有味地尽享“鱼米之乡”的富庶。

【画　面】财神湾　美人靠　栅栏格局的分布

【解说词】同时乌镇地处水陆要冲，虽宋以前为兵家所重，但宋室南渡，士大夫寓镇卜居，使这儿一直多有大户人家、书香门第。如此的人口格局，带动面积达46.5平方公里的乌镇形成东、西、南、北四栅连通的民居分布，并且亘古、隽永，久不多变。

【画　面】市河　水阁

【解说词】而在镇中，一条本名车溪的市河，发源于天目山之险潭，又纵贯古镇南北。向北，它是引排水的咽喉要道，向南，它又是农船水运的重要航道。

闻名遐迩的“水阁”，就在这市河之上慢慢建起，并留下一则趣闻。

【同期声】王新华(当地居民)：在很早以前，我们乌镇有个做豆腐的老板，因为他的豆腐做得好，生意也蛮好。他的家里地方太小了，两旁也有人家住着，前面是街路，后面是河江，他想了好久，想出一个办法来，在河滩上搭出一点点的小房子来，就是这些水阁。做官的人看到了，就找到他了，认为他侵占了河道，不可以搭，要叫他拆掉，他急死了。有一个秀才到他家里来吃水豆腐，秀才同他讲，你不要急，我给你想办法写状子，他就给他写一张纸头，因为什么呢，当时这条河并没有这么宽，还要小，做官的人横行霸道得很，停在河里的两条船，一条横停一条直停，然后他两条船一停，人家的船就过不来。这秀才和他讲，官占河道，两船难行，意思你这个两条船停着，别人就过不来，你搭了这么一点点水阁，五只船都能走过来，你不要急就把这张纸去交给他。做官的想想倒也蛮有道理，就让他搭了。后来没想到，都看样学样了，都往河道里搭起了水阁来。

【画　面】水阁

【解说词】此后，私占官河的事自然无人再管。而一部分用木桩或石柱打在河床中的水阁，也日积月累地画出了乌镇特有的“枕河人家”群像图。

【画　面】贸易　街道　高公生糟坊

【解说词】乌镇的街市，则以石板为村，以河为脊梁，依东、西、南、北四个方向铺就而成。到明成化、弘治年间，这儿曾谷物连年丰收，居民殷实，民宅商铺鳞次栉比，宛若巨邑。

【画　面】公生糟坊牌　歇脚的人们　掌柜唱戏

【解说词】当地的买卖人在忙完了交易后，就会乐呵呵地聚拢到这家“公生糟坊”来喝米酒解乏。

据《乌青镇志》记载：乌镇的米酒称“三白酒”，它“以白米、白面、白水成之，故有是名”。其中的白面，是用一种草和着白面做成的酒曲饼。据说，这是一个帮工碰巧将糯米粽子和一种能使米食发酵的酒药草放在一起而产生的配方。后人一直沿用它来酿制的“三白酒”，醇厚清纯，香甜可口。如此才有了今天这般的神哉、优哉。

【画　面】前店后作坊

【解说词】乌镇漫长的历史，使“公生糟坊”前店后作坊的生产方式，一守就是几百年。在生意最红火的时候，曾有一百来号人在这儿前后忙碌。他们用强悍的精神维护了古老工艺的原创，也用敢为天下先的勇气，为杭嘉湖一带添置了一家家分号。到同治十一年，清朝国库空虚，他们又用注册“三白酒”的方式缴纳国税，使古老的经济释放出救国的力量。

【同期声】徐自强(高公生糟坊技术顾问)：乌镇高公生糟坊生产的三白酒经过明清两个朝代以及民国同代时期，始终保存到现在。高公生糟坊的鼎盛时期是明初，因为当初是浙江巡抚把乌镇高公生三白酒贡给朱元璋开国大典所用，所以乌镇高公生糟坊三白酒就声名远扬了，一个个商家都是摇了船到这个地方进货，自己糟坊也有十几条船，把生产的高公生的酒营销到外面去。由于杭嘉湖地区比较富饶，历次兵荒马乱都波及乌镇，所以乌镇高公生糟坊几经兴衰，发明做酒的人就叫高公生，这个企业也是因他的名字来命名的。现在的生产技术都是经过很长时间，一代传一代，传下来。

【画　面】河船

【解说词】如果说时代的新痕和历史的陈迹在今天的乌镇不期而遇，那么，具有留存价值的还有先人们曾经很拿手的这些老手艺。

【画　面】纺车

【解说词】明朝和清代，正是乌镇家庭手工业相当兴旺的时期，土纺、土织，遍及四乡农舍。纺车、布机也几乎每家必备。当梭子每一回来，纱线又每一番去，令人低回感动的生命机缘便徜徉起来。

【画　面】箍桶

【解说词】过去，乌镇的竹制用具贸易甚远，木作制品则满足于生产、生活所必需。今天，本色的原木制作，使工艺性远远胜过了实用性。

【画　面】做豆腐　上门板

【解说词】当我们对天然的事物抱有欣赏之情时，就不再觉得做豆腐是一种古老的技艺。这儿的劳动者，是在退休之后，为了重拾一种生命的缘分，才重新摆弄起祖传的家什。他们每天起早摸黑，磨豆、打浆、点卤、排板，穷尽十几道工序，耗时10多个小时，最终才能把传统的茶干端到柜台上，与寻原汁原味者相见。他们辛苦着，同时又满足着，用生命的慷慨换取到本真回归。

【画　面】锅巴

【解说词】这锅巴，也是乌镇故乡所生产的一种土产，在乌镇也流传很多年了。最初因为缺粮吃，而不得不在锅里薄薄地摊它。后来，它竟成了坐月子的女性滋补身子的绿色佳肴。

【画　面】各种饮食　粉蒸肉

【解说词】正是这一连串传统手艺奔波不停的接力竞赛，使乌镇有了与环境融洽相处的喜悦，也使历史上的乌镇地大户繁。百工之属，无所不备，虽市达广袤十八里，烟火有万家。而到了今天，凭借大自然的风调雨顺，他们依然那么心灵手巧，勤俭持家，他们好像是面对一种伟大，既不敢贸然丢失，也不愿断然割舍，他们渴望这些小手艺能脉脉相传。

【画　面】各种船

【解说词】但是，在中国文化中，血统常赋予一个家庭最实在的标记符号。以男子为中心，重男不重女的旧文化观念，使这儿的男子很长时间都能在家族中享有重要的遮蔽，但女性则往往生活在杏花春雨、旖旎香梦中，离家族技能的承传教诲十分遥远。

【画　面】姑嫂饼工具引出姑嫂饼

【解说词】就拿这模仿苏州、嘉兴和湖州的茶点糕饼制作技术来说，在乌镇一直有传男不传女的习俗。

【同期声】徐立巧(当地居民)：乌镇100多年前留下来的传说，老祖宗留下来一个传说，本来乌镇的糕饼技术只传媳妇，不传自家的小姑娘，时间长了，这个姑娘总是很嫉妒的，心里想媳妇是人家人，我是你爹娘养出来的，你倒技术不传。她很生气，有一天早上她起来抓了一把盐，她想你爹总说媳妇好，我就要看你出出洋相，结果没有想到，那天的盐放进去以后，人家来买的人呢更加觉得口味好，生意特别好。那么老板奇怪了，他到家里问媳妇，媳妇好像也觉得莫名其妙，然后姑娘说出来了，我今天是想看嫂嫂的洋相的，抓了一把盐没想到起了反作用了。然后老板就从姑娘不开心的事情中得出一个结论，应该要家和万事兴,后来这方面技术也就传给姑娘了。以后这老板也会做生意,索性(把点心)叫作姑嫂饼,姑嫂饼就沿着乌镇流传下来。

【画　面】姑嫂饼

【解说词】一次怒火中烧的嫉妒,就能完成一种传统陋习的纠偏,实在该归功于上苍给予的关照。

【画　面】晒在外面的兰花布照片

【解说词】在乌镇,还有一种任何机械印染工艺所无法模拟的蓝印手艺顽强生存着。在老字号同丰裕染坊至今还保存着最原始的手工浆染工具。这种专用桑皮纸涂上柿漆装裱而成的漏花版,用来往白布上镂刻花稿。最早是采用青砖制成的凹凸模具来压印花稿。衣料,全用当地手工土机织成的"土布""土绸"。

【画　面】抹黄豆粉　染缸　兰花草　染好的布晾晒

【解说词】为使兰花布的白花白得朴实,要用石灰合成的黄豆粉来涂抹。要使蓝底蓝得清纯,就要用一味治感冒的草药板蓝根,当地人称兰草的植物作主要染料,再放入石灰或海蛤粉,配出"土靛"。经过十几次的反复浸染,图案便清新、古朴。染蓝印花布的过程并不复杂,但却是个苦力活,其中的灵性也只有长期深谙此道者才能领悟。

【同期声】陈新荣(55岁原乌镇染织厂的职工):我对兰花布有感情,原来我做的时候,还年轻,在这里普通百姓很喜欢它,因为原来男的种田、女的织布,农闲时织布,但是织了布自己穿不掉,就到街上卖一点,调换一点油、米、醋回家。又觉得这个白布不好看,到染房里印点花,像这里有个特色,就是说女儿的嫁妆,一定要有一个红兰花布做包被子的包袱皮,一定要用这个东西的,那么包床毯啊、被面啊,都是用兰花布的,漂亮确实漂亮,因为有它的特色。

【画　面】兰花布产品　游人　夜景

【解说词】兰花布本是自给自足农耕社会的产物,它起始于汉晋,发展于宋元,鼎盛于明清。虽受过洋布的冲击,却终不泯灭,直到今天,还表达着潜隐的文化江南,并帮助人们去触摸那越来越与现代人遥远相隔的精神润泽与人生的远意。

【提示与思考】

这是上海东方电视台制作的一部电视片,从《乌镇春秋》的片名可以看出,这是一部内容跨越历史长河的电视片,而以往这类片子容易落入空洞的窠臼,不着边际又落不到实处，使人对历史没有实实在在的感触。《乌镇春秋》较好地避免了这种现象，有时它从小处着手，从实际出发，用乌镇司空见惯的一个个具象环境，引申出乌镇历史抽象的空间，比如从“水阁”到“水阁”的历史——乌镇形象的代表，从“银杏树”到乌镇名字的来历，从“河船”、“纺车”、“箍桶”、“做豆腐”等具象，概括出乌镇——江南水乡人的生活状态、生活习性。有时，它又是从一般落到具体，将一段有很深文化重负的内容，用一段具体的事例来展现，如对中国传统文化的叙述，就是在一段抽象的概念之后，用一个生动的事例来强化——“姑嫂饼”。画面是具体的、实实在在的，解说词与画面的结合就在于既不能脱离画面太远，又不能局限于画面，没有距离。

【写作训练】

一、试分析下列解说词是如何“贴”画面的。

【画　面】 宜兴紫砂博物馆外景，宜兴紫砂博物馆陈列室里的各种藏品。

【解说词】 宜兴紫砂博物馆里，陈列着紫砂工艺史上各个时期的代表作品。这一道道橱窗，就像是几百年间紫砂文化兴废荣衰的缩影。

紫砂壶的美，在于壶泥、壶形、壶色、壶款等诸多因素的综汇融合，又因制壶高手们的不同素养和不同个性，这些代表作品便又呈现出了千姿百态的面目。

——电视系列片《江南》之一：《丁山泥土》

【画　面】 陆文夫家中，镜头推向古董架上的宜兴陶壶。

【解说词】 苏州是一座极富生活情趣的城市，陆文夫则是一位极富生活情趣的作家。作为作家，他更能从一些惯常的情趣中，发现出独到的机理。

几十年前，年轻的陆文夫只花了8角钱，便从小古董铺里买回来一把宜兴陶壶，从此长相厮守，同历风波。一壶在手，便平添情趣。前些年，经宜兴的陶艺大师鉴定，这把陶壶竟是出自古代高手的一只宝物，作家自然喜不自禁。但是高兴了一阵之后他又犯愁了，他以后还用不用这把陶壶喝茶呢？

作家非常风趣地说，世间事总是有得有失，玩物虽然不一定丧志，但是你想玩它，它也要玩你，物是人的奴仆，人也是物的奴隶。

【画　面】 陆文夫秋钓江南。

【解说词】 几十年间，陆文夫喜欢在工作之余垂钓江南，对水中咬钩的鱼类通过浮漂时的动态都能分辨得一清二楚。作家十分悠然地说，吃鱼总是没有钓鱼那份安闲自在，那样忘我，那样专注，那样兴奋。一条大鱼脱钩了，又是那么痛苦,那么懊丧。衷心地感谢鱼,不仅养活了我们的祖先,还锻炼了我们如何对待得与失、喜与悲、升与降、贵与贱,久经此种锻炼,可以宠辱不惊。

享受情趣是一种快乐,享受机理则更是一种快乐,只是眼见而心不见者不能享受后者而已。

——电视系列片《江南》之二:《一位作家与一座城市》

二、试分析下列解说词和同期声的配合。

【解说词】 四月中旬,景迈山的春茶已近尾声,布朗族村寨将迎来一年中最盛大的节日——茶祖节。

【同期声】 每年要举行一次茶祖节,如果是小祭,它的高潮在16号,如果是大祭,它的高潮在17号,大家都要到山顶上祭祖,用牛来祭祖先。

【解说词】 1988年,苏国文的父亲临终前,嘱咐他三件事,一要建一所学校,二要编写完布朗族史,三要为布朗族茶神建一座寺庙,如今,苏国文都完成了。

【同期声】 只有明确地知道自己是怎么生下来的,是怎么长大的,要怎么回报养育自己的前辈,这样做人才会有意义的。

【解说词】 6岁的苏国文坚信:本民族祖先的灵魂依然生活在这片密林深处。

【同期声】 我们布朗族每开辟一块新的茶园,种的第一棵树,叫作茶魂树,树桩把它栽起来,它就代表那个魂,魂在守卫它的茶园。

电视系列片《茶,一片树叶的故事》之一《土地和手掌的温度》

第二节 解说词的作用、语言特点和修辞手法

解说词在某些作品中被弱化了,甚至从某些作品中退出了,但并不能说解说词无用。在需要它的作品中,解说词既是画面的补充,又是作品的有机组成部分,是构成作品独特风格、类型的重要元素。

一、解说词的作用

1. 补充画面背景,传达间接信息

试分析以下解说词片段:

例 1：

【画　面】	【解说词】
冬季。森林，孟金福在马尾上系红布条	这是春节过后的第一个早晨，中国东北部的大兴安岭正是冰天雪地的季节。每年的这一天，孟金福都要在马尾上系红布带，在鄂伦春人眼里，萨满的马是神马，新年里第一次乘骑表示尊敬。

例 2：

【画　面】	【解说词】
孟金福在祭月神	今天是农历正月十五，过去是鄂伦春人祭月神的日子，定居以后就不讲究这些了。但孟金福相信，在这个时候，月亮神正在天上望着人们。 鄂伦春人崇信萨满教。萨满教是原始的自然宗教，以自然万物为神灵，日、月、水、火、山、林、草、木都可以成为他们膜拜的对象。众神之中，山神是主管山林狩猎的神灵，在他们心中有着特殊的地位。

例 3：

【画　面】	【解说词】
	孟金福经常看好一个风向稳定的夜晚去蹲碱场。蹲碱场是鄂伦春人传统的狩猎方法。碱场就是盐分大的湖泊或水潭，
孟金福划着船	到了夜里，动物常来吃草、喝水，猎人就在这时候伏击它们。 这一夜，一个动物也没有出现。如今动物越来越少了。

——以上 3 例选自《最后的山神》

例 4：

【画　面】	【解说词】
	其实，孙中山的父亲是个贫农，家境十分清苦。 他的大哥孙眉本来也是地主家的长工，后来跑到夏威夷檀香山谋生，靠自己的努力，在那里发了家。 孙中山因此才有机会先后到檀香山和香港念了 10 多
孙中山与全家合影的照片	年书。 回国后，他看到家乡的面貌依旧如故……

吸鸦片的照旧吸鸦片;

裹小脚的照旧裹小脚;

乡亲们照旧是那样愚昧,照旧是那样缺穿、缺吃、缺住……

他痛感这个社会如果不改造,真的是没有前途,没有出路了。

例5:

【画 面】	【解说词】
翠亨村及中山故居等	翠亨村是孙中山的出生地。 有趣的是,全村的房屋大门都朝东,唯独孙家的大门是朝西的。而且,里里外外,窗户多得出奇。 这房屋的出资者是孙眉,房屋结构和朝向的设计者是孙中山。 虽然,谁也不能牵强附会地推论,这是孙中山主张"西化"的象征。但是,孙中山的确是提倡在中国通过革命实现资产阶级理想的第一人。

——以上两例选自《云下边的山》

仅从例1的画面角度来看,观众只能得到这样一些直观、零碎的信息:时间——冬季,地点——北方、大森林里,人物——两位老人,行为——祭树神、给一匹白马的尾巴系红布条,生活环境——人烟稀少、食宿简陋,与我们的经验不同。但这究竟是在北方的哪一片林区?是冬季的哪一个具体时间?两位老人为什么要生活在这样一个地方?为什么要在树上雕刻头像?这是一个什么样的民族?这个民族有什么样的传统和风俗?为什么要在马尾巴上系红布条?等等,这一连串的疑问,观众无法从画面上找到答案,画面也不能够传达这些间接信息,这就需要解说词发挥作用,来完成这一任务。例2从画面上看是孟金福在跪拜月亮,祈祷月亮赐福,而祭月神的具体时间、原因则是由解说词告诉观众的。例3通过解说词把鄂伦春族传统的狩猎方法——蹲碱场以及现在蹲碱场的"收获"等这些间接信息传递给了观众。例4从画面上的全家福出发,解说词交代的是孙中山先生的家庭情况以及他对当时社会的看法。例5的画面是翠亨村全景及中山故居等,解说词则由孙氏房屋大门的朝向说到了孙中山先生的革命主张。以上这些解说词所起的作用就是补充画面背景,传达间接信息,这也是解说词的一个基本作用。

信息从形态上分可分为两大类，一类是直接信息，指事物的存在方式和运动状态。这是一种无序的信息，通过人的感官引起人的知觉活动。另一类是间接信息，这是关于事物存在方式和运动状态的陈述（如背景资料、数据、理论、观点等），是一种有序的信息，它通过感官直接影响人的理智活动。

电视画面能够把事物的运动状态和存在方式展示出来，让观众从中得到一种对事物的基本感性认识，但观众仅有这些认识是不够的，还需要了解更广、更深、更明晰的内容，即间接信息。当画面不能够完成传达间接信息的任务时，只有依靠解说词来进一步拓展观众的视野，满足观众的需要。观众把这两种信息结合起来，才能更清楚地理解片中所表达的意思。

2. 挖掘画面内涵，深化主题

电视画面只能通过事物的外在形象来叙事，间接地表现创作者的情感、思想、意志、态度等，对于内在的、精神的、抽象的东西往往显得无能为力。解说词正好可以弥补这一不足，明确揭示事物内在的、深层的意义，使电视片具有情感的魅力，散发理性的光芒。

例 1：

【画　面】	【解说词】
女儿刘苏找出几册多年来记录“每月一句”的日记	小小的日记本，是女儿成长的记录，也是妈妈在病榻上扶孩子走路的一只手。 ——选自《久病榻前母爱歌》

例 2：

【画　面】	【解说词】
大河	大河是傣族人的灵魂，它来自遥远的青藏高原，穿越大峡谷，横贯云南的中部，相传傣族人的祖先，曾居住在遥远而寒冷的北方，是这条河引导他们，找到了最后的家园。 ——选自《美丽中国》

例 1《久病榻前母爱歌》反映的是一对母女的故事。母亲，苏杭，一位作家，不幸患了严重的糖尿病，常年靠注射胰岛素来控制病情的发展。女儿，刘苏，初中三年级学生，品学兼优，多次被评为三好学生和十佳少年。该片通过这对母女的故事，反映了一种深刻、理性的母爱。“每月一句”是指母亲以每月送给孩子一句富有生活哲理的名言佳句的形式，对女儿的思想、品德进行教育，名言佳句就写在女儿卧室墙壁上挂着的一块白色留言板上。解说词用精辟凝练的语言把画面的内涵和意蕴扩张了、延伸了，深

化了主题,并引导观众进行深层次思考。

例2画面展示的是具象的大河,通过解说词的挖掘,观众体会到这条河就是傣族人的灵魂,有了这条河,才有了傣族人最后的家园。

3. 连接画面,对画面信息进行整合

画面传达的形象信息,往往具有一定的含混性、多义性,解说词可对处于无序状态的电视画面进行整合塑造,为具有多种解释可能性的画面创造一个明确的指示关系,为观众的感受理解提供一个规定渠道,使画面传递的信息更加准确明了。比如下面这个例子中,解说词所表达的内容是由一个字"山"串起来的,解说词同时又对画面进行了整合,画面仅仅是一些地方的全景镜头,观众单看画面,不一定了解编导的真实意图,解说词的出现为观众对画面的理解规定了一个渠道:

> 俗话说,无巧不成书。在中国近代史上,有这么一位先行者——他出生在广东香山;他少年时就读于夏威夷檀香山;他的衣冠珍藏在北京西山;他的遗体安葬在南京紫金山;他姓孙,名叫中山。他的生生死死都离不开这个"山"。是啊!他就是一座大大的山;他就是一座高高的山;他也是一座渴望见到太阳,然而始终未能见到太阳的山……
>
> ——选自《云下边的山》

4. 抒情

电视画面的表情达意是形象的,但也是间接的,解说词的抒情可以直接撞击观众的心扉,使之产生强烈的共鸣。有时,在精彩的纪实段落之后,人们会觉得有话如鲠在喉,不说不快,这时用解说词加以抒情,说出观众想说的话,将累积的情绪加以释放,可以说是水到渠成。当然,这必须是在有话要说,乃至不得不说的情况下才可以使用解说词的。

例1:

【画 面】	【解说词】
一群天真的小学生身穿民族服装,在70多岁的刘炽的带领下打腰鼓,刘炽边打腰鼓边动情地喊道:"嘿!嘿嘿!"	如今刘炽仍然喜欢腰鼓,毕竟是因为打起腰鼓使他回忆起过去那些难忘的岁月,而且在腰鼓的震撼力里,常常让他感到一种民族的精神在召唤他,这种精神融入了他一生的音乐创作中,也融入了他整个生命里。 ——选自《作曲家刘炽》

例 2：

【画　面】	【解说词】
夜晚，草原，燃烧的炉火	草原上的夜，一切都凝固了，生命进入了梦乡。火还在跳动着，温暖着这位母亲的心……几多辛苦，几多慈爱，像这炉火一样，温暖着这个家。妻子、母亲，就像天上无声的星星在闪着光。亘古高原，多少辛劳的妻子和母亲，一代接着一代，点燃着生命之光。

——选自《格拉丹东儿女》

例 3：

【画　面】	【解说词】
马克思逝世，瞻仰墓地，墓碑	1883 年 3 月 14 日，马克思坐在安乐椅上，安静地睡着了，他已经是永远地睡着了。人类失去了当代最重要的一个头脑。马克思去世后葬在伦敦郊外海格特公墓一个偏僻的角落。直到 1956 年，马克思墓才被迁到新址，并竖起一尊巨大的马克思铜像。

——选自《共产党宣言》

例 1 的一段解说词意味深长，与画面有机融合，不仅与片中延安人民打腰鼓庆胜利的画面遥相呼应，而且引申了刘炽教孩子们打腰鼓的意义：刘炽是在把一种民族的精神传递给孩子们。当年，这种民族精神曾召唤他写出许多鼓舞人心的乐曲，如今，这种民族精神仍融在他的生命里，他寄希望于孩子们，期待着他们把这种民族精神发扬光大。这一切，正是编导对刘炽内心世界的一种深切感受与共鸣。例 2 借画抒情，把母亲的心比作燃烧的炉火，比作天上无声的闪着光的星星，正是这些辛劳的妻子和母亲，燃烧着自己，点燃着生命之光。例 3 以平实的语言抒发了人们对马克思逝世的痛惜之情，画面上是无言的墓地、墓碑，解说词是有情的声音，使观众为之感动。

5. 增加情趣

幽默是武器，是一种力量，电视创作者应当掌握这种武器，拥有这种力量。创作者可以通过解说词的幽默生发出一种情趣和情调。幽默性的解说词表现出作者对画面的一种轻松和旷达的理解。幽默的文笔中，寄寓着作者的情致和感悟，因而在某种程度上它更需要作者独具慧眼和妙笔生花、点石成金的能力。

二、解说词的语言特点

解说词是诉诸观众听觉器官的一种文字语言，它是观众在观看画面时候听的，这决定了解说词的语言和一般语言艺术的语言是不一样的，它有自己的特点，它要利于观众看，帮助观众看，引导观众看。

1. 解说的文字中包含有一定量的潜台词

所谓潜台词是指在文字中没有直接说出来，但可以让观众感觉到其中包含有“请看画面”这样的意思，从而把观众的注意力引导到画面上。试分析下面几个解说词片段：

例1：

【画　面】	【解说词】
叠现出北京长安街、广安门、西直门相隔百年的照片	中国的发展变化是巨大的，也许，唯一不变的就是变化本身。

——选自《世纪宣言》之五：《世纪新篇》

例2：

【画　面】	【解说词】
	和话剧相比较，舟舟还是更喜欢京剧，因为京剧和音乐更接近。
舟舟在京剧院排练厅，舟舟练功，舟舟在后台化妆	大约在五六岁，舟舟就接触戏曲了，所以舟舟这两下也算是童子功，尽管这功夫还不到家。 挺忙活的后台，因为有了舟舟，显得更忙活了。 舟舟是那种到哪儿都能插一杠子的人，可要是真扮上相，他也是个角儿。

——选自《舟舟的世界》

例1的解说词很好地诠释了跨越百年的照片。古旧与新鲜，黑白与彩色，高度的反差造成了强烈的视觉冲击，使观众实实在在地感受到了中国的变化之大。例2的解说辞中“功夫不到家”的“童子功”、“更忙活”的后台、“扮上相”的舟舟这些语言的运用，让观众不得不看画面。

2. 多用指示性代词

指示性代词是指能指示、区别人或事物名称的代词，有近指和远指之分。近指用

“这”，远指用“那”。“这”、“那”可以单用，也可以组成复音。如果组成复音就包括这些、这个、这样、这种、那些、那个、那种、那样等，在电视片解说词中常用近指代词做主语和定语，代替时间、地点、人物、事件、思想、状态等等。解说词中的指示性代词主要起以下作用：

(1)吸引观众看屏幕

解说词要利于观众看画面、帮助观众看画面，就要考虑把观众的视线吸引到屏幕上。观众看电视一般处于随意收视状态，当听到解说词中有“这种、这样”一类的词时，不自觉地会产生疑问：“哪种？哪样？”于是要到画面上寻找答案，这样，解说词就有效地配合了画面。

例1：

【画　面】	【解说词】
人们在骑车，人们推着自行车跑步，年轻人不扶车把，飞快地骑	骑车是锻炼 不骑车也是锻炼 千万不能这样炼 ——选自《早起的北京人》

例2：

【画　面】	【解说词】
经过这样伪装的微型摄像机放在冰箱上、橱柜上等	人们把摄像机放在不同的地方，这儿有，那儿也有。 ——选自《我长大了》

“这样炼”是怎样炼？“这儿”、“那儿”又分别指的是哪儿？如果观众不看画面，可能会有各种各样的猜测，只有通过看画面，才能得到一个准确的答案，也就明白了编导的创作意图。

(2)避免或减少对画面的重复

解说词是对画面的补充、解释和深化、引导，对观众已从画面上看到的形象再作一番描述的解说是多余的，用指示性代词可以减少这种描述，避免画面重复。如下面几个片段：

例1：

【画　面】	【解说词】
不同角度、景别	这件宝物的名称叫翠玉白菜，据说是清代光绪皇帝瑾妃的

【画　面】	【解说词】
的翠玉白菜	陪嫁之物。
……	……
不同角度、景别的东坡肉形石	和翠玉白菜放在一起的这件宝物你千万别以为它是一块肉,这是一块清代的肉形石。
……	……
不同角度、景别的毛公鼎	这就是大名鼎鼎的毛公鼎,据考证,它是距今2800多年前周宣王时期的"国之重器",因制造者毛公而得名。

——选自《台北故宫传奇》

例2:

【画　面】	【解说词】
	在山上待的时间很长,悟出一点,游山玩水,不能光看景,还要看人,和你一样的游人。一旦投入大自然的怀抱,都会蹦出一颗童心来,天真得可爱,可笑,甚至还有点可怜。
一游人在瀑布下照相,断崖:游人照相,照片,两个主持人对话	断崖,就像断桥,一步之遥显示出惊险的瞬间。谁都爱在这儿照张相,不过,这两块石头的距离究竟有多远,你看…… 跑遍山上山下,这个照相摊生意最火。他们垄断了这块石头,这块石头成了他们的摇钱树。利用透视关系把两块相隔很远的石头拍成一步之差的断桥,这个小老板也喝过聪明泉水。他运用了科学原理,也借用了这里的一段传奇故事。不过,到此一游的人,未必说得清楚。

——选自《庐山》之《山趣》

例1讲到的翠玉白菜、东坡肉形石、毛公鼎的形状、颜色等外在形象观众已从画面上看得清清楚楚,所以解说词就无需对其进行描述,用指示性代词代替,避免了与画面的重复。

在例2这个段落中,解说词生动有趣,简洁明快,共用了9个指示性代词,分别代替了无生意可做的小老板、断崖、断崖的两块石头、照相摊、生意红火的小老板等,既把观众的注意力吸引到了屏幕上,又避免或减少了对画面的重复。

解说词中运用指示性代词还可以用来代替事件复杂的过程、人物的思想、情感等,如电视片《最后的山神》中的一段:"一棵雕有山神的松树被砍伐了,孟金福见到时,有一种自己被砍伐的感觉。那以后的很多日子,孟金福再没有出去狩猎和捕鱼。"指示性代词"那"在这里代替了事件本身及事件对孟金福内心造成的影响。

3. 数字的形象化处理

电视片的题材会涉及各个方面的内容，解说词当中也必然会运用一些数字来传达信息。运用数字的目的是为了使传达的内容更准确，更有说服力。但解说词中数字的运用和一般文章中又不同，因为它是让人听的，而数字本身是很抽象的，如果数量又大，计量单位又很陌生，观众听起来可能就比较费劲，一时也难以理解。所以，如何让观众迅速理解并记住数字或仿佛能具体感觉到数字所表达的意义，也是解说词写作中应注意的一个问题。

(1)一般情况下，只告诉观众一个概数

严格来讲，数字应该是越精确越好，因为精确的数字才能传达准确的信息。但从人们听觉接受的心理来看，越是简单的东西越便于记忆。数字也是如此，越粗略简单，越有可能在观众头脑中留下不同程度的印象。如果太复杂，是不容易被大多数观众记忆的，观众记不住，报道者的良苦用心也就白费了，报道的最初目的和最终效果就不一致，作品的价值也就不能完全体现出来。所以，一般情况下，解说词中运用数字时，宜粗略不宜精确。以《藏北人家》中的一段解说词为例：

> 辽阔的藏北草原南部是雄伟的唐古拉山，念青唐古拉主峰海拔高达7000多米，在主峰的北边，有一个湖叫纳木湖，它是世界上最高的大湖。纳木湖高达4718米，面积约900多平方公里，当年到达的蒙古骑兵称它为腾格里海，意思是天湖。

这一段解说词中用了三个数字，其中只有在表示世界上最高的大湖——纳木湖的高度时用了一个精确的数字：4718米，其余两个数字均为概数。而这两个概数并没有影响观众接受准确的信息，因为在这里观众对这两个数字所表示的内容只需要有一个基本的了解，如果数字太精确，反而不利于观众记忆，给观众造成更混乱的感觉。但在表示世界上最高的大湖——纳木湖的高度时，运用精确的数字就是必要的了，在这儿用概数反而会让观众产生疑问，因为此刻观众想得到的又恰恰是一个准确的数字。

(2)给数字寻找一个可比量或参照物

在文学创作中，为了表达一个抽象的概念，常常会用大家熟悉的、形象的事物来打比方或作解释，使所要表现的抽象概念更容易让人们理解和接受。以古诗词中对“愁”的表现为例。“愁”是看不见摸不着，深藏于人心的一种思绪，是抽象的、外人不能够具体感觉到的，但诗词作者为了使读者更容易理解并与之产生共鸣，给“愁”赋予了许多形象的解释。于是，有了我们耳熟能详的“问君能有几多愁，恰似一江春水向东流”、

“白发三千丈,缘愁似个长”、“抽刀断水水更流,举杯消愁愁更愁”、“试问闲愁都几许?一川烟草,满城风絮,梅子黄时雨”等等这些传世佳句。滚滚向东流的一江春水不知道源头在哪里,也不知道流向何处;因愁而生的白发竟达三千丈之长,而“一川烟草,满城风絮,梅子黄时雨”更是数也数不清,诗词作者用这些人们眼中所见的熟知的事物来说“愁”,自然都能体会到这“愁”究竟有多深、有多长了。

解说词中对数字的处理也可以借鉴这样一种表达方法。一般情况下,人们能理解而且感兴趣的数字是与日常生活较贴近的小数字,而对那些浩大的、远离生活的数字缺乏感性认识,也不能理解其含义。因为数字毕竟是抽象的、生硬的,或者说是无法触及的,如果要使它变得具象,让观众听来具体可感、印象深刻,一个较好的方法就是给它寻找一个可比量或参照物,通过日常生活中人们熟悉的、看得见、摸得着的事物来比较,使枯燥的数字显得具体生动,使抽象的数字具有某种形象的感觉。以下面几个例子来进行分析:

例1:田家镇是个石头镇,据勘测,石头蕴藏量足有4亿吨,全镇人均近两万吨,如果将这些石头垒成1米高1米宽的石岸,足足可以绕地球10圈!

例2:人脑一共有差不多一千亿个神经元,每个神经元又会和一千到一万个神经元相连。这是个庞大的系统。

如果我们的每个神经元有针尖那么大,那么我们的大脑会增大成直径为5米的一个大球,可实际把大脑展开的话,能够覆盖四分之一平方米的空间,所以它才会放在我们的头骨里。

给数字寻找一个可比量或参照物的具体办法有不少。从修辞的角度考察,主要是运用比喻、对比、借代、衬托等修辞手法。

例1:上海究竟新盖了多少高楼、新增了多少电梯?记者问了许多人,都说不清楚。不过,上海电视台的一则消息很有趣味:建于30年代的24层的国际饭店作为上海最高建筑独领风骚50年,而现在,却只能排在900名以后。

这段话中运用数字一对比,人们自会展开形象的联想。因为国际饭店曾经独占上海最高建筑鳌头长达半个世纪,不仅上海人熟知,也为国内外许多人所熟悉,如今它只能屈居900名之后,确实是意味深长的。

例 2：今年成年产蛋鸡饲养量达 3,000 多万只，这些鸡一年产的鲜蛋，相当于三个像北京这样大的城市目前全年的鸡蛋消费量。

以上例句中用了“替代”的方法，让观众理解起来更容易一些。下面这个例子也用了同样的方法：

例 3：现在世界上人口增长的速度相当于每天一个林德兰，每周一个伯明翰，每月一个伦敦，每年一个德国。

给数字寻找一个可比量或参照物，注重的是给观众传达数字背后的意义，数量的多或少本身并不十分重要，而是侧重于数量可能带给观众的震撼和感受，观众无须记住数字，只要意识到了“那么多”或“那么少”，表达的目的也就达到了。当然，要运用好这种方法，需要创作者对所要表达数字的“震撼力”理解透彻，因为数字在这里不仅仅是一个数的概念了，它可能体现着一种精神，包含着一种赞美，蕴藏着一种力量，或鞭挞了一种丑恶。同时，还需要创作者有丰厚的知识积淀、丰富的联想能力和融会贯通的能力，以寻找最佳的、最有表现力的可比量或参照物。

4. 简称要慎用

在日常谈话、写作过程中，人们为了更方便、直接地表达和沟通，常常要用到简称，当然这是在谈话双方或作者和读者双方都明白简称所指的情况下。如果谈话对象、阅读对象不清楚简称所代表的全部含义，则会给交流和阅读带来困难，就需要谈话者进一步解释，在解说词写作中运用简称就更需要慎重。解说词是让观众听的，电视的声画转瞬即逝的特点使观众不可能有时间去细细琢磨刚刚听到的究竟是什么，听到不理解、不明白的简称，心里不免会产生疑问，还可能会产生误解，影响收视效果。解说词的语言必须让观众听得清楚、听得懂，而不要给观众造成雾里看花、模棱两可的感觉，使观众思考半天也不明其意，还耽误了对其他信息的接受。

简称从表面上看字数少了，句子简短了，似乎更有利于接受了，但观众看电视片不可能是一边拿着稿子，一边来听解说词的。在没有任何文字凭借的情况下，观众靠自己的知识、阅历、经验等来判断、理解解说词所表达的内容，如果简称运用不当，会给观众造成不必要的疑问和误解。

一般来讲，表义准确、结构科学、被人们所公认、进入全民语言系统的简称是可以用的，比如“政协”“扫黄”“打假”等，人们一听就明白，不会产生疑问。而小范围内使用的简称、行业内使用的简称因其不规范，没有在全民语言系统中流通而不能用在解说词中，否则，观众就无法理解。

比如这样两个句子：

例1：大兴安岭林区已超额完成今年到材任务。

例2：渔协在协调种苗、技术、价格等方面发挥着重要作用。

例1的"到材"指木材运储，是林业的缩略语，例2的"渔协"指渔业协会，它们都是在小范围内、行业内使用的简称，观众听了以后，一时无法从记忆中找到相应的知识来感知它，这就影响了对内容的理解。

5. 避免用同音不同义的词

现代汉语中有许多词意义完全不同，而语音形式(包括声、韵、调等各个方面)却完全相同，这样的词叫同音词。这里指的是同音异形词，即语音相同，但书写形式不同的词，如班(bān)——斑(bān)、娇气(jiāoqì)——骄气(jiāoqì)、公式(gōngshì)——攻势(gōngshì)——公事(gōngshì)——工事(gōngshì)、全部(quánbù)——全不(quánbù)、定势(dìngshì)——定式(dìngshì)、面包没了(miànbāoméile)——面包霉了(miànbāoméile)等。

这些词从视觉上容易分清，但用在作为声音语言的解说词中，有时会引起意义上的混淆，影响思想表达，甚至给观众造成误解。因为观众没有文字凭借，光靠听，很可能在理解上出现偏差，像把"经检验，产品全部合格"听成"经检验，产品全不合格"，把"常吃腌菜容易致癌"听成"常吃腌菜容易治癌"，把"一只油船"听成"一只游船"，等等。这样，观众不但没有接收到准确的信息，反而会出现相反的认识。所以，解说词在写作中要尽可能注意这一点，字斟句酌，仔细推敲，力求做到用词准确。而且，在正式录音之前一定要多读多听，如果有容易引起误解的字词，不妨再寻找一个表达意义相同的词来代替，避开消极的同音现象。视觉和听觉对文字的要求是不一样的，同样的词，我们看的感觉和听的感觉可能就有距离，像前面提到的几个词，如果只凭反复听而不实际看一看，是很难发现有问题的。

6. 精确、精瘦、精致、精神

(1)精确

现代汉语中用以表现同一类事物的同类词汇很多，但最确切、生动的词只有一个。精确指的是运用恰当的词语，如实地反映客观事物，准确地表达创作者的思想、情感、意志、态度，使所传达的意象符合画面所展示的内容，也就是要求概念明确，判断正确，没有歧义，从而做到信息传递"保真"。

电视片解说词要帮助观众深刻理解事件所包含的意义，要交代背景和传授知识，要和画面完美地配合，就必须做到语言准确。根据表达的需要，对词义的轻重、范围、褒贬、语体等加以仔细地分辨，认真地推敲斟酌，精心选用最合适的词汇和语句，向观众传达最准确的信息。《舟舟的世界》中有一句解说词："舟舟在乐团的首席朋友是刁岩。""首席"一词意指最好的、处在最佳位置的，在这里用来修饰朋友，既和刁岩的身份相吻合，又突出了刁岩和舟舟的关系。

(2)精瘦

精瘦是指解说词要用较少的文字勾画出复杂的场面，渲染出特定的气氛，刻画出鲜明的性格，表达出较丰富的内容，也就是语言蕴含的信息容量大，但不拖泥带水，没有多余的话。古人所说的"文约而事丰"，"篇中不可有冗章，章中不可有冗句，句中不可有冗字"也是这个意思。比如，白居易的《卖炭翁》中的"可怜身上衣正单，心忧炭贱愿天寒"一句，仅仅 14 个字，却把卖炭翁辛酸复杂的心理活动深切地刻画了出来。再如下面的解说词片段：

> 1945 年 1 月，苏联红军从德国法西斯的统治下解放了波兰首都华沙。人们陆陆续续开始回家。老城广场，已是一片碎石。陆续回家的人们来到这里，喂养战争中幸存下来的鸽子。战争就要结束，人们相信和平已经来临。
>
> 半个月后，苏联的斯大林、美国的罗斯福和英国的丘吉尔在克里米亚半岛的雅尔塔商议战后事宜。一个新的世界政治格局产生了。
>
> 然而，这幅政治版图不久便被画上了新的标记。一年后，丘吉尔说了这样一句名言："一道铁幕已在整个欧洲大陆降下。"和平鸽无法穿越这道铁幕，世界被划分为东方和西方。
>
> ——选自《大国崛起之大道行思》

(3)精致

精致是指韵律美与韵味美。元音在汉语中占优势，再加上声调的抑扬变化和音节的长短配合，使得汉语富有音乐性。在写解说词时，利用声调的平衡交替，可以制造抑扬顿挫、音律和谐的效果，增强语言的色彩，使观众愿意听、喜欢听。语音的高低、升降、长短的变化形成了声调，不同声调互相配合、平仄交错，会产生音调和谐、委婉动听的音乐美，不但从听觉上给观众带来美的享受，也有利于引发感情上的共鸣。

①多用双音节词

单音节词只有一个音节，声音短促，一闪而过，不容易听清，而双音节词有两个音节，存在的时间长一些，让人听起来在脑子里有回旋吟味的余地，给人留下的印象要比单音节词深一些。更重要的是双音节词的双音变化能产生声调的变化,形成匀称的节奏,同时双音节词也给人一种整齐匀称的感受。

另外,单音节词的词义比较概括,双音节词因多了限制,词义比较窄,也更利于提升表达的准确性。

②句子整散结合

所谓整句,就是指两个以上结构和字数相同或相近的句子连用,字面和音节都较整齐。而散句就是结构不整齐,各种句式交错运用的一组句子。整句和散句各有不同的表达效果,整句整齐,音节匀称,往往带有典雅庄重的色彩。一般是作者想把感情的重心放在什么地方,这个地方就用整句来表达,它起到强调的作用。例如这样一段话:

> 在古老的年代,玛瑙河对岸是一片森林,森林边上的村落里,有一个名叫米拉多黑的年轻人,他是一个出色的猎手。
>
> 论力气,米拉多黑能和野熊摔跤。
>
> 论人才,米拉多黑像天神一般英俊。
>
> 论性情,米拉多黑像一个温柔的少女。
>
> ——选自东乡族民间故事《米拉多黑》

这段话一开始就交代故事发生的时间、地点,用了散句,等介绍出故事的主人公后,就连用三个排比句来着重表现他的特征,使人们领会到作者在这里所要强调的内容。

散句参差,自由洒脱,人们平时说话写文章,用的主要是散句。整散结合、散整交错,整齐中有变化,匀称中见参差,这样的语句听起来音韵有致,既生动活泼又气势连贯,增加了语言的美感。

③避免把声音相近似的字组合在一起

解说词要讲究语言的流畅悦耳,就要注意词语间声音的搭配。声音配合不好,就会拗口刺耳。人们通常所说的绕口令,有许多就是把声音相近似的一些词放在一个情境中,从而造成念起来费劲,听起来也很吃力的感觉,达到绕口的效果。但写解说词时,就要避免把声音相近似的字组合在一起。如“黄土高原和河套平原”听起来就没有“黄土高原与河套平原”顺口。再如,把“浙江安吉适合竹林发育成长,其绿林蓄积量居全国之首”改为“浙江安吉适合竹林发育成长,它的绿林蓄积量位于全国之首”就顺口得多了。

④平仄相协

普通话的阴平、阳平、上声、去声是从古代的平、上、去、入四声演变而来的。所谓“平仄”中的平是指古四声中的平声，“仄”是古上、去、入三声的总称，平仄相协就是要注意声调的协调运用，同一句子中要注意平仄相间，不同句子的末尾要注意平仄相应，一般是前仄后平，也就是前一句用仄声收尾，后一句用平声收尾。如果注意这种平仄的调配，读起来就抑扬有致，听起来则悦耳动听。

如果一句话里没有声调变化，一段话的句与句之间没有起伏，听起来就都是一个调，没有流动感。如下面一段话：

> 是四月天，天上没有一丝云，日头光炎炎的。风是又闷又热，地上干裂了缝，有一指宽。这是副产区，以果菜为主。果树焦了梢，菜儿蔫了叶，一连八个月就没有下一场像样的雨。

这段话在句式运用、音节配合上都有不少毛病，句子零碎，没有统一的格局，仿佛是一个没有统一指挥的乐队，各看各的谱，各奏各的调，在声音上也很不顺耳，尤其是最后一句，一共 15 个字就有 11 个仄声，“场”像“样”三个字的语音还很相近，念起来吃力，听起来也很沉闷、单调。

⑤押韵

押韵指的是不同语句中的同一个位置上都运用韵母中韵腹相同或韵腹、韵尾相同的字。押韵通常都押在句尾，所以又叫“韵脚”。韵脚的前后呼应，不但使语言朗朗上口，还给人一种语气的流动感和节奏感，产生音律的回环美。如电视片《这山、这水、这森林》中的解说：

> 有人说竹有一种君子之风，
> 有人说竹有一种志士之性。
> 而井冈的翠竹，又增添了一种战士之情。
> 它使井冈常绿，它使井冈常青……

著名语言学家王力曾经说过：“音乐和语言都是靠声音来表现的，声音和谐了就美，不和谐就不美，整齐、抑扬、回环都是为了达到和谐的美。”解说词语言为听而写的特性决定了写作者更要注意声音的和谐问题。当然，调整文字的声律，也不可影响语言表情达意的作用，因为增一字，减一字，换一字，声律变了，文句的意思也可能随之有所变化,所以要从意义和声律两方面来考虑,以意为主,不可以音害意。

解说词要达到精致,突出韵味美和韵律美,不是单纯地掌握字音、声调,不是好词好句的堆砌,更不是那种故弄玄虚的文字游戏,而是常态语言的升华、审美语言的凝结。这是表情达意的需要,通过字、词的巧妙组合,给观众以亮丽的思想格调和美的感受。

(4)精神

精神是对解说词语言的一种更高的要求,也就是语言要生动、传神,听后令人为之一振。古今传诵的宋祁的《玉楼春》中的"红杏枝头春意闹",一个"闹"字写尽了一派大好春光,使语言充满了活力。张先的《天仙子》中的"云破月来花弄影"一句中,一个"弄"字把月夜景色描绘得有情有致。

7. 段落较小

解说词只是电视片的一个表现元素,解说词解释、说明、补充的作用要求它的每一个段落都相对较短,不需要事无巨细,只需要点到为止,起一个画龙点睛的作用,否则就是画蛇添足了。比如下面几个片段的每一个段落都非常小,甚至一句话就是一段,这样的语言特点正是配合了画面的需要。

例1:

新 世 纪

光绪二十五年腊月初一,和往常一样,紫禁城里显得异常宁静。光绪因病破例没有去圣母皇太后慈禧面前请安。早朝更是在两年前就取消了。

这一天是公历纪元1900年元旦。在地球的另一端,新世纪正给人们带来新的希望。

在意大利,为了迎接新世纪的到来,罗马歌剧院正在上演普契尼的新作《托斯卡》。剧中的爱情故事感染了千万观众,风靡一时。

在法国,万国博览会如期举行,它向人们展示着工业革命的最新成果。

在美国,经济学家用"繁荣的恐慌"来形容经济的上升势头。

从18世纪中叶开始的工业革命浪潮席卷欧洲和北美洲,不到一个半世纪,昔日的田园、小镇已经成了工厂与都市。进步成了人们深信不疑的信条。

进入20世纪,人类的另一个显著的变化是摄影机的出现,人们开始用它将自己所经历的一切记录下来。

在中国电影资料馆,我们还能看到这种当年时髦的机械。

那台产于1896年的手摇电影摄影机是摄影机的老祖宗,完全凭手摇来驱动快门、完成拍摄。

第一代的摄影机为我们记录下了世纪之交的中国。在中国电影资料馆收藏的一些当时的影像资料中，我们看到开埠半个世纪的上海，正在成为外国冒险家的乐园。

天津的那段老城墙，一年后在八国联军的逼迫下被迫拆除。

北京的出殡场面，显示着天子脚下的排场和奢侈。

广东是大多数外国游客登陆中国的第一站。此前的鸦片战争就是从这里引发的。

在香港，外国人喜欢的交通工具是中国人抬的轿子。他们享受的是古老中国的舒适，英国人已经在这里统治了半个多世纪。

100 年前大清帝国的斑驳影像提醒我们，新世纪到来的时候，中国与世界的距离正越拉越近。

这年春节之前，北京下了一场雪，瑞雪兆丰年。这场雪将会给中国带来什么呢？

——选自《百年中国》之十《风雨世纪初》第一部分

例 2：

在湖北荆州市的护城河边有一大片老式的居民房，在许多人眼里这里就像是“城市里的村庄”。搬来迁走的住户，常使邻居三年五载就换了面孔。不过，有一户特殊的人家在这里生活了 40 年，从未搬离，而且一直被住在这里的人们关注着。

这个家里的爷爷叫许昌海，今年 67 岁，是沙市灯具厂的退休工人。奶奶叫刘桂英，今年 65 岁，一直没有正式工作。

家里唯一的儿子叫许志有，今年 37 岁，是夫妇俩当年收养的弃婴，养到两岁时才发现是个残疾儿，不会走路，不会说话，生活完全不能自理。

10 岁的许星星健康、聪明，是这个家里的孙女。她也是爷爷奶奶通过民政部门正式收养的弃婴，她从小把许志有叫爸爸。6 岁时，爷爷奶奶送她上了学。

——选自《特殊家庭》

例 3：

竹乡赏竹

……

杆杆修竹，片片竹林，集清幽淡雅于一身。进竹林，悟修竹气节，无言之处，想到的是正直。

竹置霜雪而不凋，历四时而常茂。竹未出土时便有节，集凌云处尚虚心，品质卓然，所以自古至今，有许多文人墨客酷爱画竹、咏竹。

“咬定青山不放松,立根原在破岩中。千磨万击还坚劲,任尔东西南北风。”清代郑板桥赞赏竹几乎不留余地。而在郑之前,宋代大诗人苏东坡更是迷竹、恋竹。他曾写下“可使食无肉,不可居无竹”的诗句。

不过常与竹为伴,久而久之,大概也难有诗人那般心境。此时的小同学所感兴趣的应当说是我们的摄像机了。

竹乡处处可看到竹,而且竹的种类繁多,异乡客到竹乡自然有不同的感觉。

竹经过长期分化变异,出现多种类型。有正的,也有不正的,有圆的,也有不圆的,有高的,也有矮的。总之,不同类型的竹有着不同的体形、不同的面目。

人们常见的毛竹,应当是竹类家族中的美男子了。它身躯高大,坚贞不屈。

这种竹与毛竹大不相同,它节节不正,形似龟甲,所以人们给它起名为龟甲竹。

方竹躯干略呈方形,这在植物界恐怕是极为少见的。

竹从色泽来分,有的是翠绿色的,有的是金黄色的,有的节黄节绿,区别也很大。

斑竹身躯都有斑点,形似泪痕,故而留下了一个“斑竹一枝千滴泪”的故事。

既然有甜竹,或许也有苦竹。苦与甜只能从竹笋的味道来辨别。

竹也并非都有凌云之志,如席地而坐的匍地竹等更像是一种藤类。

……

——选自《竹乡赏竹》

8. 各段落之间相对独立

在进行一般的语言创作时,句与句之间的逻辑关系,段与段之间的启、承、转、合都是非常讲究的,而解说词的相邻段落传达的可能是毫无关联的内容,解说词中“缺失”的那些内容正是它不擅长表现的内容,由画面或其他的表现元素承担了。比如下面的解说词片段,单看解说词会给人非常不完整的感觉。

【同期声】 臧鸿的叫卖声

【解说词】 听了这京腔京韵的老北京叫卖,看着臧鸿老爷子的这一身打扮,您可不要以为这是在某部影视剧作品中。知道我们电视台要给他拍电视,臧老爷子可是把全身的劲儿都使出来了,别看他人长得粗粗拉拉的,可对展示他那原汁原味的老北京叫卖,还有推销他自己,老爷子心里头可是清楚着哪,要不,人们怎么总说他是卖吆喝的人呢!

(黑场)

【字　幕】 臧鸿家

【同期声】 臧鸿看挂历,与老伴儿交流

【解说词】 眼瞅着就快要过年了,每到这个时候,臧鸿老爷子就特别地忙,这挂历上凡

是写着字的，都是他的活动安排。今儿他要去一趟王府井小吃街，因为那儿过两天开张，请他过去当司仪。

【同期声】让老伴不要等他吃饭

【解说词】要说这些年，北京的变化可真大，有些地方变得连臧鸿老爷子这样的老北京人都快认不出了，这令老爷子感慨万分。说起他为什么干起卖吆喝这行当，还得从1981年为电影《伤逝》配音说起。那一回，配了几声老北京的叫卖，就挣了200块钱，这的确让臧老爷子打心眼儿里高兴了一阵子。一来二去，现如今的他不仅为100多部影视剧配过音，还成了许多商家的座上客。

——选自《卖吆喝的人》

三、解说词的修辞手法

写解说词虽然不是文学创作，但因为它的主要形式母体依然是文学创作，所以，也包含了极其浓厚的文学色彩和文学基因。解说词中也要用到一些修辞手法，在运用这些修辞手法时，一方面有一般文章写作共同的规律，另一方面，它又有自己的特点，这就要求以画面为基础，从画面内容或形象出发，去创作与画面配合密切的生动的语言，给观众带来一种特殊的听觉效果。

1. 比喻

(1)比喻的修辞手法在电视片中的作用

文学作品运用如珠妙喻，可以使形象刻画得更生动，氛围创造得更和谐，人物心理揭示得更深刻，作品主题表现得更突出。日常生活中运用比喻，可以使通俗包含理趣，让说理使人愉悦。那么，在电视片中运用比喻又有什么样的作用呢？

①变抽象为具象，变无形为有形

在描述性语言中，可以直接辨认出现实生活中熟悉和亲近的那些事物，树就是树，房屋就是房屋，一切朴素自然。而比喻性语言不是直接描绘的，它有喻体与本体之间的区别与联系。以著名诗人余光中的小诗《乡愁》为例：

乡　　愁

小时候，
乡愁是一枚小小的邮票，
我在这头，
母亲在那头。

后来啊，
乡愁是一方矮矮的坟墓，
我在外头，
母亲在里头。

长大后， 乡愁是一张窄窄的船票， 我在这头， 新娘在那头。	而现在， 乡愁是一湾浅浅的海峡， 我在这头， 大陆在那头。

诗中用“小小的邮票”比喻作者少年时代乡愁的骨肉之情：母亲牵挂儿子，儿子想念母亲；用“一张窄窄的船票”比喻作者青年时代乡愁的恋人之情，这是青年男女之间的思恋和向往；用“一方矮矮的坟墓”比喻作者中年时代乡愁的生死之情，这是一种只能埋于心底、无法在两者之间传递的刻骨铭心的思念——墓里墓外虽然只有咫尺，然而却又是那么遥远；用“一湾浅浅的海峡”比喻作者晚年时代乡愁的故国之情，海峡虽然“浅浅”，但是故国之情却是深不可测。作者的情感层层深入，步步递进，它绵远深长，回味不尽。作者“乡愁”的内涵和境界，随着自己的成熟和时代的发展，得到不断的深化和提升，从个人和家庭的亲情，扩展到海峡两岸的爱国之情。这就使“乡愁”具有鲜明的时代色彩。“愁”是看不见、摸不着、深藏于人心的一种思绪，而在余光中的诗中，它变得具体有形了。在电视片解说词的创作中，利用比喻这种修辞手法，也可以使创作者所要表达的思想、情感、观念等抽象、无形的内容变得形象生动，具体可感。比如下面的片段：

【画　面】	【解说词】
牧童赶着水牛，踏碎水田上的薄冰，慢慢犁开了土地	春天，在江南的田野上，移动着她的脚步。 ——选自《早春》

②引导观众思路，引发观众联想

电视画面转瞬即逝，不可能让人们像欣赏一幅画或照片那样长时间地思考。观众的文化水平、审美需求各异，经历、性格各不相同，对同一幅画面的理解也就不尽相同。创作者在解说词中运用比喻的手法来引导观众的思路，使观众能够把画面和解说词结合起来展开丰富的联想。还以伊文思的《早春》为例：

例1：

【画　面】	【解说词】
草原、白雪、牛群	牛群脚下的白雪，引起人们的幻觉，那不是雪白的牛奶在草原上流动？

例2：

【画　面】	【解说词】
一个小女孩擦去农舍窗户上的	春天，已经像贴在窗户上的一张红润的面孔

窗花，把胖胖的小脸紧贴在玻璃窗上	那样，离我们不远了。

例 3：

【画　面】	【解说词】
一群鸭子在小溪里从远漂游而近	“春江水暖鸭先知”，春天，已经从水面上漂游过来了。

在以上三个段落的解说词中，作者按“相似联想”的脉络，从画面主体出发，把画面主体与作者所要表达的内容内在、外在的相似性通过比喻的手法表现了出来，使观众产生联想：由牛群脚下的白雪联想到雪白的牛奶，由鸭群下水联想到春天的来临，由一张充满朝气、充满希望的红润的面孔联想到人们对春天的渴望是严霜遮挡不住的。

除了用解说词来引导观众以外，创作者还可以用画面、音乐等来启发观众，使观众进一步深刻理解创作者的表达意图。

《西藏的诱惑》表现了四位对艺术有着执着追求的艺术家，片子的片头和片尾都有四位僧人朝圣的画面，作者把四位艺术家和四位朝圣的僧侣交织在一起，目的是引导观众的思路：“艺术的宗教和宗教的艺术在西藏这片土地上的确难以区分。艺术家是站着生活，僧侣则是跪着生活，而作为一种人类精神——信仰与信念又浑然一体。”①

③创造一种意境

意境是中国古典美学传统的一个重要范畴，它指的是一种情景交融的境界，在情景交融的境界中让人们领悟出无穷的“象外之象”“景外之景”，获得蕴藉隽永、余味无穷的美感。电视片《小岛拾贝》中有这样一段：

【画　面】	【解说词】
古老苍劲的椿树，片片绿色的叶子，层层的石头台阶，静静的小楼，弯弯的小路	古老的椿树，每一圈年轮里都绕进了生命的旋律。 摘一片绿叶，她会轻声吟唱。 庄严的石台，每一阶梯，都像一个忠于职守的琴键，踏上去她会叮咚作响。 每到傍晚，静静的小楼里便传出隐隐的琴声，那琴声如纱似雾，在杳无人迹的路上缭绕回萦。

美妙的景色加上美妙的表现手法，构成了一种意味深远的艺术境界。观众在欣赏

① 刘郎：《再造它蛮荒悲壮之美》。

画面的同时,结合解说词对画面景物的抒情,会对画面有一个更深刻的理解。

(2)电视片中运用比喻手法的三种类型

①解说词中运用比喻手法

解说词中的比喻,是以画面中的内容和形象为本体,或从画面内容出发,以和画面有关的思想、理念等抽象内容为本体,通过接近联想、相似联想等心理作用,来达到兴和比的效果。在解说词中运用比喻时,比喻句的本体分别由画面和解说来表示,而喻体则只出现在解说中。

以下列解说词片段为例来分析:

> 如果说中国传统文化是一座园林,而真正的园林就是其中的一方小园。她虽然不大,但可以通达传统文化的任何一个领域。如果说中国传统文化是一道幽深的长廊,而真正的园林艺术就是一方长廊里的漏窗。她虽然精小,但可以窥见传统文化百亩方塘的全貌。
>
> 在古老的姑苏漫步,人们有时也会产生这样的联想,那便是:如果将构成小巷的民居比作一首首朴素的民谣,那么,那些曲径通幽的苏州园林,便是一首首高雅的诗词,因为对照所有描写深远幽庭的古代名篇,你都会在苏州园林里找到古人们描写的景物。想必当年园林的主人和造园家们造园的时候,就像炼句一样,精心打造了这些精美的厅堂斋馆、楼榭亭台,使之成为一首首诗词精品。
>
> ——选自《苏园六记》之三《深院幽庭》

以上片段是从画面内容出发,以中国传统文化和苏州园林互喻,使观众更深刻地领会到苏州园林的文化内涵。

解说词中运用比喻手法,充分挖掘了画面的表现作用。创作者准确地从画面中抓住了切入点,张开联想的翅膀,使解说的语言丰富了起来。而丰富了的解说词又把观众的想象力扩展了,观众在接收这些解说传递的信息时,本能地对画面事物由感知进入到真知。

②隐喻

创作者还可以通过运用隐喻的手法丰富作品。这分为以下几种情况:

其一,通过镜头的对列实现。也就是用一个形象的意义来说明另一个形象的意义,使镜头内部产生一种联系,从而引发观众的一种心理联想。如电视片《迎接挑战》中,用体育比赛的镜头和各种科技发展的镜头交叉组接,达到一种隐喻的效果:当今科学技术的发展正像体育场上的比赛一样处在一个激烈竞争、飞速前进的时代，谁不奋力拼搏，勇敢向前，谁就赶不上时代的发展，就要落后。

其二，通过景别的变化实现。《沙与海》表现的是住在沙漠里和海边的两家刘姓人家的故事。他们在不同的自然环境中，表现出几乎相同的生存意识。不管是贫穷还是富裕，他们一样要和自然搏斗，同时又顺从着自然给予他们的束缚，他们不断在毁灭中建立自己的希望，又只能一次次将希望寄托给下一代。片子中有打沙枣一段：茫茫沙漠中只有两棵老沙枣树，一天父子俩去打沙枣，沙枣落在沙子里，父亲用手一颗颗把它们从沙子里挑出来，茫茫的沙漠中只有两棵沙枣树和两个渺小的人。这是一段很平常的生活场景，但创作者在表现这个生活场景时充分运用不同景别的表现力让观众产生了不同的感觉，达到了一种隐喻的效果：先是用一系列特写镜头，如父亲捡沙枣的手的特写、脸部的特写、沙枣的特写等，把沙漠里生长东西的不容易及人们对自然的赐予无比珍惜的内涵表现了出来；之后景别逐渐变大，镜头逐渐拉开，再加上音乐对情绪的渲染，使观众从这实录的生活场景中感到一种沉重的生活意味——辽阔的沙漠，渺小的人形，隐喻了人与自然的两元对立；而手在沙子里捡沙枣的长长的镜头，象征了人们对生命的爱惜与渴望。

③解说词中运用比喻手法和画面表现隐喻效果相结合。《半个世纪的爱》是一部讲述金婚夫妇的电视片。几十对金婚夫妇，尽管经历不一样，职业不一样，但一样风雨兼程，一样恩恩爱爱、牵手相携走过了五十年，走到了人生的暮年。创作者在片头和片尾都用了秋天落叶纷飞、满地金黄的画面，并且都配以蕴味丰富的解说词。片尾的解说词是这样写的："尽管生命像一片树叶，终究要告别枝头，复归大地，但它却把一生中最辉煌的色彩献给了大自然。任何人、任何事物都有自己的季节，人生的暮年不也像秋天飘落的片片树叶吗？那几十对金婚夫妇也终究要离开对方，走完自己的人生旅程，但他们把自己最美好的一切献给了挚爱的对方，献给了社会。"

在具体的运用比喻手法的过程中还需要注意这样几个问题：

其一，在解说词中运用比喻必须依托画面。电视节目以视为主，没有画面就没有电视节目，解说是画面的解说，离开画面，解说词将不能独立存在。在解说词中运用比喻必须以画面内容为主体，以让观众在接收解说传递的信息时，本能地同画面形象联系起来，产生联想，从而更好地领会创作者所要表达的深刻内涵。这就要求创作者有敏锐的观察力，善于发掘、捕捉画面中那些最感人、最富有寓意的细节，作为自己遣词造句、展开联想的动机，还要有丰富的想象力，因为想象在艺术创作活动中起着很重要的作用，创作者可以根据自己的生活经历和生活体验，展开想象的翅膀，使解说词与画面在时间、空间或性质等方面产生对位式的联系；或是诱导观众的逻辑推理和概括力，使画面的含义再一次获得升华;或是根据画面和文字语言在形象上的逻辑联系使解说词与画面在意境上彼此烘托、共振。

其二,隐喻不能太生涩。在隐喻中,喻体和本体之间的关系是隐蔽的,事实上,被比喻、被指代的那个东西并不出现或出现得不显著,而是用另外一种东西将它代替。人们在欣赏时,结合自己的体验和理解去领会作品中所蕴含的深刻内涵。由于没有明确的所指,隐喻的特点落脚于它的隐秘性和综合多义性,这是它的长处,但如果处理不当,便会使之晦涩难懂,犹如雾里看花,若隐若现,几经思索也难以找到一个正确的理解。

其三,比喻不是装饰品。好的比喻新颖、贴切,含蕴丰富,韵味悠然,既能很好地为作品服务,又能显示出创作者卓越的艺术匠心。比喻绝不是单纯为了增加作品情趣的装饰品,而应是整个作品机床上一颗颗坚实的螺丝钉,它担负的艺术使命是不可或缺的。

总之,妙喻是承载思想的舟,舟的制作本身是一种艺术,同时舟也可以独立欣赏。

2. 其他修辞手法

(1)对比

对比联想是解说词补充画面信息、挖掘画面内涵、提升画面意境的又一修辞手法。人们由对某事物的感知或回忆,联想到具有相反特点的事物,这也是经常发生的心理作用。对比手法的运用,就是建立在这种心理作用的基础上的。

对比联想的运用,显著的作用是突出和强调创作者所要表达的事实、观念、情感等。例如下面这个解说词片段就是通过对比突出了宗教伴随人类度过的漫长岁月。

> 多少寺院荒废了,只剩下一堆残砖,一块断瓦,一片鸟羽,一支鸦翎。
>
> 多少寺院又拔地而起,但只见一派香火,一檐金瓦,一桌祭品,一队旗幡。
>
> ——选自《西藏的诱惑》

对比联想的运用,具有强烈的抒情意味,使作品活泼生动,跌宕多姿,比如下面这个解说词片段:

> 当乌镇的文化年龄和一个文明古国的历史相映照时,它的身上便秘藏起了无数的含蓄。它可以光耀百世,却又不急于争宠。它已经很成器,却又远远地、静静地、悄悄地躲开风韵的艳羡,藏下一个不羼杂的古镇绝响。
>
> ——选自《乌镇春秋》第一集

解说词中运用的对比手法主要包括：解说词之间的对比，解说词和画面之间的对比，解说词和其他声音语言的对比等。

(2)反复

一般来说，写解说词力求简洁，避免重复使用一个词语或连续使用同一个句子。但在一定的语言环境里，为了突出某个事物，强调某种情感，就常常对某个词语或句子进行重复，以加强语言的表达效果。比如下面的解说词片段：

例1：

特别令人感兴趣的是，全村的一切建筑和设施，好像都离不开石头——尤其是鹅卵石：

墙是鹅卵石的，
门是鹅卵石的，
路是鹅卵石的，
井是鹅卵石的，
这宛如波斯地毯、新疆地毯的地也是用鹅卵石编织出来的。
这石头城的方方面面，我们能不能把它们称作是鹅卵石文化呢？
这文化就起源于涓涓滔滔、坦坦荡荡的楠溪江。

——选自《楠溪江》

例2：

石头，记载着我们祖先的聪明与才智。
石头，记载着我们民族的悲愤与耻辱。
石头，铭刻着英雄遥远的理想。
石头，铭刻着历史沉重的脚步。
石头变作生命，是企图求得永恒。
石头走进历史，是为了让人记住。

不要说这些石头沉默寡言，不要说这些石头毫无声响，只要你理解这些石头，这些石头，便会向你讲述那些山呼海啸的典故。

——选自《鬼斧》

例3：

不论在海洋，不论在陆地，不论在天空，数以千计、万计、百万计的生命，都要定期地走几百公里、几千公里乃至绕着地球，进行大搬迁。

在搬迁中，强者求得生存，求得发展；

在搬迁中，弱者为种群的安全，也为种群外生命的延续作出了最无私、最彻底的奉献；

搬迁就是按照自然法则进行不可阻挡的筛选；

搬迁就是不以任何意志为转移的新陈代谢；

动物的搬迁给予人类多少思索，多少启迪；

多少催人泪下的真实故事，都来自于这永无休止的搬迁……

——选自《生命进行曲》(《动物世界》10周年特别节目)

上面这三个片段都对要突出和强调的事物进行了重复，例1中“鹅卵石”一词反复出现7次，突出了鹅卵石给楠溪江增添了无穷的文化魅力；例2中“石头”一词反复出现了10次，突出了“鬼斧神工”；例3中反复出现的“搬迁”一词，给观众一种强烈的震撼。这些词的反复出现不但没有累赘之感，反而还制造了一种震撼和鲜明的节奏感，达到一种特殊的听觉效果。

解说词中运用反复这种修辞手法的作用有以下几个方面：

①放大或突出、强调某种事物、意境、现象等。

②不断提醒观众，引发一种震撼的感觉。

③形成节奏感和延伸感。

(3)排比

排比是用三个以上结构相似的并列语句，把相关的意思连续说出来的一种修辞手法。它语言整齐，条理清晰，一气呵成，读起来散中见整，音流婉转，连贯通畅；听起来回环往复，铿锵有力，犹如长江大河，一泻千里，有很强的艺术感染力。解说词中运用排比，其目的也主要是使解说词产生一唱三叹的独特抒情意味，并增强电视片的气势。

例1：

也许，就是在这样的环境中，当年的那些园林主人，在将手中的一方官印换作了几枚闲章之后，也将心中的仕途风雨换成了眼前的蕉窗之雨。

芭蕉，或可就是童年时代嬉戏玩耍的见证，或可就是少年时代寒窗苦读的伴侣，或可就是湮留他乡时忆故土的纪念物，或可就是归隐江南后十分亲密的知音……

——选自刘郎《苏园六记》之《蕉窗听雨》

例2：

幸福或许是“久旱逢甘露，他乡遇故知”的惊喜；幸福或许是“月上柳梢头，人约黄昏后”的甜蜜；幸福或许是“十年磨一剑，一朝得胜时”流下的泪水（奥运会，得金运动员亲吻奖牌，流泪）；幸福或许是“你耕田来，我织布；你挑水来，我浇园”（《天仙配》），幸福或许是“我想上茅房，就一个坑，你蹲那了，你就比我幸福。”（《求求你表扬我》中范伟的经典对白）幸福究竟是啥？每个人的理解都不尽相同，2006年国家统计局推出了“幸福指数”这一统计概念，具体内容包括就业、收入、社会保障、居住、教育、医疗、安全等方面人们的满意程度，一句话：幸福不幸福，数据说了算！

——选自《幸福蒋巷村》

例3：

如果说，在我们的星球上，有一个可以让全人类欢乐地走在一起的节日，那么，这个节日只能是奥林匹克；

如果说，在我们的一生中，有一件能够以自己精神与体魄的强健而赢得荣耀的事业，那么，一定是奥林匹克；

如果说，在我们的时代里，有一个不同种族、不同国家的人民借以寄托和平进步（之愿望）的“同一个梦想”，那正是奥林匹克。

——《同一个梦想》之《圣火重燃》

以上这三个片段都用了整齐的排比句，在内容上是创作者对表现对象的深切的领悟，是情感和思想的爆发；在听觉上是一种积累，是绵延不断的延续；在形式上是调动观众更多联想和想象的手段。

（4）拟人

拟人也是解说词写作时经常使用的修辞手法。这种修辞手法常常用在自然科学类的电视片中，目的是为了使抽象、枯燥的内容表达得更形象和生动有趣。

例1：

(马小钢解说)这里真像一个海底公园。几个潜水发烧友把好看的珊瑚和海洋植物移植到这里，从此以后，这里成了海底鱼类聚集的城市。因为所有海洋生物都面临着隐蔽、再生和逃脱的生存问题，而生长完好的珊瑚区生态环境恰恰满足了它们的需要，它们在这里生活得悠然自得。

(方燕妮解说)这就是那棵被张仁东移植到这里的金黄色的鸡尾草。这种植物是会移动的，大概也是觉得这里的生活环境不错吧，它竟然就在这里安家了。

(马小钢解说)看到这么美妙的景色，谁都会兴奋。方燕妮竟然追着我，要抢过我手中的摄像机。因为她发现了一个特大的海葵。

(方燕妮解说)当我游过去的时候，海葵的伴侣小丑鱼马上盯住了我。因为海葵就是她的家。不管她面前出现的是什么庞然大物，她绝不让开。她一直在我的镜头面前徘徊、阻拦。

就在我聚精会神地拍摄海葵时，那条小丑鱼狠狠地在我拿摄像机的手上咬了一口。

(字幕)

(方燕妮解说)我真没想到，这条小鱼会这么勇敢地捍卫自己的家园。在渐渐升出水面时，我突然觉得，我像一个被迫撤离的入侵者。

——选自《潜水日记》

例2：

这种首尾尖尖、身材修长的船，名叫舴艋船。世界上，好像只有意大利的威尼斯才有类似这种身材和体形的船。

这种船之所以两头尖，大概是为了进退方便吧。然而，宋代大词人、典型的苦命人李清照却说，这种舴艋舟“载不动许多愁”。

——选自《楠溪江》

例1中生活悠然自得而又勇敢捍卫自己家园的海洋生物，例2中身材特殊的船，作者都是通过拟人手法展现给观众的，非常传神，同时也拉近了观众和这些表现对象的距离。

(5)提问

在解说词中运用提问语气,目的在于掀起语言的波澜,加强语势,引人深思,从而增强节目的节奏感。解说词中的各种提问,也都应该是从画面内容出发所产生的联想和反应、感慨。

例1:

对潜水发烧友来说,多一个潜水员,就多一个海洋环境保护者。

对一些海洋旅游的开发商来说,多一个人玩海,就是多了一份利润和收入。

可是,对于大海来说,海洋旅游的开发是福还是祸呢?

——选自《潜水日记》

例2:

这是一支创造了历史的军队。然而,多年以来,人们对它的了解并不多,它真实的形象一直模糊不清。秦军强大的根源在哪儿?它靠什么建立了空前的丰功伟业?

……

陕西省的咸阳市附近的这个平台曾经是秦帝国的心脏:咸阳宫。就在这个地方,秦王嬴政发号施令,指挥秦军一统天下。两千多年过去了,咸阳宫变成了黄土堆,帝国的军队却找不到任何踪影。这究竟是一支什么样的军队呢?

……

秦军合围之后,立即派出一支轻兵部队冲击赵军。这支令人费解的"轻兵"应该有超乎寻常的攻击力,这个"轻"字又做何解释呢?

……

这些战士不但一人一个模样,他们的装束也明显不同。有的士兵戴着小帽,有的士兵却仅仅梳着发髻,这种差异意味着什么呢?这些戴着板状帽子的似乎是军官,可他们究竟属于哪个级别?难道两千年前的秦军就已经有了严格的军衔制度?

——选自《复活的军团》

例3：

君不见，走马穿行雪海边，平沙莽莽黄入天。

当你步入无边无际的腾格里瀚海，听不到一切声音，甚至觉不出大地在呼吸的时候，偶尔从远方传来一阵驼铃声，你会感到欣慰的。是啊，在这“流沙没径，人马惮行”的地方，历来能伴随人们艰难旅程的，只有这“叮当，叮当”的驼铃声；后来能够通行无阻的交通工具，也只有这摇摇晃晃的沙漠之舟了。

今天，骆驼意外地看到了火车这条流动沙漠上的“飞龙”，骆驼感到惊讶了。骆驼，你在想什么呢？

——选自《把名字刻在沙漠上的人们》

例1用提问式的解说引起观众的思索，启发观众去思考一个永恒的话题：环境保护和旅游开发。例2用提问代替刻板的陈述，目的是把观众的注意力吸引到作品的内容上来。例3借对骆驼发问来掀起语言的波澜，使创作者对把名字刻在沙漠上的人们的感情得到递增。

【优秀作品赏析】

福 禄 寿

（节日气氛，放鞭炮，贴对联）

爆竹一响，羊年大吉。在马年，我们的祝词是“马到成功”；羊年，就是“三阳开泰”[①]，祝各位好运。

（一家人贴年画，片名：福禄寿）

团聚、喜庆、欢乐。在送旧迎新的时候，我们谈谈福禄寿。

俗话说，“天上三吉星，人间福禄寿”。三星里面，似乎又是以福为首。所以，过年的一件大事就是祝福。

（倒贴“福”字，男孩跑出大门，“抬头见喜”，“回头望福”，杂技、鸟鸣、节目聚餐、婚礼）

正写的“福”字倒着贴，真是妙极了。正着贴呢？也好。

这叫“抬头见喜”。

① 人们常用“三羊”代替“三阳”，取其谐音——编者注。

这叫“回头望福”。

能看到好看的，叫有眼福；能听到好听的，叫有耳福；能吃到好吃的，叫有口福；婚姻美满叫幸福。取个名字都要叫阿福。我们真是眼巴巴地盼着福星大驾光临啊！

（福星连环画）

这位福星大名鼎鼎，他的出身来历却众说不一。有人说是天官，是原始天尊吐出来的，还有人说他是汉朝的道州刺史杨成。

当时，汉武帝每年要道州进贡侏儒，杨成上任后就奏了一本，说“道州有矮民，无矮奴”。武帝就免了这项进贡。道州人见杨成造福百姓，就请他做了福星。

（禄星、张亚子庙）

关于禄星的传说也不少。有人说他是天上的文昌星，有人说他是晋朝的张亚子，是专管人间功名利禄的。

（寿星：塑像、画）

寿星和福禄二位不同，他从不穿官服，见谁都乐呵呵、笑眯眯的，所以他的人缘最好。有人说他是南极老人星，有人说他是二八宿之长，总之是帮人长寿的。有趣的是，寿星最初是不拄拐杖的。到了东汉，兴起了敬老活动，凡是年满七十的老人，朝廷都赐给一支鸠头王杖。这以后，老寿星也就入乡随俗，拄上龙头拐杖了。

（幼儿园内老人和孩子在一起）

一到七十就能领支大拐杖的好传统没传下来，这是有点遗憾的。可也没什么。现在的老人大都身强体健，真发他一支大拐杖，说不定还嫌累赘呢！“人生七十古来稀”那样的老话，就不用再提它了。

（老年迪斯科、寿宴、寿礼）

老有所养，老有所用，老有所乐。正是：“莫道桑榆晚，彩霞尚满天！”

如今敬老的内容也更丰富了。不少单位引进了洋风俗，祝寿请老职工吃蛋糕，这挺好。有人呢，还是喜欢老传统，请老人吃长寿面。有的地方还用几十种馅包饺子（别担心，饺子很小，一两总共有三四十个吧），这在“好吃不过饺子”的地方，说不定就能兴起来。

祝寿，一般还都要有寿礼。

寿礼不在大小，它是一份心意，是一个纪念，是一种象征。它表明，晚辈或朋辈对当事者的尊敬。它还会让人记起过去的那些美好时光，愉快地走向明天。

（慈禧像、颐和园）

有的人就不像话了。据说慈禧为了给自己祝寿，居然挪用海军的造舰费修建颐和园。其实，这万寿山也曾是一份寿礼，是乾隆在他母亲六十大寿时，送给她的。用一座大山作寿礼,也够可以的了。

历代书法家都把福寿二字作为重点来研究。因为福寿双全已经成了美好生活的一种概括,一个象征。

(老人写福字:百福墙,百寿、千寿、万寿图,山上的大寿字)

100个天津人写了100个不同的福字,修了这座百福墙。这墙,悄悄地立在公园一角,并不惹人注目。人们从墙上,却不仅看到了天津人志得意满的心境,而且可以看出他们对美好未来的向往。

对寿字的研究就更下功夫了。人们写寿字,写各式各样的寿字;写百寿图,写各种风格的百寿图,还写千寿图。如今,万寿图也已经问世了。一个字居然出现上百种变化,就不能不说是人类文字史上的一绝了。吉尼斯世界纪录的主事者们是不是应该来开开眼界呢?

这个寿字从另一方面创了纪录:它高七米半,宽三米半,光底下这个寸字就有两米半。所以,当地人说"人高不过寸",至今还没人对此提出异议。这无疑是天下第一高寿,完全称得起"寿比南山"这句老话。

(福禄寿汉字变形,寓意画及有关作品)

我们对福禄寿的要求确实是多多益善。于是,文字演化成图案,汉字的谐音和形象的喻义也都有了用武之地。

如果你发现了蝙蝠,就应想到这是在说福;看到梅花鹿,也应想到禄;松、鹤是长寿的象征。至于桃子,是因为王母娘娘的蟠桃据说是几千年一开花,几千年一结果,是个长寿果。这些,就是我们花了上千年工夫、近百代人心血,选出来的吉祥图案和吉祥物。

民间艺人和画家在福禄寿的传播上更是功不可没。民俗学家、社会心理学家、历史学家和文艺家都曾得益于这份宝贵遗产。

至今,还可以见到明清时期流传下来的一些作品。有些鸿篇巨制已是凤毛麟角,不可多得了。

福禄寿却比比皆是。在衣食住行许多方面都可以发现它们的形象,观赏到它们的风采。福禄寿就在我们左右,就在我们身边,也就在我们心中。

(少数民族服饰上的福寿字)

福禄寿当然不仅在汉族地区供奉,在不少兄弟民族中,如苗、白、彝、土、壮等民族聚居区,也留下了他们的足迹。

(三星年画、节日礼花)

三吉星已飘然下界,来到羊年,与民同乐,并为我们带来好运。当然,谁也不好意思干等着，我们要加倍努力，创造更美好的未来。

【提示与思考】

《福禄寿》这部片子的解说词很好地体现了解说词的一些语言特点。表面看来，整个解说词非常散，它的上下篇之间不一定有联系，人们会看不出所以然，但所有的解说词又是紧紧围绕片子要表达的主要内容来写的，它是与画面、与片子的整体结构相适应的。它是一个结构完整的整体中不可或缺的一部分。另外本片的解说词都是短小精悍的，没有长篇大论，也没有嵌套的长句，因为它是为看而写、为听而写的，很容易让观众听懂，并深刻理解其中所表达的深刻含义。“短”中又包含着深厚的功力，不是随意而为的。

大国崛起之大道行思

1945 年 1 月，苏联红军从德国法西斯的统治下解放了波兰首都华沙。人们陆陆续续开始回家。老城广场，已是一片碎石。陆续回家的人们来到这里，喂养战争中幸存下来的鸽子。

战争就要结束，人们相信和平已经来临。

半个月后，苏联的斯大林，美国的罗斯福和英国的丘吉尔在克里米亚半岛的雅尔塔商议战后事宜。一个新的世界政治格局产生了。

然而，这幅政治版图不久便被画上了新的标记。1 年后，丘吉尔说了这样一句名言：“一道铁幕已在整个欧洲大陆降下。”和平鸽无法穿越这道铁幕。世界被划分为东方和西方。

60 年过去了。世界格局再一次发生了深刻的变化。

为纪念反法西斯战争胜利 60 周年，俄罗斯举行了盛大的庆典。与 60 年前 3 个大国在雅尔塔秘密安排世界秩序不同，这一次莫斯科请来了 60 多个国家的元首和政府首脑。但真正唱主角的，却是乘坐 60 年前的苏联军用卡车的 2,600 名二战老兵。

活跃在世界舞台上的各国首脑和历经沧桑的老兵一同进入了人们的视线。这一刻，历史离我们不再遥远，也不再是记忆的负担。

忽视过去的人，在未来行程里只是一个缺乏思想准备的匆匆过客。

忽视过去的国家，面对世界变局将不会有成熟的选择，甚至有迷失方向的风险。

走过 60 年，回首 500 年，一路巡看交相兴替的大国演变，我们要做的，其实就是一件事——让历史照亮未来的行程。

大国之谜

回顾500年来各个世界大国发展的历程,讨论大国崛起的关键性因素。单一的因素一定是错误的,但有一些共同的因素却值得关注:重视科学和教育,建立起适合本国国情的政治经济制度,善于学习但绝不简单模仿别国的道路,后发国家在国家力量主导下加快现代化步伐等。

1492年10月12日,这一天,大西洋强劲的信风将哥伦布的船队送上了梦寐以求的新大陆,也就此吹开了隔绝各个大陆的无形屏障。从这一天起,来自欧洲的航海家们用新航线连接起一个完整的“世界”。正是他们,用激情划破了海面幽蓝的平静,满载着贸易货物和火炮利器,在追求财富的雄心鼓荡下,启动了大国的旅程。

从此,大国、强国的兴衰,将不再是封闭舞台上自我演绎的故事,相互的注视、融合和冲突,影响着所有剧情的走向。

世界性大国出现了。那些拥有强大凝聚力的国家最先把机会抢到手里。

【采 访】中国北京大学历史学系教授钱乘旦(略)

【采 访】美国耶鲁大学教授保罗·肯尼迪(略)

当海洋注定要成为孕育大国的摇篮时,历史首先记住了葡萄牙的恩里克王子和西班牙的伊萨贝尔女王。

正是恩里克王子以国家名义来支持航海家们对未知世界的探索,使葡萄牙的航海大发现不再是孤立的个人冒险,而成了有计划有组织的国家战略。

当怀揣着航海计划的哥伦布同西班牙王室讨价还价时,伊萨贝尔女王在谈判中接受了这个普通百姓的利益要求。为了资助哥伦布的远航,女王甚至卖掉了自己王冠上的珠宝。但是,她却由此夺取了世界霸主的王冠。

近代世界历史的大幕,就这样从海洋上拉开了。但是,民族国家和海洋优势是大国崛起的决定性因素吗?在葡萄牙和西班牙之后,为什么恰恰是荷兰、英国、法国、德国、日本、俄罗斯和美国成为世界性的大国呢?人们能揭开沉淀已久的大国之谜吗?

【采 访】美国耶鲁大学教授保罗·肯尼迪(略)

【采 访】英国前外相杰弗里·豪(略)

【采 访】俄罗斯莫斯科国立国际关系学院阿列克谢·沃斯克列先斯基(略)

【采 访】法国高等社会科学研究院研究员皮埃尔·罗桑瓦隆(略)

【采 访】美国耶鲁大学教授伊曼纽尔·沃勒斯坦(略)

【采 访】英国诺丁汉大学教授郑永年(略)

在采访中我们发现:直到今天,大国之谜依然是一个难解的题目,各国学者提供的答案也是众说纷纭。一个有意思的现象是，上百位接受采访的国内外专家在谈论这个话题时，都十分看重思想文化的影响力在大国崛起中的作用。

英国首相丘吉尔有这样一句名言：我宁愿失去一个印度，也不肯失去一个莎士比亚。在成为大国的过程中，戏剧家莎士比亚的作品提升了英国的人文精神，科学家牛顿的力学定律开启了英国工业革命的大门，经济学家亚当·斯密的《国富论》为英国提供了一个新的经济秩序。他们的名字，十分醒目地写在英国走过的大国之路上。

在法兰西思想与精神的圣地先贤祠，正门上铭刻着这样一句话："献给伟人，祖国感谢他们。"这里安葬了72位法国历史人物，其中只有11名政治家，其余大多是思想家、作家、艺术家和科学家。多少年来，法兰西共和国一直以其卓尔不群的文化影响力向世界发出自己的声音，其根源也许就在于此。

【采　访】中国外交学院院长吴建民(略)

【采　访】德国慕尼黑应用政治研究中心常务副主任约瑟夫·亚宁(略)

【采　访】法兰西学院人文及政治学院院士玛丽安娜·巴斯蒂(略)

大国之谜，当然还有另外的答案。那就是体制创新。

17世纪时，面积只相当于两个半北京的荷兰，凭借着一系列现代金融和商业制度的创立，缔造了一个称霸全球的商业帝国。他们成立了世界上最早的联合股份公司来聚集资本，垄断了当时全球贸易的一半；建起了世界上第一个股票交易所，比纽约的证券交易早了300年，资本市场就此诞生；他们还率先创办现代银行，并发明了我们沿用至今的信用体系。

继荷兰之后，英国通过推行自由贸易建立起全球市场，并逐步确立起自由市场经济模式；当这种模式的弊端引发社会危机的时候，美国在20世纪30年代又加入了政府干预的手段，从此，看得见的手和看不见的手交相作用，改变了人们对传统的市场经济模式的认识。

有历史学家认为，近500年来真正意义上拥有过世界霸权的只有3个国家：荷兰、英国和美国，这3个国家对市场经济进行了接力棒式的创新和发展。学者们还认为，英美两国为经济发展提供了相应的制度保障。

【采　访】中国北京大学历史学系教授钱乘旦(略)

【采　访】中国北京大学国际关系学院院长王缉思(略)

大国之谜之所以难解，还在于各国的发展模式从来都无法简单地复制和模仿，而必须寻找到一条适合自己的道路。对于后发国家来说，他们成为大国的谜底又在哪里呢？

1697年，一批俄国青年来到荷兰赞丹镇的一家造船厂做学徒，学徒中最出色的是一个身高两米，自称彼得·米哈伊洛夫的人，师傅和工友们都推荐他为“优秀工匠”。这个人就是俄国沙皇彼得。彼得大帝的这番举动拉开了俄罗斯强国的序幕。这位雄心勃勃的沙皇把首都从莫斯科迁到了圣彼得堡，他要缩短的不仅仅是与欧洲的空间距离，还有国家实力的差距。

打开视野，向发达国家学习，无疑是后发国家走上强盛之路的开端。

学习的目的是赶超。在历史上，像俄罗斯一样实施赶超战略的后发国家还有德国和日本，他们构建的社会体制，他们所走过的现代化道路，和率先实现工业化的国家有着明显的区别。

【采　访】中国北京大学世界现代化进程研究中心主任董正华(略)

【采　访】国际历史学会会长于尔根·科卡(略)

【采　访】中国外交学院院长吴建民(略)

成为大国的原因，或许是一个无法穷尽的话题。大国之谜，无疑是一个多解的答案。在不同的时期，只有那些根据自己的国情和时代的需要作出了正确战略判断的国家，才能获得历史的青睐。

但历史的胸怀并不像人们想象的那样慷慨，它总是让那些在第一时间适应它的规则，并拥有那个时期的核心竞争力的国家，来充当世界的主角。

今天，当我们环视世界时，不难发现：二战结束60年了，战前的大国依然是当今世界最为活跃的强国。因为，在绝大多数国家还没有完成现代化的时候，这些国家已率先走过这段历程。

【采　访】俄罗斯政府国民经济科学院院长弗拉迪米尔·马乌(略)

【采　访】中国北京大学世界现代化进程研究中心主任董正华(略)

大国之惑

历史上的大国依靠掠夺殖民地和武力争霸崛起，已被证明结局并不美好；妄图依靠战争打破和重建世界格局，已被证明结果事与愿违。德国的兴衰是最好的例证。同样，历史一再证明：没有永远的霸权国家，大国的兴衰交替是不可避免的历史法则，英国在主导世界两个世纪后也开始重新认识自己的位置。

大国崛起以后，将会演绎出什么样的故事呢？

1494年，在没有人准确地知道这个世界究竟有多大的时候，当时的两个海上强国葡萄牙和西班牙，就用一纸契约，像切西瓜一样把地球一分两半。从那以后，与大国崛起相伴随的，总是殖民地的扩张、划分和掠夺。

这个世界有时像黑白照片那样对比鲜明：大自然慷慨赐予了非洲的热带和亚热带

地区丰富的资源，但那里的人们却过着贫困的生活。早期大国对殖民地的剥夺是惊人的。虽然大国也给殖民地带去了一些现代文明，但当地人却付出了极高的代价，他们不仅失去了自己的经济资源，也失去了国家的政治尊严，那就是民族的独立和平等。

大国称霸的故事虽然丰富多彩，却从来都缺少美好和顺利的故事线索。因为它造成的麻烦总比解决的问题要多得多。它固然拥有让世界刮目相看的荣耀，同时也面临着如何保持和扩大利益的烦恼。

【采　访】英国诺丁汉大学教授郑永年(略)

怎么维持一个大国的发展？这是相当艰难的。怎样维持这个大国？每个时代都不太一样。

【采　访】美国耶鲁大学教授保罗·肯尼迪(略)

【采　访】美国耶鲁大学伊曼纽尔·沃勒斯坦(略)

于是，战争，大国之间的战争，似乎成为历史上打破和重建世界格局的必由之路。

但迄今为止，还没有新兴大国直接打败霸权国的先例。德国的兴衰，就是历史留给所有大国的一个深刻思考。

为了保护自己的利益，欧洲列强在几个世纪中以各种方式阻止德意志统一，令这片欧洲中部的土地饱受分裂的屈辱。1871年，奋发图强半个多世纪的德国终于统一。当这个新兴的大国遵循欧洲大国均势原则的时候，它在和平的环境中获得了快速发展，成为欧洲第一经济强国；但是，当它试图为自己争取阳光下的地盘而发动战争后，则一败涂地。

历史的教训是：一意逞雄的国家，等于是放弃了从容崛起的主动，最后的结果并不美好。历史的教训还在于：所有企图靠战争来征服、压迫和掠夺其他国家的大国，其结局总是和他们的愿望相反。

【采　访】美国耶鲁大学伊曼纽尔·沃勒斯坦(略)

【采　访】德国柏林洪堡大学教授奥古斯特·温克勒(略)

学者们喜欢用这样的语言来形容德国：这是一个奇妙的国家，它要么考问世界，要么拷打世界。当它用思想来考问世界时，它是伟大的；当它用战争来拷打世界时，便有了20世纪的两次世界大战。

1970年的一天，德国人开始考问世界了。

这是人们已经熟悉的镜头：时任联邦德国总理的维利·勃兰特向二战中被纳粹德国屠杀的犹太人谢罪。世界舆论评价说，跪下去的是勃兰特的双腿，站起来的是整个德意志民族的精神。

在这一跪一站之间，人们走到了真理的门槛前，开始作出新的选择。

历史一再证明:没有永远的霸权国家。大国的兴衰交替是不可回避的历史法则。历史也同样告诉我们:从大国崛起到持续强大,然后转入衰退,是一出需要耐着性子观看的历史长剧。

英国首相丘吉尔在回忆录里这样描述自己参加雅尔塔会议时的心情:“我的一边坐着巨大的俄国熊,另一边坐着巨大的北美野牛,中间坐着的是一头英国小毛驴。”

【采　访】英国前外相杰弗里·豪(略)

20世纪见证了英帝国全球霸权的衰落,日不落帝国的昔日风光已经不在。但是,英国作为大国的历史并没有落幕,今天,人们依然能看到它在世界舞台上绝非是可有可无的演出。

500年争霸的历史一去不返了,无论是曾经的帝国,还是今天渴望强大的新兴力量,都必须更加理智地在21世纪寻找新的大国之路。

大国之路

二战后,各国逐渐开始理智地寻找大国之路:日本通过跨国公司战略实现了经济崛起;美国在信息革命和高科技领域的领先使得国家持续发展。

当全球市场把世界紧紧联结在一起,大国之间的互动、合作和依存关系开始增强,具有历史眼光和战略智慧的国家开始作出理性的判断。

在经济全球化和区域一体化的时代潮流中,法国和德国携手开启的欧洲新秩序引人关注,欧盟为和平与合作的国家发展模式提供了时代的注脚。

1955年,一位名叫盛田昭夫的日本商人来到美国拓展市场。美国一家大公司决定向他订购10万台小型收音机,条件是必须换上美国公司的商标出售。10万台的订单对于刚刚起步的商人来说是个极大的诱惑,但盛田昭夫却坚持使用自己的商标,放弃了这宗生意。因为他看重的不是一笔买卖,而是公司的品牌。盛田昭夫所坚持的品牌就是今天的“索尼”。

没有人知道,如果不是盛田昭夫的坚持,索尼的命运会怎样。但有一点是可以肯定的:日本在战后崛起为一个仅次于美国的经济大国,正是靠了像索尼这样一批跨国公司。

如果说,60年前的大国多以军事力量作为崛起的杠杆,那么,今天则是以综合国力作为崛起的标志。

如果说,60年前的霸权国家想要的是帝国,那么,今天的大国所要的则是市场。

占领市场的秘诀就是拥有这个时代最核心的竞争力,那就是科技创新的能力。

【采　访】德国慕尼黑应用政治研究中心常务副主任约瑟夫·亚宁(略)

【采　访】美国哈佛大学教授约瑟夫·奈(略)

1945年9月6日,在二战刚刚结束、日本正式投降后的第4天,当时的美国总统杜鲁门就提出了"21点战后复兴计划",明确指出:"没有一个国家可以在当今世界上维持领袖地位,除非它充分开发了它的科学技术资源。"

5个月后,世界上第一台计算机在美国宾夕法尼亚大学诞生。这台重达30吨,占地160平方米的计算机,实际功能还不如今天的一些袖珍计算器,但它的诞生,却象征着第三次工业革命即将来临,美国率先占领信息时代的制高点。这是美国在20世纪后期成为全球唯一一个超级大国的重要原因。今天,它在科研和开发上的投入仍居世界首位,相当于其他最富裕的西方七国的总和。

使美国保持创新活力的,还有它的4000多所大学和70%的高等教育入学率。正如一位学者所说:"凡不曾培养出真正受到良好教育公民的国家不能称其为泱泱大国",美国拥有的全世界最庞大的高等教育系统,使它获得了信息时代的核心竞争力。

经过二战后60年的发展,以信息化为特征的新时代正在全面到来。

【采　访】美国前总统国家安全事务助理兹比格涅夫·布热津斯基(略)

【采　访】马来西亚前总理马哈蒂尔·穆罕默德(略)

【采　访】美国世界观察研究所所长莱斯特·布朗(略)

【采　访】美国哈佛大学教授约瑟夫·奈(略)

【采　访】法国前总统吉斯卡尔·德斯坦(略)

这样的舞台,使各国的命运你中有我,我中有你。任何国家都不可能成为世界经济海洋中的孤岛。

发生在1997年的东南亚金融危机,就是一个至今提起来还让人心有余悸的例证。

这场金融危机不仅损害了一些发展中国家,使有的国家在一夜之间经济倒退十年,同时也波及了日本、韩国等发达国家。最后,连被人们视为罪魁祸首的美国索罗斯基金会也不能置身事外,很快由赢家变成了输家,一度损失了20多亿美元。

在20世纪就要结束的时候,世界舞台的规则就是这样的奇妙。

在经济全球化的背景下,还闪耀着另外一个智慧的选择——这就是区域一体化的合作。这种选择,既有经济利益的驱动,也有政治、安全和战略因素的考量。

【采　访】马来西亚前总理马哈蒂尔·穆罕默德(略)

【采　访】俄罗斯莫斯科国立国际关系学院:阿列克谢·沃斯克列先斯基(略)

战后欧洲的合作与发展,是一个让人心动的选项。合作是从法国和德国这两个欧洲中西部面积最大的国家开始的。这是两个宿怨深厚的邻居,在二战以前的1100多年中,他们一共打了200多场战争,平均5年就开战一次。

为防止德国进攻,法国从1930年开始修建马其诺防线,边境上的这座炮楼距离德国只有10公里。

昔日的防御工事,今天已经成为两国友好的一个象征。

历史给这两个持续对抗了几个世纪的国家两败俱伤的惨痛教训,也启迪了它们"相逢一笑泯恩仇"的政治智慧。

【采　访】德国柏林洪堡大学教授奥古斯特·温克勒(略)

【采　访】法国前总统吉斯卡尔·德斯坦(略)

二战后,联邦德国首任总理阿登纳和法兰西第五共和国首任总统戴高乐,成功化解了两个国家几百年来的仇恨,共同开启了欧洲历史崭新的一页。

由法国和德国作为发动机带动起来的"欧盟"组织,由于形成了统一的市场、统一的货币,组建了共同的议会乃至军事力量,一个超强的地区联合体便横空出世了。

人们意识到,"欧盟"式的和平发展,为新兴力量的大国之路提供了生动的历史注脚。

【采　访】德国慕尼黑应用政治研究中心常务副主任约瑟夫·亚宁(略)

【采　访】美国前总统国家安全事务助理兹比格涅夫·布热津斯基(略)

大国之思

对于理想的大国,每个人都有自己的梦想;大国的话题,也许是一个永远无法穷尽的讨论,我们不知道21世纪的变化将把大国带向何方,但有一点是可以肯定的,建立永久和平、共同繁荣的和谐世界,将是人类共同努力的方向。

历史进入了一个新的千年。当全球市场把世界紧紧联结在一起,大国之间的互动、合作和依存关系开始增强,具有历史眼光和战略智慧的国家开始作出理性的判断:无论是崛起成为大国还是维持大国地位,已不可能再走那种依靠战争打破原有国际体系、依靠集团对抗来争夺霸权的老路。如果沿用传统大国的思维方式来构造今天的世界,以不切实际的征服幻想来鲁莽从事,将是一种时代的错位。

和平与发展已经成为当今世界的基本主题。沿着这条新路,人们开始表达新的愿望,寻求新的答案:当今世界,究竟什么样的国家,才称得上是大国?怎样才能成为一个大国?

【采　访】法国戴高乐基金会主席伊夫·盖那(略)

【采　访】俄罗斯政府国民经济科学院院长弗拉迪米尔·马乌(略)

【采　访】美国耶鲁大学教授保罗·肯尼迪(略)

正如一位历史学家形容的,人类历史的前进方式,开始的时候,好像是在地上爬,然后是站起来走。到近代的500年，就好像是在跑。而这最后的100年，无疑是在飞。

在这样一个急剧变革的时代里，大国应该以什么样的方式来维护自己的利益？对我们共存的这个世界，大国担负着怎样的责任？人们心目中理想的大国，到底是什么样？

【采 访】美国世界观察研究所所长莱斯特·布朗（略）

【采 访】英国前外相杰弗里·豪（略）

【采 访】法国前总统吉斯卡尔·德斯坦（略）

【采 访】中国外交学院院长吴建民（略）

【采 访】美国哈佛大学教授约瑟夫·奈（略）

或许，关于理想的大国，永远不会有一个固定和统一的答案。

可以说，这些是人们的愿望，但却反映了当今世界的实际。

也可以说，这是人们的思考，却已经越来越接近真理。正是这些思考，成为人类在20世纪取得的具有关键意义的成就。这些成就发出的光泽，无疑将照亮新老大国未来的行程！

500年前，因为海洋，人类搭建起真正的世界舞台，大小强弱的国家都在这个舞台上扮演了自己的角色。

500年后，因为天空，人类进一步拓展了这个舞台的空间。当人们足不出户就可以同步知晓天下事的时候，世界变小了。

世界也变大了。1961年，一个叫加加林的苏联人离开了地球，第一次在太空中飘荡行走。1个月以后，美国的阿连·小谢泼德也上了太空。他在太空飞行时不断说的一句话是：地球外面的世界真美好。

从地球仰望天空，是那样的遥远清澄，偶尔飘过的云彩，会遮住人们的视线。云彩的上面，将会是什么呢？是人类和平与发展的温床，还是未来大国竞争的疆场？

或许，并不是所有的人都已经放弃了陈旧的思维模式和全球对峙时代的种种偏见；或许，在未来的500年乃至更长的时间里，世界的发展仍将经受各种考验。

我们不知道21世纪的变化将把大国带向何方，但有一点是可以肯定的，建立“永久和平、共同繁荣的和谐世界”，将是人类共同努力的方向！

【提示与思考】

《大国崛起》是中央电视台第一部以世界性大国的强国历史为题材跨国摄制的大型电视纪录片，是中国电视人第一次用影像梳理五百年世界现代历史，也是中国人第一次透过大众传媒观看五百年世界大国风云变幻。它的诞生，是正在崛起的中国从容自信的写照。编导力图用十二集电视片构建一个窗口，通过它发现世界的坐标，审视坐标中的大国并思考自身在其中的位置。片中的解说词深入浅出、情理兼顾、删繁就简、表达清晰，给观众带来深思。

【写作训练】

一、试分析下列解说词所起的作用。

1.【画　面】鲜嫩娇黄的柳花，酒坛装上船只，造酒师傅在酒坛的封泥上撒上稻壳，一担担黄酒被挑上船只，满载酒坛的船只在水面上行进。

【解说词】当鉴湖水畔的柳枝注满了生命的浆汁，无数位师傅所酿制的百年绍兴黄酒也就造成了。

一坛坛绍兴黄酒装上船头，运往水乡各地，运往四面八方。

为了保护酒坛，在装运的时候，造酒师傅们在酒坛的封泥上，逐一撒上了一把深情的稻壳。

壳和米，本是同根生，本是一起长，而今日，稻壳完成使命，稻米酿成酒浆，一把花雨纷纷落，送你去小桥流水，伴你过百里湖塘，是几番祝愿的心情，是一曲离别的绝唱……

回黄转绿的季节，绍兴飘满了酒香。

绍兴，就像是一尊古老的酒坛，那历久而弥新的文化便恰似余香不绝的千年陈酒。

——选自电视系列片《江南》之《千年陈酒》

2.【画　面】蒙古包，全家团聚，喝酒，唱歌。

【解说词】全家人团聚，是苏那木平静日子中的节日。苏那木，共生有9个小孩，丈夫80年代去世，她一个人拉扯9个孩子长大，如今孩子都已成家立业，在额济纳旗各个不同的部门工作。苏那木的二女婿现在是额济纳旗人民政府的旗长，按土尔扈特部落的老说法，就是今天的亲王爷。

苏那木年轻时游牧于大漠荒野中，现在老了，孩子们把她从牧区接到了旗上居住。苏那木根本住不惯孩子们为她安排的砖瓦房，在砖房的旁边，苏那木搭了一个蒙古包，这是跟随了她几十年的蒙古包，在蒙古包的周围，有她一辈子也不愿舍弃的花草动物。

——选自《不朽的胡杨》

3.【画　面】成都某茶馆，坐在凳子上睡觉的人，躺在婴儿车里睡觉的婴儿。

【解说词】有趣的是，也许是从小养成的习惯吧，有的人还专找茶馆的一席之地，闹中取静，做个好梦，睡个好觉。宋代文豪欧阳修说："醉翁之意不在酒。"那么我们能不能说："茶翁之意不在茶呢?"这，也说不大清楚。反正，茶是这里居民的必需品，不可缺少。

——选自《话说长江》之《成都漫步》

二、分析下面解说词片段，看其是否包含有潜台词。

【画　面】	【解说词】
曼哈顿大厦外景 接待厅保安员	阿维兰热的办公室在布兰科大街89号曼哈顿大厦601室，门口没有任何标记。穿过两道印度屏风，是一个接待厅。两名保安衣服相同，领带相同，表情也相同，连弹手指的节拍也相同，而且几乎是同时停止的。

——选自《寻访阿维兰热》

三、分析下列解说词片段中指示性代词的运用，看主要指代什么。

例1.

【画　面】	【解说词】
江南古镇的风光	就从这里开始吧。 周庄、同里或者乌镇，水乡的古镇在江南生长。在古镇上走一走，以这样的方式体会江南，我们细致而明确地感受到了江南的精神和风采。水流在水里，风淡淡地吹着。在这里，流水和流水，不就是江南翻飞的水袖吗？不就是把江南舞动得风姿绰绰、灵秀飘逸的水袖吗？在朴实无华中超凡脱俗，在超凡脱俗中返璞归真，这水做的江南，这江南的流水啊。

——选自《在水一方》

例2.

【画　面】	【解说词】
孟金福在雕山神像	孟金福每到一片山林，先要选一棵高大挺直的松树，雕刻一尊山神像。他觉得这样就与这片山林共同沐浴在神灵的庇护之中了。

——选自《最后的山神》

四、观摩几部电视片，并把它们的解说词整理出来，分析其解说词的语言特点。

五、自己任选一些词语，对它们展开相似或相反的联想，并用语言表达出来。

六、分析下列解说词中修辞手法的运用特点。

1. 正在成长的孩子多少都有点埋在心底的苦恼,或许是来自成绩的压力,或许是与同学相处的困扰,或许是父母不经意的争吵,或许是梦想的遥不可及。

青春并不总是阳光灿烂的,那些被小心收拾起的不快乐,那些不能说的秘密,偶尔也会成为散乱的点缀。

已经长大了的人,谁又不曾有过这样的经历呢?只是如今回头看看,自己也会禁不住哑然失笑。

可是那些小小的烦恼,真的仅仅是爱上层楼的少年们,为赋新词强说的愁吗?难道因为它们已经消散了,我们就要否定它们曾经真切地存在过吗?

其实,正是在战胜这些烦恼的过程中,我们悄悄地长大了,然后迎击另外的困惑,并且再度战胜它。

一路艰辛,我们走得缓慢却坚定。

对周围环境的感知,对家人亲情的牵挂,对兴趣爱好的执着,对责任义务的承担,这些烦恼并不独属于少年。它们伴随过、伴随着,并将一直伴随着我们生命的脚步。

长大成人是一个模糊的概念,它的分界线不在年龄,甚至无关心态。

它是一场学习,一场我们穷尽一生的努力,一场与烦恼相抗衡的搏击与战斗。

【字幕】万家灯火之长大成人

穷孩子,富孩子,平日针锋相对,面对老师却步调一致,看小不点儿的人际关系准则。

好学生,坏学生,梦想借力宝物,关键时刻却勇敢放弃,看男子汉的最后选择,校园生活第一课"他人与自我",即将播出《长大成人》之《青青校园》。

——选自中央电视台第十放映室栏目播出"2009暑期电影总动员"的《万家灯火》板块之《长大成人》篇

2. 这件艺术珍品叫普贤像。它是宋代艺术家的杰作,高达7.35米,是用十二万五千斤青铜制造的。

坐在大象上的这位菩萨是男是女,人们弄不清楚。但是,整整过去了1000年,这菩萨似乎还在均匀地呼吸着。

这只大象不但眼睛有神,而且皮肤还有皱纹,1000年过去了,它好像还在徐徐前进。

有的书上说,这件十二万五千斤的艺术品是整体浇铸出来的,有的书上说,它是在成都部分铸造,然后搬到山上焊接而成的。暂且不说到底哪一种说法更科学,值得我们深思的倒是这样一些问题:

它是怎样冶炼的?

它是怎样铸造的?

它是怎样焊接的?

它又是怎样运用立体几何的?

这可是1000年以前,我们祖先所掌握的科学与技术啊!

——选自《话说长江》之《峨嵋凌云》

3.收获的季节到了,我们必须为路遥清点一下丰收的果实,高粱玉米有多少,黑豆荞麦有多少,糜子谷子有多少,陕北极少种的麦子又有几升几斗?

对于路遥而言,真正的收获早就开始了,应该从播种算起,从苦难的童年算起,从王家堡向郭家沟乞讨的征途算起,从每一次饥饿的昏倒算起,从恋爱并失恋算起,从无数个沉思的夜晚算起,从早晨到中午开始算起,这是一笔耗尽了整个生命的清单啊!

每一粒粮食都倾注了他的汗水和心血。

路遥已经养成了严谨的习惯,不会不严谨,不会不认真,也不会放松自己,不会原谅自己,必须把每一个作品改到满意为止,就像种地的农夫精耕细作。要说路遥为什么有这些收获,就是他创造了能够得到收获的所有准备,具备了所有前提。

——选自《路遥》之《收获》

第三节　解说词与细节

一部作品有没有灵气,能不能给观众留下深刻的印象及回味的余地,能不能真正冲击观众的心灵,关键在于细节处理得好不好。电视片中的人物性格、事件发展、典型环境、主题思想等都是通过许多有机联系的细节描写来表现的。细节是电视片的细胞,是电视片的生命所在。细节不是生活当中随随便便、毫无特点的情景,而是具有生动、细腻、具体、富有个性等特点的,是指对客观对象的某些局部或微小变化所进行的细腻描写。一部电视片必须有不可替代的细节来支撑。

细节也是解说词展开的支点,这个支点有时可能处于画面上不被观众注意的一个小点上,有时可能是观众"熟视"的一种现象,解说词这时候的任务就是放大画面信息,强化画面信息,从而给观众以"意料之外"的感觉。电视创作者要善于捕捉和利用细节,正像19世纪法国著名的雕塑家罗丹所说的:"所谓大师,就是这样的人,他们用自己的眼睛去看别人未见过的东西,在别人司空见惯的东西上发现出美来。"

一、细节的作用

以下面解说词片段为例来进行分析：

例1：

【画　面】	【解说词】
一对老夫妻在翻日历、切西瓜、吃西瓜	每天，这对老夫妻有一项不可省去的日程，那就是把东墙上的日历掀出新的一页。这本日历很大，每翻过一张，老伴就在里屋远远地望着老汉。这像是一种仪式，进行得很认真，又有些迟缓。 他们感谢新的一天，也感谢过去了的一天。在昨天与今天的交接中，生命显出了它的珍贵。 我们问二老每天干些什么，他们说，没准儿，比如今天，我们该吃西瓜了，入了秋的西瓜最甜，再不抓紧吃，就该下市了。他们切开西瓜，果真是又沙又甜。

例2：

【画　面】	【解说词】
郭布罗·润麒和金蕊秀夫妇，郭老夫妇在煎饺子	电影《末代皇帝》我们都看过，末代皇帝溥仪和婉容的婚姻是一个悲剧，而眼前这对老人的婚姻生活却是恩爱和美的。 他们是一对皇亲国戚，金蕊秀老人是末代皇帝溥仪的三妹，郭老则是婉容的弟弟。 昔日的皇妹国舅如今成了平民百姓。他们在煎饺子，那油倒得也极为节省。

例3：

【画　面】	【解说词】
孔罗荪、周玉屏夫妇家	风铃叮叮当当地响了起来，我们很是奇怪，它为什么要挂在那儿呢？孔老告诉我们，是要挂在那儿，因为只要老伴在屋里一走动，它就会响起来的，它一响，我心里就踏实了。

——以上3例选自《半个世纪的爱》

例 4：

【画　面】	【解说词】
夏季，孟金福夫妇坐在河岸边，孟金福在刮胡子	北方的夏季来得很晚，在夏季来临的时候，孟金福要让自己年轻些，他觉着这样才和夏天的美丽相般配。 ——选自《最后的山神》

例 5：

【画　面】	【解说词】
赫鲁晓夫来到北京，毛泽东等人到机场迎接，停建的项目	9 月 30 日，苏共中央总书记赫鲁晓夫来到北京，参加中国国庆十周年盛会。在机场，当他想同毛泽东拥抱时，毛泽东没有回应。这时候，50 年代的中苏友好合作，实际上已经走到了尽头。 第二年，苏联便撕毁了合约，撤走专家，追逼债务。这对正处于困难时期的中国人来说无异于雪上加霜。这也使中国人更加坚定了一个信念：只有靠自力更生、艰苦奋斗，才能走出困境。 ——选自《新中国》

分析以上几个片段，解说词都对画面展示的细节进行了强化和放大。例 1 对老夫妻"翻日历"和"吃西瓜"这些生活中常见的现象进行了"陌生化"处理。也就是说，当画面上展示这些现象时，人们可能由于太熟悉而不会去关注它，但对于一起牵手相携走了 50 年的老人来讲，正是这些生活中的细节蕴含着他们相互的"理解"和"爱"。解说词对这些细节的进一步强调，使观众更深刻地理解了他们的"半个世纪的爱"。例 2 画面上展示的是郭老夫妇煎饺子的生活细节，这对老夫妇对于生活的不易、彼此的依托，可能体会得更深一些。例 3 中解说词给观众解释了风铃对于孔老夫妇的意义，风铃响起的叮叮当当的声音似乎是他们彼此的呼唤。例 4 画面上是孟金福在刮胡子，刮胡子是任何成熟男性的一个日常行为，但解说词以此作为展开想象的支点，把孟金福内心和自然的和谐一致准确地表达了出来。例 5 的解说词放大了画面的信息，通过对这一历史细节的交代，让观众更深入地了解历史。

由此可见，解说词中运用细节主要有以下几个作用：

(1)刻画人物性格。

(2)揭示人物情感世界。

(3)升华节目的主题思想。一个节目只能表达一个主题，但一个节目应有多个细节，所有的细节都必须为升华节目的主题思想服务。

二、如何利用解说词放大细节

1. 注意细节的选择

要选择那些最有特点的、最能表现作品主题的细节,否则,就应该毫不吝惜地舍弃。

2. 对细节的放大要注意和整个片子的融合

细节只有融入整体之中,才具备其应有的艺术价值;如果脱离于整体之外,则是苍白的、空洞的,就像树上的叶片,即使再绿再美,离开了树枝,只会枯干、死亡。

3. 对熟悉现象的陌生化处理,给观众意料之外的感觉

画面上展示的可能是观众熟悉的内容,但此时此刻编导的创作意图却不一定是观众了解的;因为熟悉,观众会按常规的思维方式去接受这样的内容,而通过解说词对这些内容进行陌生化处理,能给观众意料之外的感觉。

4. 使画面中的内容所包含的隐态信息转化为显态信息

画面中非主体的内容即隐态信息往往容易被观众忽视,有时,创作者抓住这些隐态信息加以突出和放大,使之转化为显态信息,进一步拓展了画面的内涵,使观众对画面的理解更加全面、深刻。

三、细节的类型

戏者,细也。文学作品中的细节是用文字来完成的,电视片中的细节既可以通过解说词完成,也可以用画面充分展示。所以,在电视片中实际上存在着三种细节,即画面细节、解说细节、声画结合的细节。

1. 画面细节

所谓画面细节是指通过摄像机镜头的运动、拍摄角度的选择等捕捉到的并展示在观众面前的具体、形象的人的行为、表情、动作及一些特殊的物件、特定的环境、情景等。

电视片《下山的路》讲述的是一个四周都是悬崖绝壁的村庄的故事。生活在悬崖上的山民与世隔绝,世代受穷,究其根源,关键在于出山的路太难走。该片重点放在修路的艰辛上。作者真实地记录了村民在各种天气、各个时刻中修路的场景,还别具匠心地抓取了这样一个细节:黄昏中,村民收工了,一位青年农民坐在工棚中,吹起了欢快的唢呐。沉重艰辛的劳作之后,来一段轻松的唢呐迎亲曲,本身就给人抑扬顿挫的美感。更令人惊奇的是,作者给出一个吹奏唢呐的手指的特写:血迹斑斑的手指轻快地按出一个个音符。这种将沉重与轻快、写实与浪漫有机地融为一体的细节,表现出勤劳的山民对美好生活的无限向往。

在纪录片《三节草》中有两处给人印象深刻的细节。一处是在拉珠和朋友们谈到离开泸沽湖的事儿之后，编导迅速接了山坡上小女孩拔草唱歌的画面，“小妹妹……”的歌谣接在关于离别的谈笑镜头之后，平添几分情趣、几分幽默。还有一处是在片尾，两个孩童在嬉戏，这一段镜头拍得完整、仔细，让观众充分感受到了孩子们的天真无邪。在这一段童趣盎然的镜头之后，编导紧接了肖淑明坐在台阶上捂着嘴笑的镜头，为我们展现了一种老人摆脱落寞的情怀。

获得第17届中国电视“金鹰奖”长篇纪录片奖的《乌蒙赤子——赵春翰》，讲述的是贵州省六盘水地区铁路医院院长赵春翰关心残疾人和流浪儿的事迹。赵春翰自己并不富裕，但十几年来，前后共收养了几十名残疾人和流浪儿，并把他们组织起来，开荒种地、养猪养羊、自食其力，还帮助其中不少人找到了工作，成家立业。片中运用了大量生动感人的细节。有一个情节讲赵春翰在寒冬腊月的时候，关心他收养的流浪儿，给其中一个送去了一双新买的皮鞋。镜头跟着赵春翰进了流浪儿们住的屋子，流浪儿高高兴兴地穿上了赵春翰送来的新皮鞋。紧接着，镜头转到赵春翰的脚，天寒地冻，赵春翰脚上穿的却是一双旧胶鞋！这个生动的细节，通过画面直接诉诸观众的视觉，使观众从这个细节中心灵受到冲击和震撼，真正感受到赵春翰崇高的精神境界。这个细节既偶然又必然，是赵春翰思想性格发展的必然结果。因为只有赵春翰这样时刻充满爱心、把流浪儿当成自己儿女的人，才会宁愿委屈自己，也不让流浪儿挨冻，用自己的一片赤诚，温暖流浪儿们那颗冰冷的心，让他们体味到人间的真情。

画面细节要靠捕捉，捕捉画面细节要靠经验、敏感和智慧去把握，要有耐心，不能急于求成。

2. 解说细节

所谓解说细节是指在表现过去已发生但没有形象资料的细节时，依靠解说词来向观众传递这些细节，画面上没有具体展示解说词中所表现的内容。

> 例1：夏威夷有132个火山岛。这是夏威夷第三大岛上的哈利亚喀拉火山遗址。据说在一万年前的一次喷发中，整个山顶都被岩浆吞没，如今，谁也不能预言它不会再次喷发！

这是历史巨片《孙中山》中的一段解说词，少年孙中山最早到夏威夷，是为投靠哥哥孙眉求学，并非为了革命。片子表现革命的火焰在孙中山胸中燃起时，弱小的“兴中会”宣告成立时，画面上展示给观众的是夏威夷的火山，解说词用“谁也不能预言它不会再次喷发”来抒发孙中山的少年壮志和气吞山河的英雄气概。

例2:周恩来住进西花厅以后,一直保持着把日程安排写在台历上的习惯。这是1950年的第一个星期,周恩来亲笔记下的重要活动,平时还有许多临时安排的活动没能够写上去。

这是电视片《周恩来》的第二集《开国之初》中的一段,画面上展现的是中南海西花厅周恩来的办公室和周恩来1950年第一周的工作台历,观众亲眼目睹每一页台历上密集的记事,从解说中深切地感受到周恩来日理万机的工作。这一细节的展示所得到的传播效果是任何结论性语言都无法达到的。

3. 声画结合的细节

声画结合的细节是指画面上展示细节,解说词也进一步对这些细节展开叙述、议论或抒情等。声画完美结合,使细节的表现力更强。

例如在专题片《为了电影的聚会》中,画面上展示了张艺谋微笑,姜文微笑、皱眉、眨眼睛,陈凯歌沉思,葛优鼓掌的镜头,解说词抓住这些细节,让观众在幽默轻松的语言中得到放松。

张艺谋的笑容总是保持着导演的风格,不过听到《英雄》获奖时,还是绽放了一下。

姜文去年没有什么作品,所以笑容还是很从容,不过表情有时有点奇怪。

陈凯歌是晚会上最严肃的人,不过我们已习惯了他对电影的思索。

葛优可以说是晚会上最称职的观众,你看,鼓掌的节奏也带着专业观众的味道。

【优秀作品赏析】

《汽车百年》

导语:一个风云际会飞速变化的时代,发明家居纽在激扬的战火中,创造了历史上第一辆自动之车;发明家奥托在挫折与失败的煎熬里,开发出强大的动力引擎;发明家卡尔·本茨、发明家戴姆勒与迈巴赫秉承前人的智慧和热忱,最终实现了人类的汽车梦想。发明家们永无止境的热情和动力,推动了改变世界的机器的诞生。

第一集 发明家的黄金时代

【解说词】 凌晨一点,中国香港的刘一凡先生接听了来自德国斯图加特市的越洋电话,汽车之都的朋友们邀请他立刻出发,参加两天后的汽车庆典。

【同期声】刘一凡:中国现在已经是世界上最大的汽车消费市场,对所有汽车厂家越来越重要,可以参加这个活动我感到特别兴奋。

【解说词】德里克贝尔先生,一位曾经驰骋赛场,让广大车迷无法忘怀的著名车手,接到参加庆典的邀请后,他结束了正在美洲的休假,赶到了这里。

【同期声】德里克贝尔:我热爱赛车这项运动,它激情四射,我尽力开得更快,这样才能赶超他人。

【解说词】暴晒在正午的阳光下,克利斯汀先生最后一次巡视了参加庆典活动的所有车辆。

【同期声】德国斯图加特汽车活动负责人克利斯汀:我们需要确保所有的环节都可以圆满完成,能够成功地举办这次的活动,这是个很有价值的工作。

【解说词】作为本次庆典活动的主要负责人之一,克利斯汀先生期待享受明天。

教堂钟声响起

【解说词】向传统致敬,这是庆典活动的重要主题之一,有125辆新老款式汽车组成的混编车队,浩浩荡荡驶向奔驰博物馆。

【解说词】125年前,那里诞生了人类历史上第一辆汽车。这是一次回溯历史、重温经典的历程,而这一切并非只是关于汽车的传奇。

【解说词】罗吉尔·培根,哲学家,世界上最早相信"地球是圆的"的人,距今800年前,他在写给朋友的信中说……

【同期声】罗吉尔·培根(情景再现):总有那么一天,我们会赋予运输车以难以置信的速度而无须求助于动物。

【解说词】达·芬奇,不朽名画《蒙娜丽莎》的作者,人类有史以来无可争议的天才,听着教堂的钟声,看着窗外川流不息的马车,他正遐想。

【同期声】达·芬奇(情景再现):钟为什么会敲呢?里面有发条作为动力,对,用发条,可以试试这种自动行驶的车。

【解说词】汉斯·赫丘,纽伦堡最出名的钟表匠,看到达·芬奇留下的图纸后,他行动起来。

【同期声】汉斯·赫丘(情景再现):用发条作为动力,上足发条,它就会向前行进。

【解说词】半年后的某一天,钟表匠赫丘因此成为一位名垂青史的先行者。

【解说词】拉尔夫,货运马车商人,一个名不见经传的小人物,他坐在那里,手中紧握着马鞭,用充满敌意的眼神打量着那个从远方驶来的庞然大物。

【解说词】那是一列蒸汽火车,本地人之前从未见过的新鲜玩意儿,它的运载量远远超过了货运马车,它驾着浓烟呼啸而来,几乎抢走了马车商人的所有生意。于是,倔强的拉尔夫去找火车商人谈判,他要驾驶马车跟火车比一场,看哪个跑得更快。

【解说词】火车商人被激怒了,他同意公开举行比赛。

【画外音】拉尔夫(情景再现):我要证明,和马车相比,火车是一个只会冒出浓烟,搞得到处乌烟瘴气的笨家伙。

【解说词】事实总是胜于雄辩。

【解说词】马车和火车的比赛,引起了当地人的兴趣,竞赛当天,铁路沿线挤满了观众,拉尔夫赶着铆足了劲儿的马车,和火车一起站在起跑线上。砰,发令枪响了,在围观人群的欢呼声里,拉尔夫的马车就像离弦的箭,瞬间就冲出去数百米,而火车还在原地打鼾似的启动机器,在人们嘲讽的叫喊声中,徐徐启动。强烈的轰鸣声和滚滚的浓烟过后,火车速度越来越快,和马车的距离渐渐拉近,拉尔夫不停地挥动马鞭,马车奔驰的速度已达到极限,而火车还在加速,很快就追上了马车。

【画外音】拉尔夫(情景再现):我的马跑得飞快,我们一直努力地跑,可是那个家伙还是轻松地超过了我们。

【解说词】拉尔夫无奈地看着齐头并进的火车再次提速,把自己远远地抛在身后。

【解说词】一场从一开始就没有任何悬念的比赛结束了,一个急速更新的时代已然来临。

【解说词】1807年8月17日,美国纽约,热情的人群从四面八方赶到哈德逊河边。在那里,一艘装备了蒸汽发动机的轮船正在以每小时9公里的速度破浪前进。成千上万的纽约人亲眼看到了不需要人力和风力,完全凭靠机器驱动的航行。蒸汽轮船的发明人富尔顿的名字因此传遍了美国和欧洲。

【解说词】那是一个科学和技术急速更新的时代。

【解说词】1814年,英国人史蒂芬孙制造出世界上第一台蒸汽机车,人类的铁路运输事业自此开端。

【解说词】1765年,英国人瓦特发明了蒸汽机。这个发明带给人类的不仅仅是强大的动力,还有征服世界的信心和勇气。

【同期声】德国波鸿市黑格尔资料中心哲学家沃尔特·耶施克:有了发动机还不够,还要继续发明出新的东西,是科学的发展为发明创造奠定了基础,使得一项项的发明用于实践,继续发展,而且都成功实现,这是现代世界的一个特点,这也是人类快速改变的一个原因。

【解说词】居纽,法国陆军军官,工程师,就在不久前,他接受了军部下达的一项重要任务，在当时的战争中，火炮的威力毋庸置疑，而同时，火炮的重量也让炮兵们大伤脑筋，军事部门希望，居纽能够制造出一种自动行驶的牵引车辆，使火炮能够轻松地运动起来。

【画外音】 居纽（情景再现）：我需要寻找一种力量，它能够让车轮子自动转起来。

【解说词】 居纽所处的时代，蒸汽机已经出现，在工厂和矿山，人们用它来抽取地下水，居纽很快就关注到这种新兴的技术，他仔细研究蒸汽机的原理，六年后，居纽终于完成了自己的作品，历史上第一辆自动之车诞生了。

【解说词】 以今天的眼光来看，这辆蒸汽车的模样只能用简陋来形容，一辆长7.2米、宽2.3米的木板车，一个50升的大锅炉悬挂在车头，锅炉里的蒸汽被运送到前轮上方的汽缸，带动两个活塞使前轮转动。眼看着这辆自动之车真的开始前进，在场的所有人都禁不住欢呼起来。

【解说词】 可是，后来的试车过程让居纽心灰意冷。这辆蒸汽车拖着一门大炮，气喘吁吁地行驶了一段路，最后，一头撞在城墙上，造成了人类历史上第一起车祸。

【解说词】 原因是这车子挺着个大大的锅炉，不但开起来不稳，就连转弯都格外费劲。

【解说词】 居纽的蒸汽车最终被弃置一旁，然而这次事件却带给了人们新的启示。从那以后，汽车梦想开始进入发明家们的视野。

【解说词】 1801年，英国人特雷威迪克制造出装备有高压蒸汽发动机的汽车。

【解说词】 1805年，美国人艾文恩制造出水陆两用的蒸汽机车。

【解说词】 1827年，英国人嘉内制造出最早的蒸汽公共汽车。

【同期声】 清华大学汽车工程系教授帅金石：蒸汽机车出现后并没有受到追捧，因为它的体积比较大，所以用在车上，它的惯性比较大，笨重，启动慢，制动也比较慢，就是下坡的时候刹不住车。

【解说词】 因为锅炉炉压过高，蒸汽机车经常会发生爆炸。以19世纪中期的英国为例，在蒸汽车最兴盛的20年时间里，发生锅炉爆炸惨案一万多起。和这个笨重而危险的怪物相比，当时的大多数人还是毫不犹豫地选择了传统的马车。

【解说词】 19世纪中后期，在伦敦、在巴黎、在柏林，大街上往来奔跑的依旧是马拉的车子，回荡在耳边的仍然是匀速起落的马蹄声。飞奔的马车造成了众多的社会问题，随处可见的马车，还有堆砌如山的马粪，在当时的报纸上，曾有过这样的描述：大街上如同铺着温暖的臭烘烘的棕色地毯。

【解说词】 尽管如此，在真正的汽车出现之前，人类还是无法舍弃马车。

【同期声】 清华大学汽车工程系教授帅金石：因为马比较听人的话，而且随时都可以走,没有什么太多的供给方面的要求,不像汽车要蒸汽,要烧能源,马吃饱了就行了。

【解说词】蒸汽机发明近百年之后,在当时的工业中心英国,人类第一次集中展示工业革命的伟大结晶。

【解说词】在这些林林总总的伟大发明背后,我们还是看到了传统马车的身影,伦敦世博会的交通展馆内,各种工艺精良,装饰豪华的马车与火车轮船并肩比美,谁也没有想到,就在不久的将来,方便快捷的马车终会成为历史。

【解说词】战争发生在德国和法国之间,新兴的德国在战争中脱颖而出,最终完胜法国。战场上的胜利为德国带来了巨大的利益,50亿法郎的巨额战争赔偿成为德国发展工业化的强劲助力,南部亲法的几个联邦纷纷回归中央政府,一个强大统一的德意志,从此诞生。

【同期声】德国斯图加特文化办公室规划工作人员曼弗雷德·施米德:普法战争结束后,德国的资本充足,德国的发展蒸蒸日上,这个时期的德国人,感觉空前的好,积极的氛围、和平的环境也不容忽视。

【解说词】19世纪中后期,人类的发明家们开始探寻能够补充和替代蒸汽动力的新能源。1866年,德国科学家西门子制造完成世界上第一部发电机,并在70年代正式投入实际运行,到了80年代,美国发明家爱迪生在纽约建立起世界上第一个火力发电站。

【解说词】1859年,在美国宾夕法尼亚州,钻出世界第一口油井,石油作为另一种重要的可利用能源,成为发明家们的新宠儿。

【解说词】新能源的出现再度掀起了一次工业革命的浪潮,而这一次,幸运牢牢掌握在德国人的手中。

【解说词】德国道依兹发动机公司是世界上第一家专业生产内燃发动机的工厂,140多年前,它的创办人尼古拉斯·奥托在这里发明了世界上第一台四冲程发动机。

【解说词】尼古拉斯·奥托,发明家,1860年的某一天,无所事事的奥托在咖啡馆闲坐,他在报纸上看到了这样一条消息,一个叫雷诺尔的法国人利用煤气做燃料,制造了超越蒸汽机的发明,这台发动机完全抛弃了蒸汽机的工作原理,把外部燃烧加热改为汽缸内部燃烧,更加有效地利用热能。遗憾的是这台两冲程内燃发动机必须连接在煤气管道上,功率也不够强劲,实用性几乎为零。这则消息让奥托大受启发,他觉得自己应该马上着手研制内燃机。经过一番认真思考,奥托确定了自己的工作方向,他要超越前人,设计制造一台全新的四冲程的内燃发动机。

【解说词】气体进入内缸，点火燃烧，膨胀后推动活塞运动，之后排出废气，这是两冲程内燃发动机的工作原理，在当时，这已经是发明家们能够创造的极限。

【解说词】在自己创办的工厂里，奥托冥思苦想，反复试验，他的目标当然不是重复前人的发明。

【画外音】奥托（情景再现）：究竟怎么做才能够产生足够强劲的功率？增加燃料，还是让燃料燃烧得更加充分？

【解说词】问题的关键在于，如何增加燃料，让燃烧更充分呢？面对这个难题，奥托和他的研发团队一筹莫展。

【同期声】德国道依茨股份公司主管赫尔穆·特米勒：把纸上的原理变成实实在在的机器也就是付诸实践，这个过程大概持续了十到二十年，这也是奥托的困难之所在，试验屡遭失败，耗尽了他的资产。

【解说词】一次次的挫折和失败，并没有减退奥托对内燃机的执着，在他的引领下，研发工作一直在继续，而成功的机会最终会留给那些有准备的人。

【同期声】（情景再现）：（在一次晚餐中，奥托突然把食物拍向桌面，竖起食指，激动地说道）“压缩！”

【画外音】奥托（情景再现）：对，用压缩，经过压缩，同样大小的体积，容量却多出了好几倍，这就意味着燃烧后产生的功率也大出了好几倍。

【解说词】1876 年，历经 14 年的不懈研发，奥托终于制造了由进气、压缩、膨胀、排气四个过程组成的四冲程发动机，其发动机的原理被称为奥托循环。和之前的发动机相比，奥托的四冲程发动机具有体积小、分量轻、功率大的特点。它出现之后，汽车的诞生才真正具有可能性，自那时起截止到今天，人类生产的汽车中约有 99%使用的是根据奥托循环原理制成的发动机。

【解说词】戈特利布·戴姆勒，威廉·迈巴赫，发明家，奥托内燃机研发团队的核心成员。

【解说词】1876 年，奥托的四冲程发动机研制成功，对这款发动机未来的发展方向，戴姆勒与奥托产生了分歧。奥托认为，四冲程发动机应该为工厂、矿山使用的大型机械设备提供生产动力。然而，戴姆勒却不这么想，他主张四冲程发动机应该和新型交通工具的开发联系起来，它会为一种全新的车辆提供动力，尽管这种车辆目前只是存在于自己的想象里。

【解说词】怀着这个梦想，1882 年，戴姆勒和迈巴赫离开道依茨发动机公司，他们在斯图加特市郊的堪施达特城创建了自己的实验室，潜心研发更轻便更快速的发动机。

【同期声】安德里斯·霍夫曼-戴姆勒——戈特利布·戴姆勒的曾孙:戴姆勒和迈巴赫是两个天才的革新者,在其他人都已经为新发明欣喜若狂的时候,他们两个革新者认为还不够好,或者说他们知道还可以做到更好。

【解说词】1887年,四冲程发动机问世一年后,当时,戴姆勒和迈巴赫还在奥托的工厂里为发动机的改进和发展而绞尽脑汁,就在距离他们两百公里之外的曼海姆,一个名叫卡尔·本茨的工厂主也在为工厂的经营不善而苦恼。在一个风云际会、飞速变化的时代,一些人的命运似乎也因此带有传奇的色彩。

【解说词】卡尔·本茨出生在一个手工业者家庭,他的父亲是一名火车司机,本茨在蒸汽和铁轨的光彩中度过了童年。15岁时,他顺利通过了机械工程师的资格考试,被当地人誉为天才少年。从那时起,本茨就希望能创造出一种不受轨道限制,能够自由行驶的交通工具。事隔20多年,少年时的梦想依旧在本茨的心灵深处闪亮,他决定转行,而新的起点将从制造发动机开始。本茨的决定无疑是正确的,一名蹩脚的机械制造商自此消失,人类世界却因此拥有一位划时代的发明家。

【画外音】卡尔·本茨(情景再现):追逐自己的理想是一件很困难的事,但是我对发明的热爱将永不停止。

【同期声】卡尔·本茨的曾孙女尤塔·本茨:我祖父的格言是对发明的热爱永不停止。因为他总是对自己做得是否正确表示怀疑,但是从来没有丢却自己的热情,他总是跨过那些障碍,继续前进。

【解说词】本茨在清贫和艰苦的折磨中开始了实现梦想的步伐,研发的重点集中在对奥托四冲程发动机的改进上。没有设备,没有资金,妻子贝尔塔变卖了嫁妆和首饰支持本茨,尽管是饿着肚子拼命地工作,卡尔·本茨对自己的设计方案仍然是一改再改,毫不马虎。

【同期声】卡尔·本茨的曾孙女尤塔·本茨:首先是能够推动汽车前进的发动机,这是所有事情的核心,我曾祖父工作的车间实际上就在住宅旁边,贝尔塔能自由进出,有时候他会说:“不行,进行不下去了。”这时候,贝尔塔总是鼓励他。

【解说词】1879年新年,一个影响本茨工作方向的事件发生了。一天上午,妻子贝尔塔向他讲述了报纸上的一则新闻:曼海姆城郊的一个洗衣店发生爆炸,引发爆炸的原因是被人们用作清洗剂的汽油。当时,很少有人了解汽油会具有如此高的可燃性。听了妻子的讲述,本茨突然想到,也许发动机最理想的燃料不是煤气而是汽油。

【解说词】几乎在同时，或者更早的时候，戴姆勒和迈巴赫也在工作中认识到了汽油的可贵。在斯图加特城郊的实验室，两人开始把这一大胆设想付诸实践，研发体积小、功率大的新式汽油发动机成为他们工作的重心。

【同期声】安德里斯·霍夫曼-戴姆勒——戈特利布·戴姆勒的曾孙：戴姆勒和迈巴赫正在聚精会神地工作，时不时可以听到他们对着点火装置绝望地说："为什么它不能正常运转？为什么？昨天还好好的，今天就不行了，这是为什么？"他经常面对这种沮丧，很多眼泪和悲伤，以及失败，时常的失败。

【解说词】1883 年年末，戴姆勒和迈巴赫终于迎来了一生中最为幸运的时刻，世界上第一台立式四冲程汽油发动机正飞快地运转着，戴姆勒挥舞双手，欣喜若狂，站在发动机前的迈巴赫，用沾满油渍的双手，擦拭着自己兴奋的泪水，为了实现这个梦想，他们一起度过了多少个不眠的日日夜夜，今天，终于梦想成真。

【解说词】这台名叫立钟的汽油发动机，体积小、重量轻、结构紧凑、功率强大，被后人誉为人类汽车史上的里程碑。

【解说词】两年后，戴姆勒和迈巴赫把自己的发明安装在一辆木制的两轮车上，世界上出现了第一辆摩托车，戴姆勒让自己的儿子鲍尔驾驶着这辆摩托车，以每小时 12 公里的行进速度为人们做演示。

【解说词】1885 年，在戴姆勒和迈巴赫发明摩托车的同一年，本茨的汽车研发工作也取得了突破性进展。由他制造的一辆装备了汽油发动机的三轮车在曼海姆城试验成功。这辆汽车已经具备了现代汽车的一些基本特点，如电点火、水冷循环、钢管车架、钢板弹簧悬挂、后轮驱动、前轮转向和擎动手把等，其齿轮齿条转向器是现代汽车转向器的鼻祖。这辆车重 254 公斤，每小时可行驶 18 公里，是世界上第一辆真正的汽车。

【解说词】1886 年 1 月 29 日，在围观人群的热情簇拥下，42 岁的卡尔·本茨来到专利局，领取了属于自己的殊荣——机动车发明专利证书，就是后来人们所说的汽车出生证。

【解说词】奔驰一号，世界上第一辆单缸发动机三轮汽车。如今，这辆车陈列在斯图加特市的奔驰汽车博物馆内，而本茨领取专利的 1 月 29 日，也被确定为汽车的生日。

【解说词】几个月后，戴姆勒也获得了轰动性的成功，他和迈巴赫把发动机装在一辆四轮马车上，以 18 公里的时速从斯图加特驶向康斯塔特，人类历史上出现了第一辆四轮汽车。

【同期声】戴姆斯东北亚投资有限公司,董事长兼首席执行官华立新:125年前,卡尔·本茨和戈特利布·戴姆勒发明了汽车,这项发明改变了世界,也改变了人们的生活,戴姆勒可以说得上是汽车工业的马达。

【解说词】1886年,真正的汽车终于出现在人们的视线里,这是一部可以改变世界的机器,因为它的出现,人类的视野从此更加开阔,思维更加自由,历史翻开了新的一页,卡尔·本茨、戈特利布·戴姆勒和威廉·迈巴赫,还有历史上众多的发明家,当他们的精彩人生融入历史,人类的生活才会如此多姿多彩。

【同期声】德国卡尔斯鲁勒大尼诺比萨餐馆老板菲利尼·塞韦里诺:第一辆汽车的发明者本茨就是在这出生的,因为很多人会来这参观,然后顺便进我的商店转转,我在这住了34年,我很高兴能在本茨出生的地方生活。

【提示与思考】

《汽车百年》纪录片记录汽车的诞生、成长乃至进入全盛时代,展示了由技术驱动带来的巨大社会变革,详细讲述了多个著名汽车品牌的诞生故事,并由内而外解读了这些品牌所特有的文化内涵。此外,从艾森豪威尔到希特勒,影片依托历史人物,着墨于公路的建设发展史,甚至城市在汽车时代的变迁。同时,影片也着重介绍了汽车与中国的"姻缘",从晚清慈禧太后与汽车的故事到新中国红旗轿车诞生,从第一个合资汽车厂设立到汽车在中国家庭的普及…… 有人评价,这不仅是一部关于汽车的大型纪录片,更是一部厚重的人类社会进化史诗。该片在摄制资金和人力的投入以及实拍的人物和文物,都创下了中国关于汽车专题片的新纪录。

【写作训练】

一、观摩一部电视片,看其中是否有典型细节的运用,这些细节在片子中起了什么样的作用。

二、试着以周围几个有特点的同学为拍摄对象,反映他们在学校的生活,题目叫《我的大学》,要充分注意细节的捕捉和利用,并通过解说词加以放大。

第四节 解说词的构思与布局

写文章是需要构思与布局的,解说词是特殊的文章,也需要构思和布局,但与其他的文体相比有相当大的变化性和灵活性。解说词写作不单纯是一种写作,也是一种处理和安排。解说词的构思是参与电视片整体构思的,解说词的布局也属于电视片整体布局的一部分。因为解说词只是创作电视片这个有形的物质整体的诸元素之一，题材不同、作品的风格不同、创作者对电视片各表现元素的把握能力不同、解说词的切入点不同、和其他元素的配合方式不同，解说词在电视片中的位置和分量也就不同，对解说词的处理和安排会有很大的变化，解说词的构思和布局也不相同。从这个意义上说，解说词并不存在独立结构，离开了整体，解说词的构思和布局就无从谈起。

一、构思

构思，从广义上说，是指创作一部电视片，从取材、立意、布局到表达的整个思维过程。从狭义上讲，是指在具体的创作过程中，为了表述内容，对以什么为线索，开头结尾、层次段落怎样安排、各视听表现元素如何运用等具体内容的思维过程。

构思是对一部作品的全盘规划和总体设计。解说词的构思是对作品中解说词的运用及它所承担任务的规划和设计，这种规划和设计是形成完整的表意整体的一部分，不能和作品的整体构思割裂开来。

《中关村启示录》是一部关于我国有硅谷之称的中关村崛起和发展的纪录片，片子的总体阐述中对解说词的构思要求就是基于整体构思的基础之上的：

一、片种定位

1. 本片是一部纪录片，并且是一部带有政论性质的纪录片。

2. 本片立足点在于经济观点的阐述，而采用的论据是中关村发展的历史。

3. 本片引导观众得出的最终结论是：科学技术是第一生产力。

4. 政论片的特征是先有一个主题思想，然后以这个思想为中心组织材料进行论证，最终给观众一个观念。这种做法在当今的时代也许不大受欢迎，所以我们这部影片要采取大量纪录片最本体的形式，而把那种繁琐枯燥的论证结构打破，所有论据必须是真实的。所以，这部片子应该是一部真正的纪录片，让观众从大量真实的视觉材料中得出自己的结论。

5. 本片涉及经济、科技、文化诸多范畴，内容涵盖科技发展史、世界信息产业发展史、中关村历史，世界高科技园的有关历史，更重要的是，内容阐述到了资本的发展历史。

6. 本片不仅在于褒奖，同时也在于提出一些问题，引发我们思考。

二、对解说词的要求

《中关村启示录》每集50分钟,实际上为47—48分钟(因电视台插播广告),加上片头片尾3分钟,每集实际片长在45分钟以内。

解说词在每集中所占的时间长度约15—20分钟。

解说词的作用定位如下:

1. 解说词尽量中性、客观,忌用华丽辞藻分散观众的注意力。

2. 解说词起到结构作用,也就是把采访和实拍的片段,像珠子一样用线连接到一起,使内在逻辑层次分明。

3. 解说词起到总结作用。

4. 解说词起到交代作用,交代时间、场所。

只有这样,才能把观众的注意力集中到拍摄的纪录镜头的本体上来,让观众自己透过本体去对中关村进行构架。

要把作品总体设计好,首先要有一条清晰、明确的思路。思路是客观事物在创作者头脑里经过观察、分析、综合之后,形成的一条清晰的、有头有尾的“路线”。把这个思维路线反映出来,即按照这条思路合理安排各视听元素创作作品,就构成了作品的组织结构。在作品中,思路主要表现为作品的线索。

线索是把作品的全部材料贯穿成一个有机整体的脉络。解说词的线索脉络,通常就是电视片的线索,也就是说,解说词总是围绕着电视片的主要结构线索来展开叙写脉络的。当然,由于解说词的优势在于挖掘事物间的内在联系,表达的是抽象的内容,理性色彩较强,所以解说词的线索显得更内在、更严谨。根据作品的内容和形式的特点,可以分为时空线索,人、物线索,感情线索等。

1. 时空线索

把材料贯穿成一个有机整体的脉络是时间的推移或者空间的转换。纪录片《藏北人家》通过一户藏北人家一天的生活来展现藏北牧民的生活、人生态度等,该片就是以时间为线索,从第一天黎明开始,到第二天黎明结束;在时间推移中,观众对藏北牧民的生活状态、人生态度、邻里关系、婚姻状况、审美情趣等有了一个明确的认识。

2. 人、物线索

串联作品内容、安排作品结构时,利用一个“人”或一件“物”为线索。

以人为线索的,如电视片《山里的日子》,以画家罗中立三次回访当年“父亲”原型的土地为线索,用罗中立的主观感受反映生活,让观众跟随他一起去感受生活的爱和美。

以物为线索的，如电视纪录片《龙脊》，以广西瑶寨的民歌为线索，非常巧妙地把散乱的生活素材结构成为有机的整体。电视片《芝麻酱还得慢慢调》是以主人公陈子宽“血压”的变化作为贯穿全片的主线。

3. 感情线索

感情线索是指通过创作者喜怒哀乐、爱憎好恶的感情变化线索组织安排材料，布局作品结构。以感情为线索，常常应用于散文式的电视作品中，如《长白山四季》中贯穿始终的就是一条“感情”线，从《春赞》到《秋颂》，到《夏赏》，再到《冬吟》，每一篇章都抒发了不同的情怀，合在一起，又共唱一首长白山四季歌。以感情为线索，这种感情必须是创作者内心世界产生的真挚感情，并且它和作品的内容是紧紧契合为一体的。

二、布局

布局是构思不可缺少的一部分，完美的构思需要完美的布局来体现，所以，在理清思路、确立线索之后，如何把纷繁众多的材料根据一定的主题需要，按照一定的线索恰当地组织成一个有机的整体，就要重点考虑对材料的组织布局方式，即作品的结构。一部电视片的结构，指的是各种声像材料搭配、排列、组合的规律和章法，它不但决定着作品的外部形态，也直接影响着作品的内部性质。结构，不但影响着作品的审美特质，而且直接关系着作品的优劣成败，同时，也集中体现了创作者的构思能力和艺术才华。

解说词虽不存在独立的结构，但是有布局的问题。哪儿需要解说词，哪儿不需要，哪儿需要解说词充分表达，哪儿只需点到为止，这就是解说词的布局问题。也就是说，使用解说词主要是解决说什么、怎么说、什么时候说、说多少的问题。

突出作品的主题，做到疏密有致、自然和谐是布局的首要原则。结构是艺术的形式，它为内容服务，又受内容制约。结构的疏密详略主要由主题确定，哪些地方应当疏略，哪些地方应当详尽，要配置得当。清代戏剧理论家强调剧作要“立主脑、减头绪”，就是要求结构紧凑，删除那些与主题无关的枝蔓头绪，使主题明确。成功的艺术作品，在结构布局上总是以主题为统帅来布置材料的。当然，对于电视作品而言，对材料的取舍既要考虑到画面，还要考虑到声音，更要考虑到声画的完美结合。作品的主题有时是通过解说词直接表达出来的，有时不直接说出来，而是通过作品的整体安排，通过对材料的组织布局让观众从中体会出来的，无论何种表现方式，都要删繁就简，熔炼精华，突出主题。

布局还要量体裁衣，从作品的体裁特点出发，从题材的规模和性质出发。内容简单的小题材不可能做大布局，错综复杂的社会生活内容和思想感情，也不能纳入简单的组织结构。就像简单的花卉小品,只能做小幅构图,而千里江山之美,就必须采取散点透视的结构方式,像坐船或行走中移动的视线取物一般,用长卷构图容纳连绵不断的景色。写实风格的电视片解说词就主要用来交代背景,而写意风格的电视片解说词则需要用来阐述思想,营造意境。

布局还要求多样变化,和谐统一。多样变化就是指主次分明,疏密相间,多样变化的目的是为了丰富地表现整体,使作品各部分之间和谐统一。古人曾说,好戏的结构"妙在千丝一缕,毫无凌乱之病",这就是指全局的和谐统一。

虚实相生、张弛有致,给观众留有余地,这也是布局的一个原则。虚实相生就是指以少胜多,小中见大,含蓄有味,给观众留下思考的时间和空间。张弛有致是指作品的节奏和谐得当。"文武之道,一张一弛",节奏是事物发展本身具备的,也是作品适合观众心理的需要。对于解说词来讲就是要充分考虑说多少的问题,不要从头到尾喋喋不休,更不要强加于人。

总之,布局好要注重出新,跳出一般性的老框框,要有创造性。

布局的内容有开头、层次、段落和结尾。

1. 开头

为文著述都有个从哪里下笔、从哪里写起的问题,这个"哪里"便是作品的开头。一个作品具有丰富的内容,还必须有一个激发观众兴趣的开头。开头,是创作者给予观众的第一信息;开头,是一部作品的头脸;作品能否吸引观众,开头很重要。"所谓头,指事之不必然上承他事,但自然引起他事发生者。"[①]开头是最困难的,也是最重要的。戏剧表演中有句行话叫"演戏要打头不打尾",也就是说一出戏,一个人物一开始就要给观众一个很深的印象。戏剧如此,电视片也如此。好的开头,往往能令人耳目一新。反之,开头如果平淡无奇,索然无味,观众就会毫不犹豫地更换频道。

对于电视片解说词来说,营造引人入胜的开头,不是靠惊人之语,而是靠绝妙的声画结合。比如,王雪梅、邹为民的《陵山汉墓》是一部介绍保定满城县陵山的电视片,在此片的开头,创作者用36秒的时间着力渲染陵山的旷远和神秘,而这种着力的渲染则是通过声画的完美结合体现出来的。

【画　面】 保定满城县陵山

【解说词】 这座小山的历史已无法考证,反正"陵山、陵山"地叫了多少年,谁也说不清这到底是谁的陵;陵山脚下有座陵山村、守陵村,可谁也闹不清他们的祖辈

---

① 亚里士多德:《诗学》。

是为谁守陵。也有人说，古时也曾有大胆的盗墓贼去偷坟掘墓，结果第二天山坡上一下子出现了18个一模一样的坟，强盗们被吓跑了；漫长的历史使陵山成了一个千古之谜。

【背景音乐】凄美的埙声

(1)几种常见的开头方法

以下列开头为例来分析：

例1：《邓小平》第一集《早年岁月》的开头

这是我们今天能见到的他最早的照片。邓小平1904年出生于四川省广安县，属龙，他16岁离开家乡，至今再没有回去过。

由重庆往北，沿渠江而上，行船约300华里，就到了广安。

例2：《百年税票》的开头

税，是一个非常古老的汉字，东汉时期编著的第一部字典《说文解字》中就收入了"税"字。"税"字的左边是"禾"，表示农作物，右边是"兑"字，表示兑现。

中国最早的税收可以追溯到4000年前的夏王朝。《孟子·滕文公上》记载："夏后氏五十而贡，殷人七十而助，周人百亩而彻"，贡、助、彻就是中国最早的税收形式。

税票是伴随着税收的产生而产生的，它是涉及税收的一切有关票据。由于税票使用的纸张以及其中的文字、图案鲜明地反映了一个特定历史时期的政治、经济、文化状况，因此具有很好的收藏价值。

例3：《大道琴声》的开头

(字幕：序曲：夺冠)

(字幕：中国青年钢琴家李云迪)

(字幕：波兰华沙国家音乐厅)

(字幕：第十四届肖邦国际钢琴决赛现场)

2000年10月，第十四届肖邦国际钢琴比赛在波兰首都华沙举行，来自

19个国家的98名优秀的钢琴选手参加了角逐。来自中国深圳的陈萨、李云迪成了比赛的最亮点。

(字幕:中国选手陈萨)

(字幕:中国选手李云迪)

肖邦国际钢琴比赛是世界上最主要、最严格、级别最高的钢琴赛事之一,它是为纪念19世纪世界伟大的波兰作曲家和钢琴家肖邦而设立的,每5年在华沙举办一次。从1985年以来,连续两届空缺金奖得主。比赛演奏的曲目全是肖邦的作品,它要求选手们既要演绎150年前肖邦作品的原味,又要演奏出个人对肖邦作品的理解;既要尊重原作,把握它赋予的内在情感,又要融入丰富的想象力,使作品生动和谐。因此,肖邦钢琴大赛被公认为音乐生活中的珠穆朗玛峰,能登上峰顶摘取桂冠的钢琴家寥若晨星,可以说它的获奖者既夺得了钢琴界的"奥运"金牌,也拿到了开启世界舞台大门的钥匙。

例4:《辽道背上读书声》的开头

龙泉关,古时候的边关。在龙泉关正西十几华里的地方有座海拔两千多米的高山,山顶上有个叫辽道背的村庄。据说是两百多年前,两户人家为躲避战乱逃上山顶,就此落户,一代代繁衍下来便有了今天这个山村。

在村子的北边有一座学校,小学有一个老师和两个学生。

例5:电视系列片《江南》之四《老房子》的开头

小桥流水,一向为江南独有的景色。

黑瓦白墙,从来是江南鲜明的特征。

是的,先有了这些黑瓦白墙的鳞次栉比,才有了一座座宁静的院落,才有了一条条幽深的巷道。"小楼一夜听春雨",这优美的诗句,像檐前的春雨一样,从久远的宋代,一直滴到了今天。

老房子不仅被写进了诗句,而且也曾被一代代画家作为创作题材。在当代,画老房子最多的,吴冠中先生恐怕是最值得列数的一位了。

例1、例2直截了当地切入正题,这是一种开门见山式的开头方式,例3、例4是一种背景介绍式的开头。例3的主人公是两位年轻的中国钢琴家,作品一开始先介绍肖邦国际钢琴比赛的情况，由背景衬托出两位中国青年的“辉煌”。例 4 一开始先是对地理环境的介绍，这样的地理环境让我们对那位默默无闻的民办教师满怀崇敬之情。例 5 则是用诗一样的解说去传达画外的诗意，营造情景交融的审美意境，让观众领略老房子的神韵，这是一种描写式的开头。

(2)开头的写作要求

开头是整个作品思路、基调和规模的一个亮相，为全片定下调子，所以，开头的写作应是在认真审视已有素材、明了作品的内容、对全局有了整体把握的基础上进行的。开头应是从作品内容中理出来的头绪，不是硬加上去的，不能游离于作品内容之外。

开头是整个作品立体结构中的一个组成部分，作品的开头首先要考虑声画如何结合的问题，也就是选用什么样的画面和画面相配合的声音，是用解说词，还是用同期声、用音乐，还是两者互为补充……所以，如果一部作品的开头要用解说词，而解说词的写作构思则要和画面及其他元素综合起来考虑。

作品的开头要抓住事物发展的内在脉络，找到叙述起点。这个起点能够提携整个作品，并且激起观众一睹为快的兴趣。所以，“开头”并不单纯指第一句解说词或第一个镜头，更主要的是全片的内容从哪儿开始。

2. 层次

层次是根据作品的思想内容划分的作品中的主要成分，它体现了创作者思路展开的步骤。

层次和段落是相关的，段落是层次的组成部分，层次是作品的组成部分。解说词的层次安排也要结合画面及其他声音元素来进行。

层次的安排可以有以下几种方式：

(1)顺着时间推移或者以作者认识、感情发展的顺序安排层次。

《唐之韵》第一集《千古唐诗》就是按唐朝历史上出现的一些大诗人的先后顺序和作者对他们的认识来安排层次的。

千古唐诗

这是陕西醴泉县的昭陵，埋在这里的是中国历史上最为杰出的皇帝唐太宗李世民。

李世民，这个少年英雄，19 岁起兵反隋，骑着这昭陵六骏，手握风雷，驰骋华夏。“昔乘匹马去，今驱万乘来”，建立了中国历史上国力空前强大的唐王朝。29 岁时，他从父亲唐高祖李渊手中接过皇帝的权柄，中国历史上于是开始了令后人无限向往的贞观之治。

李氏家族虽属汉族,但祖籍陇西,从4世纪初起,就一直为少数民族所统治,到唐王朝建立,已经是400年了。400年,要改变一个家族思想感情的遗传基因是绰绰有余的。因而李氏家族成了一个深度胡化的家族,他们又自认为是古代哲学家老子李耳的后裔,因而对老庄道教学说十分推崇,对魏晋南北朝以来勃兴的佛教也不存任何芥蒂。有了这样一个不带成见不存偏见的政治核心,加上国力强大,生产力的发展,也达到了小农社会的最高水平。于是唐朝人信心十足,对什么都敢用微笑来接纳。

在李氏家族统治的290年内,没有因文字触犯忌讳而被判罪的,更没有因此而杀头的。即使是讽刺了皇帝,揭了皇帝的短,也就只算小事一桩。

在封建统治下,这是唯一一个政治气氛如此宽松大度的朝代。

一说起唐代,我们立即就会想到唐诗。唐诗是中国诗坛的珠穆朗玛峰,在小农社会里,前无古人,后无来者,是一个无法企及的高度。唐诗是中国诗坛的长江、黄河,以广阔的流域面积,灌溉着中华民族诗歌的国土。据统计,全部唐诗有作者3600多人,诗55000多首,而且由于唐代刻板印刷术刚刚发明,印书还不是轻而易举的事,谁知道有多少诗歌流失了呢?盛唐重要诗人王之涣就只剩下了六首诗,那么,整个唐诗流失的数字,又有谁能统计出来呢?

唐代实行科举,进士一科尤其受人重视,考进士要考诗赋,诗做得好就有飞黄腾达的可能,读书人谁不想在这擂台上一试身手。流风所及,连和尚、道士、妓女等稍有些文化修养的人都敢大大方方站出来赋诗一首,有不少人甚至还留有诗集。

唐代,连政治、哲学,都透着诗歌的芬芳,是典型的诗歌时代。

唐代的诗坛,不仅诗多诗人多,而且还挺立着一队令人肃然起敬的巨人,像李白、杜甫、韩愈、白居易等等。

不尽长江滚滚来。这一个接一个登场的巨匠,宋朝以后的诗人创作时,都极力想跳进他们的磁场,却无从着手,或是极力想跳出他们的磁场,也无能为力。

于是初唐四杰之一的王勃来了,放声一唱就是:“海内存知已,天涯若比邻。”看看这胸襟气度,在交通和通讯工具都不发达的古代,山那边是什么样子,都很少有人知道,天涯是不可能若比邻的。而这只有人充满自信,相信能自由自在地活着,不会有政治地震和任何外力来阻隔人相会的愿望,才能从容不迫唱出这样的豪情。

于是陈子昂来了,像巨人一样挺立在幽州台上,面对着无限的时间与无限的空间,如春雷炸响一样高唱着:“前不见古人,后不见来者。念天地之悠悠,独怆然而涕下。”多么悲壮的歌声,像从历史的深处腾出,不仅一声就唤醒了永远辉煌的盛唐诗,而且直到今天,仍在中华大地上产生审美的冲击波。

于是那一群气势磅礴的边塞诗人来了,他们是盛唐的仪仗队,显示着盛唐的国威。

王昌龄来了，高唱着战地进行曲："青海长云暗雪山，孤城遥望玉门关，黄沙百战穿金甲，不破楼兰终不还。"

于是高适来了，他的千古绝唱《燕歌行》如钱塘江潮一样澎湧而来："汉家烟尘在东北，汉将辞家破残贼，男儿本自重横行，天子非常赐颜色。"

于是岑参来了，这个渴望建功立业的诗人满怀激情高唱着："走马西来欲到天，辞家见月两回圆，今夜不知何处宿，平沙万里绝人烟。"

这群边塞诗人，或歌颂在保卫祖国的战争中一往无前的昂扬斗志，或诉说战争的艰苦和残酷，都那么英姿飒爽、气势灼人。因为他们是盛唐的诗人、盛唐诗坛的风云人物喷发的是永远震撼人心的边塞英雄交响曲。

终于，李白来了，他配合时代的最强音，以惊动千古的气势唱出了"君不见黄河之水天上来，奔流到海不复回"，这是巨人昂首天外，用目光提起黄河滚滚狂涛向海里倾倒时才能找到的感觉。正是这个宣言"安能摧眉折腰事权贵，使我不得开心颜"的超级巨人把盛唐精神推上了照耀千古的最高峰。

然而，盛极一时的唐王朝终于酿出了"安史之乱"，这一场延续了八年的战争把盛唐气象一下子扫得七零八落。

于是杜甫颜色憔悴、形容枯槁地走来了，这个悲天悯人的诗人，虽然到"安史之乱"爆发那一年已经44岁，但他唱不出盛唐的理想主义，唱不出盛唐的浪漫气质。他用嘶哑的歌喉唱出来的是"国破山河在，城春草木深。"这是一片中唐的血泪，是目睹盛唐气象破灭的悲哀。

于是，韩愈来了，这位个性极强，想把盛唐气象召唤回来以重新振起自信的诗人开创了一个奇绝险怪的诗派。他大声疾呼，用诗一样的语言喊出了"物不得其平则鸣"的千古名言，显示出想用地震的强力重新推出一个高峰的魄力。

于是白居易来了，一出场就倔强地唱出了"野火烧不尽，春风吹又生"的坚韧，显示出唐王朝仍然是一个极有活力的存在。他发起了声势浩大的新乐府运动，诗歌的风格浅切平易，与韩愈的奇绝险怪双峰并峙，使唐诗呈现出一个气象万千的新天地。

然而唐王朝毕竟走上了无可挽回的下坡路，唐诗也从中唐的再度繁荣跌进了晚唐的衰落。

于是李商隐来了，他眼前一片朦胧，不知风从哪里来，也不知路向哪里去。他的歌声是感伤的、低沉的，望着逐渐暗淡的黄昏，一唱一咽地低吟着："向晚意不适，驱车登古原，夕阳无限好，只是近黄昏。"他是在哀叹自己的不得志，可我们从中也看到了唐王朝的日暮穷途。

唐王朝，中国历史上的这一道辉煌，终于黯然熄灭了，唐诗也以寒蝉一样凄切的声音唱出了最后的失落。韦庄站在南京古城墙上唱着:“江雨霏霏江草齐,六朝如梦鸟空啼,无情最是台城柳,依旧烟笼十里堤。”这是在哀悼六朝的沦落,也是为唐王朝送终,为唐诗留下最后的叹息。

唐诗结束的时候,它的影响却刚刚开始,到唐代才终于定型的绝句、兴盛于盛唐的律诗,穿越千年,被一直沿用到今天。今人写旧体诗,提笔就是一首五绝、五律、七绝、七律,大概很少有人想过,这是唐朝诗人铸成了现成的模子,才使我们写起诗来能这么方便。宋、元、明、清这几代的诗人,绝大多数或深或浅,或直接或间接地受到过唐诗的影响。且不说个人,就连较大的诗派和较有影响的诗歌运动也深受其影响。北宋初的西昆派专学李商隐,只求把诗写得朦胧,甚至晦涩,而不管有没有诗味;北宋后期兴起的以黄庭坚为首的江西派则把杜甫奉为祖师爷,讲究用典,以无一字、无来处相标榜;明代中叶兴起的复古运动,甚至断然以“诗必盛唐”相号召,只求把诗写得语言雄阔,锣敲得山响就行,管它是不是音乐。直到清末维新运动起来后,传统的诗歌美学开始受到挑战,康有为才大声喊出了“意境几于无李杜,月中何处着元明”,才终于敢站在时代的制高点上来俯视唐诗。话虽如此,但中国诗歌终于从唐诗的磁场中跳出来,还是“五四”时白话文兴起以后的事了。

童声朗诵:“渭城朝雨浥轻尘,客舍青青柳色新。劝君更进一杯酒,西出阳关无故人。”

(2)典型集合式

典型集合式是指作品的内容分为具有一定内在联系的几部分,各部分互为并列,但合在一起,共同表现作品的主题。比如《世界著名大学》的每一集主要由大学概述、学校特色、校园风情三个部分组成,大学概述部分通过现代视听手段给观众一个大学整体的印象和大致的轮廓;学校特色部分则主要是突出各大学在教学、科研、传统文化方面的特点;校园风情部分从各个侧面展示了学生们的文化生活。

再比如《人在单位》中的一集《流动的故事》中,通过三个人物的具有历史感的流动状态,反映了社会制度的变迁以及这种变迁给个人、给个人与单位的关系带来的影响。三个人物中的一个是计划经济时单位人调动难的典型,通过他表现人才单位所有、人才流动难的时代;一个是社会转轨时代的典型,他尽管可以告别单位自主流动了,但他无时无刻不生活在单位体制的阴影之中,完全的市场化对他来说还是一个遥远的梦;第三个人物是一个从未进入单位,完全靠个人打拼的自由职业者,他的成功得益于改革,得益于人才的市场化和自由流动。

3. 结尾

结尾应该是作品内容逻辑发展的必然结果，是全片内容的必然升华。

(1)几种常见的结尾方法

以下面一些作品的结尾为例来分析：

例 1:《敦煌百年祭》的结尾

藏经洞的发现是偶然的，也是必然的，而敦煌文物在过去整整一个世纪所走过的道路，莫不与我们祖国和民族的命运风雨同舟，休戚相关。特别是中国的知识分子，他们虽然曾为敦煌文物的被劫掠而蒙受羞辱、感伤悲号，却由此无私无畏地投身于对国宝的保护、开发与研究之中，呕心沥血地渴望再造辉煌，一洗国耻！他们曾经处于寂寂无闻、孤立无援的弱小地位，生存环境几乎不为外界所知，却终于凭借自己毕生的努力，使古老的中华文明得以发扬光大。敦煌百年的纪念活动，终于记下了他们强烈的文化责任感和不朽的牺牲精神！莫高窟这朵千古莲花在新世纪的曙光中绽放出璀璨的光华。

"天若有情天亦老，人间正道是沧桑。"今天，当我们阅读敦煌百年的历史，往往也会读出感动、眼泪和忧伤，因为这百年史书的篇幅中，写下了无数的碧血丹心。而今天荣膺特殊贡献的人物，正是这碧血丹心的结晶体……他们理应名垂青史，他们的历史功绩也将与敦煌莫高窟同样不朽！

例 2:《百年税票》的结尾

这是"文革"时期的一张购货发票，江西永修县改名为永红县，而从盖的戳记看，仍沿用的是永修县的印章。

1976 年，"四人帮"粉碎了，这是中国的转折，也是中国税制的转折。

1978 年，十一届三中全会召开，改革开放的春风吹醒了中国大地，在政治斗争中忙活了几十年的中国人终于明白，让老百姓富起来才是最重要的。新中国成立 30 年了，中央第一次明确要把工作重心转移到经济建设上来。从计划经济到有计划的商品经济，进而到市场经济，我们的认识完成了一次次飞跃，思想上实现了一次次升华。

1988 年，我国又发行了一套印花税票。自 1958 年印花税和其他一些税种被取消之后，已经过去了 30 年。

1994 年，税票家族又迎来了新的成员——增值税专用发票，在酝酿了多年之后,这个在国外早已长大成人的发票宠儿,终于在中国诞生了。

1994年税制改革以来,全国的税收收入以每年15%左右的速度大幅攀升,为中国高速增长的经济提供了强有力的保证。

【同期声】皇粮国税,自古有之。这个税收,它是国家政权凭借权力、利用法律对国民收入进行分配和再分配的一个手段,也是国家为实现职能而采取的一个必要措施。

谈古说今,谈税说税,不知不觉中,我们走过了数百年,透过税票这小小的窗口,我们看到了税票与税收、税收与国家、国家与大家的关系。税票的故事讲也讲不完,税票的故事还将继续讲下去,而你、我、他就是故事中的主人。

例3:《江南》之《老房子》的结尾

有专家这样问道:"花总是要谢的,老房子正在迅速消失。可是,花谢后不结果实和种子吗?"

吴冠中先生笔下的老房子就是一束花,一束意蕴丰厚的艺术之花。当然,老房子的内涵所结下的种子,又绝不会仅仅在绘画领域里生根与抽芽。

那经过艺术概括的黑瓦,那经过精神升华的白墙,不仅包含着对风雨沧桑的回忆,而且充满了对美好明天的憧憬。这不由得让人想起了鲁迅先生写在《故乡》里的一句话:"老屋离我愈远了,但我并不觉得怎样的悲哀。"

吴冠中先生从现实当中的老房子走出来,又走向了艺术中的"老房子"。

例4:《特殊家庭》的结尾

岁月如河,生命如歌。在岁月的长河里这家人依然相互扶持着,过着他们质朴而又平静的日子,如今,爷爷的视力越来越差,但爷爷却说在他心里一直都有一片亮光……

例5:《大道琴声》的结尾

脚在走,手在弹,音在响,琴在诉。旋律的起伏,琴声的优美,人生的思绪,感情的张扬,都在这梦幻般的抑扬顿挫中得到诠释。世界已经为李云迪打开大门,音符已经被李云迪谱写成乐章,走世界钢琴大师之路,要付出比常人更多的汗水，还要汲取更多大师的精华，因为在他的面前还有克里斯蒂安·齐默曼，还有波里尼。

妈妈还会像从前，把全部母爱无私献给儿子，老师还会像从前，把全部知识授给聪明学生，学校还会像从前，全力支持学生向更高攀登。我们相信，李云迪也会像从前，全身心汲取更多的钢琴理念，脚踏实地谱写新的大道琴声。

有道是：漫漫人生长长路，悠悠音乐绵绵情，真情谱写真情在，大道还需大道心。

例 6:《武汉百年》的结尾

公元 1911 年 10 月 10 日——历史在这一天定格，2000 多年封建帝制的丧钟在这一天被武汉人敲响，武汉起义之城的历史地位在这一天奠定。从“亡秦必楚”到“亡清必楚”，中国历史上第一个封建王朝和最后一个封建王朝的皇冠都在楚人手中落地。这仅仅是历史的一种巧合么？历史当然不应该以成败论英雄，但成功总是格外青睐英雄。武昌起义把武汉人那种似乎与生俱来的首创精神与争先性格、敢于造反的勇气与善于造反的精明发挥得淋漓尽致，武汉也因此成为华夏最先起来推翻封建制度和最早迎接近代民主共和曙光的英雄城市。

历史当然不会在这一天终止。历史上的有些情节往往有惊人的相似：发出“亡秦必楚”的呐喊声的楚霸王项羽率领三千江东子弟在战场上纵横驰骋，终因“沽名钓誉”而未能完成一统江山的宏愿，不得不在四面楚歌声中“霸王别姬”，自刎乌江。2000 多年后的武昌起义，“亡清必楚”的欢呼声也突然戛然而止在某一个征衣未及卸下的黄昏。新的政权变戏法一般地落入起义志士的敌人——封建官僚和军阀的手中，起义元勋们的颈血伴随悲壮的呼喊和不解的困惑飞舞在那些血色黎明。正是功败垂成赋予了武昌起义特别的悲剧意义，多少年来引人思索，发人深省。除了我们熟悉的那些原因，因为资产阶级先天性软骨病而使革命未能达到最终的目标？还是起义志士们受地域精神影响，存在壮勇有余而谋略不足，有献身革命的豪情却缺乏指点江山的胆魄等种种性格缺陷，从而导致起义之城受辱蒙羞？让我们将镜头再一次对准起义门——这起义之城的精神象征，去追忆那耐人寻味又刻骨铭心的一幕：1913 年 12 月，北洋军阀段祺瑞奉袁世凯之命南下督鄂，下车伊始便撤下墨迹未干的“起义门”牌匾，重新恢复了中和门的旧称，以釜底抽薪的精神方式诠释了这场革命与反革命较量的最终结局。起义门,像一位阅尽世事的老人,在晨钟暮鼓中沉默无语,但每个走近它的人总不免要放慢放轻脚步,聆听它那承载着一个世纪沧桑的叹息……

例7:大型文献纪录片《孙中山》的开头和结尾

开头:再过几天,这幅高6.18米,宽5.24米,重约10吨的画像将运出画棚,竖立在天安门广场。

结尾:为了缅怀他,孙中山逝世的3月12日成为中国人的植树节;为了纪念他,新中国每逢劳动节和国庆节,都要把他的画像摆放在天安门广场。

分析例1和例2,可以看出这两个结尾都对作品做了一个总结,使整个作品显得完整、统一。例3、例4则是在结尾传达了某种寓意,给观众留下进一步回味的空间,达到了言已尽而意无穷的效果。例5、例6在全片结束的时候,抒发了创作者的感情,当然,这种感情是由作品的内容所蕴含的感情因素汇聚而成、自然引发出来的,是作者激情的自然流露。例7的创作者在结构安排上颇费心思,该片的一大特色就是将历史故事化,让观众通过生动的故事解读历史,它开头的解说词极其平实,自然地从孙中山的画像开始,拉近了现实与历史、观众与伟人之间的距离。结尾照应开头,依然回到了孙中山的画像,给观众一种首尾呼应、形式完整、结构严谨的感觉。

(2)结尾的写作要求

结尾不单纯指最后一句解说词和最后一个画面,它是作品的一个有机组成部分,是作品内容逻辑发展的必然结果。解说词结尾首先不应该拖泥带水,应是言已尽而意未尽;其次,应该回顾上文,进一步加深观众的印象和认识;第三,语言风格应该和全片的解说词相一致;第四,考虑和画面及其他声音元素的配合。总之,作品的结束并不是观众对作品的认识结束,而应是余味深长,影响深远的。

【优秀作品赏析】

《孙子兵法》第一部《根》的开头

孩子们读的是一个战争故事,它发生在1700多年前,那场水面之战的结局的确出人意料,因为凭实力该取得胜利的曹操成了败将,小小的周瑜却四两拨千斤,出尽了风头。古老的赤壁大战使后人惊叹不已,正是这以少胜多的斗智细节,才有了今天孩子们课本里的精彩篇章。在中国人的历史中，这种充满了智慧的决战还有许多，而今天的人们极有兴趣地把它印刷成文字或编成故事，来启发他们的子孙后代。兵家谋略在中国五千年的传统中是一种境界很高的文化，它也是中华民族所有财富中的精品。

谈起兵家的起源，几乎也要从华夏民族诞生的远古时期开始。

【提示与思考】

作为兵书，《孙子兵法》约有5,000余字，作为电视片，《孙子兵法》试图以有限的篇幅来阅读这篇有5,000余年历史的兵书。要表现这样一部内容复杂的兵书，从哪里入手确实是需要细思量的。本片第一部《根》从孩子们的一篇课文开始讲起，可谓巧妙，既引出了后面要谈到的“大”内容，又让观众实实在在地“进入”了作品。

【优秀作品赏析】

“天使奶奶”熊小全

【主持人】观众朋友，欢迎收看都市写真。今天我们的故事发生在汉口一位普通的老奶奶和一个年轻人之间。去年12月的一天，老奶奶和年轻人在街头偶然相遇，年轻人将他的所见所闻拍了下来，谁也没想到这次相遇让老奶奶紧接着成为几十万网友关注的对象。

【现　场】年轻人和老奶奶第一次在街头碰面。

小　廖：老奶奶，您多大年纪了？

老奶奶：我七十四了。

小　廖：您拖的这些东西有多重？

老奶奶：500多斤。

小　廖：奶奶，您这么大年纪了，怎么拖这么重的东西？

老奶奶：我的孙子还没有成人，我要把他抚养成人。

小　廖：那您的孩子呢？

老奶奶：儿子跑了，我不能麻烦政府管，我还有800元的(退休)工资。我家里还有一个爹爹，得了癌症。我送完水果就要回去照顾他。

小　廖：那您这么大年纪了，还这么辛苦？

老奶奶：我不能麻烦政府，我一个月还有800的(退休)工资。一个小孙子，他是小学生，12岁了，还没成人，我要供他读书，我还能干两年。

【字幕＋配音】小廖是一名国企职员，业余时间爱好摄影，是名“拍客”。2007年12月的一天,他在街头偶然拍摄到以上镜头。

【采　访】小廖:我当时让奶奶下来,我说让我来骑一段,结果我一上去,真的踩不动,我内心就在说,奶奶做了一件比我还厉害的事情。一直自以为体力还可以,一直在骑自行车,居然踩不动奶奶的车。

【解说词】听着老奶奶的讲述,看着她骑着连年轻人都骑得费劲的三轮车,小廖当时被一种莫名的情绪触动着。

【采　访】小廖:当时就是很感动,谁能70多了还骑这个,她说为了孙子,还能再干两年。当时的提问根本不是事先想好的,就是想一个接一个地问,想知道奶奶的生活,但我全都不知道。

【解说词】老奶奶很快消失在人群当中,而这几分钟的街头相遇,让小廖无论如何也放心不下这位让他心生怜悯的奶奶。

【采　访】小廖:把拍到的镜头给很多人看,他们说认识,就在果行里。

【解说词】原来,这位送水果的老奶奶叫熊小全,家住天门墩社区,如今已是74岁的高龄。每天早上六点多钟,她便骑车四十多分钟赶到武汉华南水果批发市场帮助果行运送水果。水果市场的人都认识这个特别的老奶奶。

【现　场】果行老板:她风雨无阻,天天来,对别人非常热情。

果行人员:我们都认识她,她干了十几年了,这么大年纪了,真的不容易,精神让我们自叹不如。

【解说词】在水果市场,帮人运货的年轻人很多,像熊奶奶这样年纪的绝无仅有。熊奶奶不停地在市场里来回转,见人总是笑呵呵的,热情地询问是否需要帮忙。

【现　场】记者:拉活要自己找,还是别人找你来拉?

熊奶奶:都要自己找。其他拉车的都是年轻人,活都被他们做了。但是有的人愿意找我,觉得我这个人蛮踏实。

【解说词】这不,一位水果店老板叫熊奶奶帮他拉一车水果。等老板挑选好水果,熊奶奶就一箱一箱主动地往车上搬。

【现　场】记者:这有多少斤啊?

熊奶奶:500多斤。

记者:送到哪里去?

奶奶:不远,就在门口。没人找我,有这样的活可以了。

记者:给你多少钱?

奶奶:看着给,两块、三块都可以。

【解说词】踮着脚,咬咬牙,熊奶奶搬水果时很是吃力。但熊奶奶说这种短途运输不算什么,有的时候,她最远要送货到六渡桥。74 岁的她,一米五的个子,80 多斤的体重,要拉上四五百斤的水果,骑上一个半小时才到达目的地。一天跑两趟,就可以得到 20 元的收入。这份工作,她干了十年。

【现 场】奶奶:人家总是问:你这么辛苦,怎么不觉得累呢?我说劳动时心情愉快,也是锻炼身体,劳动身体就好,我从来不生病,最多感冒吃 5 角钱的药就好了。

【解说词】究竟眼前这个瘦小的老人有着怎样的生活?为什么这样大的年纪如此劳累却又乐此不疲?在熊奶奶简陋的家中,我们见到了因病卧床不起的爹爹和只有 12 岁的被父母遗弃的小孙子。熊奶奶一回到家,第一件事就是忙着为爷孙俩做饭。

【现场声,切菜,做饭】

【现 场】奶奶:我每天早上五点就起来,赶忙把饭弄好,好让爹爹吃饭,然后我拉完货,中午再赶回来,热一下就可以吃了。

【解说词】熊奶奶和爹爹都是老党员,十几年前退休后,两人每月共有 1,800 元的退休金,日子虽然紧,但也过得去。几年前儿子离婚后就出外打零工,每月几百元的收入还不够养活自己,后来干脆把孩子留在熊奶奶家中,不再回来。熊奶奶和爹爹只好带着小孙子生活。不久后打击接踵而来,爹爹患上了肝癌,为了治病,家里已经倾尽所有。熊奶奶不得不骑上三轮车去挣钱。但熊奶奶始终乐观地面对生活给她的一次次考验。

【采 访】奶奶:我觉得不辛苦,因为我有能力,有一份能力,就发一束光,我是一个劳动力。我们从旧社会走过来,那个时候还可怜一些,没有人关心你。现在我们有工资的保证,还有医保,心里暖和和的,所以我从来不悲观。

【解说词】在和奶奶进一步接触后,小廖将拍摄奶奶的视频上传到了网上,他给这个可爱的奶奶取名为“天使奶奶”。做“拍客”半年了,小廖喜欢用这样的方式和网友分享自己的点滴。然而视频一放上去,意想不到的事情发生了。

【采 访】小廖:先是放到了新浪 BBS 的头条,然后报纸报道,很多媒体转载,很多人找我,湖南卫视、山东台、兰州台,都找我,为了找奶奶。

【解说词】天使奶奶在网上的视频点击率很快达到 30 万。于是小廖在网上建立了天使奶奶 QQ 群,没几天网友爆满,还有很多人急切地等待被加入。网友们每天都发来信息渴望了解奶奶的最新情况。这时,小廖想为奶奶做点事情了。

【采 访】小廖:我想能不能不让奶奶踩三轮车了,就这么一个简单的想法。我自己能力有限,想发挥大家的力量,就提出捐款。当时就把卡号、名字发到网上,说只要相信我,就捐。

【解说词】在虚拟的网络世界,信任不是一件容易的事情,小廖最初没有抱多大的希望。

【采　访】小廖:平时我们身边的人都不是很信任(他人),更何况是千里之外的网友,让我很感动的是,还有很多网友冒着上当受骗的风险,来关注奶奶,捐款给奶奶,甚至有美国的网友要求捐款。

【现　场】小廖带奶奶去银行查捐款数额。

【解说词】没想到熊奶奶怎么也不愿意收这些捐款。她坚持把钱转捐给了一名贫困的学生。

【采　访】天使奶奶:国家虽然大,贫困的人也多,比我可怜的人更多,我总这样想,要捐助别人,我是想别人对我关爱,为什么我不能关爱别人,血液要循环,如果不循环,人就死了,血液只有循环了,才有推动力。

【解说词】熊奶奶的举动引来了越来越多的关注,许多人都想帮助她。但熊奶奶一一谢绝了,她如今依然坚持踩着她的三轮车,她说她更要用劳动来回馈社会的关爱。此时,小廖才觉得自己真正认识了奶奶,他不再觉得奶奶是一个可怜的人,而是对她心生无比的崇敬。

【采　访】小廖:我觉得通过她的精神,自强、自立、对他人无私的奉献,影响了很多人、很多的网友。在我心中,她真的是一个天使。

【解说词】是的,天使奶奶是一个天使。然而她带给我们的感动和教益不仅仅如此。

【采　访】新浪视频:北京师范大学教授于丹:这样一个老人帮助我们内心的东西更多,她唤醒了我们心中的一些东西。她第一自立,第二感恩,第三知足,她是一个天使,她也会帮助更多的人成为天使。

【音乐:慢镜头结尾】

——武汉电视台《都市写真》2008年2月5日播出,获第十九届中国新闻奖三等奖

【提示与思考】

本片讲述武汉一位普通的靠骑三轮车送货为生的老奶奶如何感动几十万网友,并被称为“天使奶奶”的故事。解说词有叙述,有议论,将故事背景、“拍客”的好奇和解惑有机地串联起来,像是一根线,或一个别针,帮助完成了全片的结构。或者也可以说是黏合剂,将片子黏合完整,同时推动情节的发展,帮助渲染气氛。

【写作训练】

一、下面是一些电视作品的开头或结尾，试分析这些开头或结尾的作用和特点。

1.《百年潮·中国梦》第二集的开头：

【解说词】面对这样一个饶有兴趣的提问："如果再生为人，您愿意生在哪个国家？"

英国历史学家阿诺德·汤恩比思索片刻，明确回答："我愿意生在中国。"

汤恩比以历史学家的眼光给出的理由是："中国今后对于全人类的未来将起到非常重要的作用。"他阐明这是他在对世界不同文明体系做了详尽的比较和研究，把中国置于全球演变的多维空间评估之后所获得的审慎结论。

一部中国近代史，足以令观者眼花缭乱，令智者从沉重和苦难中看到东方醒狮的后发力量。

纵观百年屈辱、百年抗争，各式各样的救国方略乱花迷眼：资本主义、改良主义、自由主义、社会达尔文主义、无政府主义、实用主义、民粹主义、工团主义……一时间"你方唱罢我登场"，但最终都纷纷碰壁、破产了。

中国向何处去？中华民族的出路到底在哪里？

【同期声】习近平：实现中国梦，必须走中国道路，这就是中国特色社会主义道路。这条道路来之不易，它是在改革开放30多年的伟大实践中走出来的，它是在中华人民共和国成立60多年的持续探索中走出来的，是在对近代以来170多年中华民族发展历程的深刻总结中走出来的，是在对中华民族五千多年悠久文明的传承中走出来的，具有深厚的历史渊源和广泛的现实基础。

2.《伊拉克风云二十年》第一集《巴比伦之梦》开篇词

两河流域古文明辉煌灿烂，20世纪伊拉克耀眼中东。

（专家同期声：伊拉克当时的的确确是一颗正在上升的新星。）

农民之子登上总统宝座，舞刀弄枪，连连震惊世界。

（专家同期声：萨达姆是一个青年的复兴党人，坐过牢，流亡过国外，最后进入国家政治生活的主流。）

萨达姆的巴比伦梦想给伊拉克带来了什么？

《东方时空》特别节目《伊拉克风云二十年》第一集《巴比伦之梦》今天为您打开问号。

3. 电视片《共产党宣言》的结尾

上集的结尾：

1920年春，共产国际向中国派出了一个联络小组，他们踏着初春的寒露，悄悄进入了中国。

下集的结尾：

从19世纪末李提摩泰把马克思的名字第一次传入中国起，已经过去一个世纪了。20年代初，中国的先进分子选择了马克思主义，从那以后，中国历史发生了引人注目的翻天覆地的巨大变化。在这个漫长的历史过程当中，中国共产党人已经有了自己的伟大思想旗帜。有人会说，《共产党宣言》的写作时间和传入到中国的时间，已经是一个遥远的历史了。是的，尽管时间遥远，但那却是珍贵的第一步。后来的伟大事件的发生都离不开这一步。

二、观摩几部电视片，分析贯穿作品全部材料的线索及作品的层次安排。

三、一个人从小学到大学要经过几个一年级，即小学一年级、初中一年级、高中一年级、大学一年级等，以此为选题范围，拟定作品的构思设想，包括：1. 作品的线索；2. 作品的开头；3. 作品的结尾等。

第五节 写实类电视片解说词的特点

一、写实类电视片的特点

写实类电视片是指通过电视声画语言的综合作用，真实具体地展现和揭示生活的具体情状和发展过程，让观众从中体会到蕴含在其中的思想意念的电视片。

写实类电视片具有如下特点：

1. 真实地展现生活的情状和过程。通过真实的展现，以小见大，以具体见抽象，以物质现实见主观倾向。

2. 同期声强化作品的真实性。不同音色的声音本身就是某个具体人的重要符号。

3. 注重细节刻画。注重真实细节的捕捉和运用。如果只有生活过程的一般展现，那么作品只是有了筋骨，只有具有真实的生活细节，作品才有了丰腴的血肉。片子的感人之处往往在于有生动的生活细节。

二、写实类电视片解说词的特点

写实类电视片的特点决定了这类片子的解说词具有以下特点：

1. 主要是交代背景和间接性、抽象性、概要性的信息。
2. 语言自由、流畅，尽量做到生活化、亲切化。
3. 选择一个较好的切入点。
4. 语言客观、公正。
5. 注重刻画细节。

【优秀作品赏析】

姐弟情深

现场同期声（手术室紧张的手术　肾摘除　冰冻肾脏与心脏显示仪）

【解说词】2008年3月27日，在新疆医科大第一附属医院的手术室，正在进行全国罕见、新疆首例非亲属、跨民族的无偿活体肾移植手术。接受肾脏移植的是饱受尿毒症折磨的17岁维吾尔族少年毛兰江，无偿捐肾者是刚满24岁的汉族姑娘王燕娜。

【解说词】半年前，家住新疆昌吉市的维吾尔族少年毛兰江被确诊患上了尿毒症，已到晚期。延长孩子生命唯一的办法就是换肾，毛兰江的父母和亲戚都想为他捐肾，但是经过配型检查，都不符合捐肾条件。

【同期声】（毛兰江）想着完了，而且想着再透析一段时间，死就死吧。

【解说词】绝望中的吾买尔夫妇万般无奈之下向当地一家媒体求助，报道刊发后引起了汉族姑娘王燕娜的注意。

【同期声】（王燕娜）我一看报纸，特别的巧，才17岁，还是B型血（和我一样），我当时心里面就有个想法，想悄悄地先去试一下，看行不行。

【同期声】（毛兰江的父亲吾买尔·吐来曼）第一次我觉得有些半信半疑，这个姑娘长得这么漂亮，那么年轻，她决定捐肾，这个事是难以想象的。

【解说词】毛兰江父母将信将疑的态度没有改变王燕娜的决定，从这以后，王燕娜常常到医院看望毛兰江。

【同期声】（王燕娜）都说一个正常人没事往医院跑多了都感觉有病，更何况一个病人在医院待那么久，你怎么样能把他开导好？除非病能治好。我说那也得去，没事找他聊聊天。

【解说词】在与王燕娜的多次交谈中，毛兰江的父亲吾买尔了解到，王燕娜家住乌鲁木齐，本来她正在准备考导游证，想去旅行社工作，现在为了给毛兰江捐肾，把这些事都放下了。

【同期声】(毛兰江的父亲吾买尔·吐来曼)那个时候冰天雪地,她也经常来,打的,来回也花了不少钱,可是她没有要一分钱。

【解说词】王燕娜想为一个陌生人捐肾的想法引起了医院肾病科主任刘健的重视。

【同期声】(新疆医科大第一附属医院肾病科主任刘健)我首先就是看她出于什么样的动机,其次,我要从医生的角度把她的精神心理状况判定一下,最后是问她图什么。她来了以后,从这几方面交谈完,发现她完全不图什么,既不图钱、不图名,也不图利,但是作为医生,我还是没有从正面去鼓励她来捐这个肾。

【解说词】原来,根据我国《活体器官移植的管理条例》规定,只有配偶、直系血亲或者三代以内旁系血亲,或存在帮扶关系的人员才能进行活体捐献。而王燕娜和毛兰江素不相识,却要把如此重要的器官无偿地捐献给他人,已经从事26年肾脏移植工作的刘健主任也没有见过。

【同期声】(新疆医科大第一附属医院肾病科主任刘健)我想一定有类似亲情的关系,就是由同情变为她自己的决定和行动。我们首先把她要捐肾的决定向医院做了汇报,医院也比较慎重,就说先配型,如果配型配不上,那下面的工作我们就不用谈了。

【解说词】院方最终同意王燕娜为毛兰江做配型,但由于他们之间属于非亲属活体肾移植,配对几率非常低,所以配型是不是合适,要经过16项检验,如果其中有一项不吻合,王燕娜的捐肾愿望就不能实现。2007年11月10号,最后一项检查结果出来了,出乎所有人的意料,奇迹发生在了这位汉族姑娘和维吾尔族少年的身上:王燕娜的所有配型都和毛兰江吻合!

【同期声】(新疆医科大第一附属医院泌尿科主任王玉杰)因为他们是两个一点亲属关系都没有的人,组织配型完全相同,六个位点完全相同,要十万分之一。

【同期声】(王燕娜)我就特别地紧张,想要问一下到底是什么结果,结果我还没有问呢,那叔叔打电话告诉我,可以,血型也配上了,我当时都不知道为啥眼泪会出来。

【解说词】虽然配型吻合,但是按照卫生部的相关规定,所有的活体肾移植手术必须通过伦理委员会审核,以确认活体器官捐献是捐献者本人的真实意愿,无买卖关系。2007年12月21日,医院伦理委员会正式约谈王燕娜。

【字　幕】2007年12月21日,新疆医科大第一附属医院伦理委员会。

【现场同期】“你和这个病人是认识还是不认识?”

“不认识。”

“你父母在哪里?”

"我们家就在后面。"
"你父母知道不知道?"。
"不知道。"
"那不行吧,那不行。"
"那谁签字呢? 问题是……"
"你没有结婚是吧?"
"嗯。"
"(你监护人)就是父母,你父母又不知道,开会之前就应该让你父母知道,到那一天来了,你爸又不同意签字,我们咋定? 咋给你取(肾)?"
"这就是说,我们明确地跟所有病人交代的都是一样的,国家是严禁买卖器官的。你肯定知道器官是不能买卖的,现在你身上有一个问题,我觉得就是一个,直系亲属的签字(问题)。"

【解说词】 经过半个小时的讨论,伦理委员会拒绝了王燕娜的申请,并决定对王燕娜进行心理测试和检查,看看她在精神和心理上是否存在障碍。

【同期声】 (新疆医科大第一附属医院临床心理科主任伊琦忠)在检查过程中,我们就发现王燕娜不存在精神上的问题,而且她的意识表示也是非常明确的,那么她的动机也非常明确,她排除了金钱、名利、其他权力或者强迫的东西。

【解说词】 王燕娜是家中的长女,她的父母 20 年前从河南老家来新疆打工,如今父亲王秀江在建筑工地帮工,母亲在家门前开着小杂货铺,两个弟弟,一个刚工作,一个念大学,家里的日子并不宽裕。所以,王燕娜一直瞒着父母要为毛兰江捐肾的事。可是,父母还是在电视新闻中认出了自己的女儿。

【同期声】 (王燕娜的母亲徐新花)我耳朵有点背,我就把电视声音开得大大的,听了以后我心里特别难受,我就哭,我想我的孩子怎么作出这样的决定,大人都不知道。我说你的生命是妈妈给的,你知道吗? 你起码要尊重你母亲一下,给你母亲讲一下,你。

【同期声】 (王燕娜的父亲王秀江)我就到她房子里直接问她,问了以后,我就跟她说,你要是认为家里有困难,做了这样的选择,你爸爸一定不会同意。

【同期声】 (王燕娜的母亲)我跟孩子说过,我说娜娜不行我去做(配型),做了以后要是我的型跟他配上了,我给他捐都行,因为我已经 50 岁了,你还年轻,你还要结婚,还要生小孩,以后对你结婚生小孩有没有啥问题? 她说没有啥问题……

【解说词】 因为父母不同意,王燕娜一边对父母撒了善意的谎,说配型没有成功,另一边却没有停止去看望毛兰江。2007年12月26日,毛兰江第四次被送入急救室。

【同期声】(毛兰江)有好几次我就那样,直接到抢救室抢救,那个水积累到肺和心脏,最后又引发了心脏病。

【解说词】毛兰江病情的恶化,王燕娜看在眼里,急在心上。

【同期声】(王燕娜)(毛兰江的)脸色比病人还差,说话也没力气,当时我就感觉只有我能救他。

【解说词】经过整整一夜的慎重思考,王燕娜作出了一个大胆的决定。

【同期声】(王燕娜)我就自己写了一个"我愿意自己的女儿无偿捐献一个肾给毛兰江",然后签了我爸的名字,按了自己的手印。

【解说词】带着这份模仿的授权书,王燕娜又一次走进了伦理委员会的办公室,这一次,她的申请通过了,手术日期定在了2008年3月20日。眼看手术日期越来越近,又一个问题摆在了王燕娜的面前:按照医院的规定,手术前一天,她的亲人必须在《手术同意书》上签字。

【同期声】(王燕娜)就感觉我把所有事情都做完了,然后要是我爸不签字,我做的这些都白做了。

【解说词】2008年3月19日,手术日期临近,不能再继续对父母隐瞒下去,思虑重重的王燕娜硬着头皮把父亲约出了家门。

【同期声】(王燕娜的父亲王秀江)我一看,我上车一看,脑子就是"轰"炸了,啥都没有了,我只问我娃娃两句,我说你为你爸考虑了没有,你为你以后的生活考虑了没有,就问了那么多。她答复了我一句:"我啥都考虑好了。"因为我这个人嘛,也讲面子,娃娃大了嘛,都要讲一点面子,我一句话都没有再问,就跟着她到医院去了。

【解说词】经过和医生几个小时的交谈,王秀江最终做出了他一生中最难的抉择——在《手术同意书》上签下了自己的名字。

【同期声】(王燕娜)他签字的时候,我就能看到他那个手特别抖,就是那种抖了半天字都写不上去那种,然后好不容易把那个字签完了以后,我当时就感觉特别特别对不起他。

【字　幕】2008年3月20日上午9点30分。

【解说词】2008年3月20日上午9点30分,王燕娜和毛兰江被同时推进了手术室。手术室外,两个年轻人的亲人和朋友们都在焦急地等待着。此时此刻,两个家庭的命运比任何时候都联系得更加紧密。

（音效：时钟的变化）

【解说词】时间在一分一秒的等待中过去，11:40，手术室的门打开了，王燕娜和毛兰江被推了出来，所有人都愣住了，是王燕娜突然反悔了？还是手术发生了意外？

【同期声】（王燕娜）（问）什么原因呢？他们也没说，就是院长打电话，不让做了。

【同期声】（新疆医科大学第一附属医院肾病科主治医师热依汉·西力甫）早晨又检查了一项，检查充血时间，就是手术开始两个小时前的一个项目，检查有点异常，因为在这种情况下手术，会出现出血现象，所以手术停了一个星期。

【解说词】2008年3月27日，王燕娜为毛兰江的捐肾手术终于如期进行，7个小时后手术获得成功，毛兰江得救了，这是一场跨越民族、跨越血缘的拯救。

【字　幕】两周后，王燕娜顺利康复，回家进行休养。

【现场同期】王燕娜在母亲和毛兰江母亲的陪同下笑谈，出院。（转黑）

【字　幕】一个半月后，度过术后排异期的毛兰江也在父母的陪同下出院回家。

【现场同期】出院后幸福甜蜜的毛兰江一家三口。

【同期声】（毛兰江）娜娜姐姐最大的愿望就是当一名导游，我希望她能梦想成真，我们一大家人，娜娜姐姐给我们当导游，然后带着我们出去玩。

【现场同期】毛兰江的父母、姑姑与姑父一家人来看望王燕娜，拥抱在一起。

【同期声】（毛兰江的母亲阿孜古丽·吾甫尔）我们一大家人照了个相，我挂在墙上，天天看。

【同期声】（王燕娜的父亲王秀江）以后嘛，你就是我的兄弟，儿子就是我的儿子，我的丫头就是你的丫头，以后我有困难，你也会帮助我的，咱们都是一家人。

【字　幕】目前，毛兰江的身体已经基本康复，他与汉族姐姐王燕娜没有血缘胜似亲人的情缘被各族人民广为传颂，一个充满奇缘的温暖故事还在延续着。

——新疆电视台2008年5月21日首播，获第十九届中国新闻奖电视专题二等奖

【提示与思考】

《姐弟情深》通过对无偿为非亲非故的维吾尔族少年毛兰江捐肾使他获得新生的汉族姑娘王燕娜进行平实化的白描，很好地表达了新疆各民族之间相互依存的民族亲情。解说词像片子的内容一样朴实，它不需要多么深刻、沉重或华丽，它所起的作用就是解释、补充，是对观众看不到的画外信息的提示。写实类电视片的解说词一定要精、要实、要恰到好处，该有的时候一定要有，用不着的地方一句都多余。

【写作训练】

一、观摩几部写实类电视片,分析其解说词的特点并重新为其配解说词。

二、试着做一个写实类题材的电视片,长约20分钟,注意解说词的运用。

第六节 写意类电视片解说词的特点

"写意"原是中国国画的一种画法,跟工笔画相对应,它是指绘画时用笔不求工细,而注重神态的表现和抒发作者的情趣。

写意类电视片则是通过电视声画语言的综合作用,传达物象的形神,表达作者对生活的发现、感悟、情感等。它要求在生活真实的基础上,艺术地营造诗的意境,孕育深沉的意念、思想和感情,给观众以美的享受。

在写意类电视片中,声音、形象、色彩、文采、哲理等因素都得到了充分的发挥和体现,留给观众的是真实、淡雅、抒情和充满生活气息的诗意美。有人曾经作过一个比喻,如果说写实是缝纫的话,写意则是刺绣:写实像是一个人脚踏缝纫机,沿着针角结结实实走一遍;写意如同一个人手握绣花针,去挑明你思想的情绪以及创作的意象。

一、写意类电视片的特点

1. 强调个性

写意类电视片的个性是拍摄对象的个性与创作者个人或群体的个性碰撞之后的产物,是编导通过构图、光线、音乐、解说词等营造出来的。

2. 理性色彩浓厚

写意类电视片在强调个性的同时,更具有理性色彩,它的理性色彩就体现在对客观事物的选择与提炼上。

3. 画面精美,较多运用音乐

写意类电视片画面的构图、色彩、用光等都十分讲究,给观众一种美感,音乐的运用也主要是为了渲染情绪,表达意境。

4. 解说词少而精

二、写意类电视片解说词的特点

写意类电视片是创作者情感与客观事物相结合的一种产物,它融入了更多的主观情感,它要营造一种与自身相吻合的特殊氛围,以此来传达创作者的创作意图和倾向。所以,解说词写得好与坏,能否把创作者自己的思想情感、哲学理念表达得恰如其分是一个很关键的问题。精彩的解说词可能赋予作品以新的生命力。解说词的创作是编导展示对原素材的艺术感觉、进行艺术再创造的一个重要手段。

下面以电视片《雨中曲》的解说词为例来分析写意类电视片解说词的特点。

雨　中　曲

如果说西双版纳的泼水节是傣家的狂欢之舞，那么，此时此刻则是傣家的静谧之时。没有水的泼洒，少女们少了几分狂放和喧闹，却多了几分柔顺与靓丽。

雾锁峰峦，山雨欲来，西双版纳把它的雨之诗卷向我们展开。勤劳的傣家妇女收起谷物，一起玩耍的小姐妹们也跑回自家的竹楼。

雨的到来给湿热的山寨带来清爽的洗礼。漫天的细雨纷然而又默然，雨中的浮萍撑着一把把飘零的伞，雨中的女孩却撑着无忧的伞，充满亮色的生命宣泄着青春的浪漫。

雨中的桥依然承载着沧桑的往事，雨中邂逅的旅人也许不再有那么多过于沉重的心情。

雨中的竹林，竹叶在嘈嘈切切，摇曳的竹叶伴着淅淅沥沥的雨滴，像是傣家的姑娘和小伙子唱和着情歌。

雨是一种宁静、安然，雨中的西双版纳展示了它性格的另一面。雨是一种音乐，粼粼清音好似珠落玉盘。

雨的缱绻忽而变成欢哗，这便是雨的节奏、雨的韵律。

竹楼遮挡了雨，呵护着一个个温暖的家，雨在傣家孩子的眼中幻化成神奇的童话。

雨中的山寨若隐若现，每一个屋檐下的水帘都是一道风景。骤雨初歇，红的娇艳、绿的青翠，像少女经过一番细致的梳洗。雨后是一种轻松、一种新意，雨后的西双版纳在绿的清明中充满了生机。

所有的造物都恢复了一种秩序，雨后的斜阳写满了西双版纳雨之诗的画卷。

写意类电视片解说词主要具有以下特点：

1. 想象和联想丰富

解说词不拘泥于画面，声音言画外之意，画面表声外之像。创作者通过纵横驰骋的想象和联想，引导观众的思绪。

2. 多种修辞手法的运用

解说词在锤词炼句上颇具匠心，多种修辞手法的运用增加了解说词的美感。

3. 创造意境

意境即特定的艺术形象和它所表现的艺术情趣、艺术氛围以及它们可能触发的丰富的艺术联想的总和。意境的创造不但是主体细微情愫的流露,也是对客体气氛的营造和升华。这类电视片画面具有强烈的隐喻性,通过解说词揭示由特定艺术形象隐喻的种种艺术联想就是意境的创造过程。

4. 注重创作主体的自身观照

这类解说词主要通过创作者主体的情绪体验、感受认识来反射或折射生活,呈现在观众面前的画面有鲜明的主体感情特征,创作者通过主观情感的抒发,把创作主体的美好心灵——情绪、感受等充分地展示出来,灌注到对生活的描绘中去,不遮掩、不躲闪、不回避。

【优秀作品赏析】

《苏园六记》之《吴门烟水》

九

在苏州的古典园林中,曾有人设计过一些富贵的亭台水榭,在苏州的民居里,也曾有这一角简单的闲情雅致,说不上谁受了谁的启发。苏州的明四家,笔底有江南山水的流光,苏州的桃花坞,纸上有吴中风俗的艳丽,说不上谁取了谁的营养。昆曲风行过勾栏,评弹悠扬于里巷,说不上哪一种形式更能够代表苏州。那时候,文玩器物并不仅仅属于那些园林主人,姑苏古城到处可见充满文化情趣的店铺。明代有一首姑苏竹枝词是这样写的:"外边开店内书房,茶具花盆小榻床;香盒炉瓶排竹几,单条半假董其昌。"一条董其昌的书法,即使是赝品,似乎也毫不妨事。苏州的冯梦龙采集过众多的话本,这些话本好是好,可那是听过就算了的,装点家中的风雅,还得要名家的笔墨来补壁。字,可以是假的,但苏州的风雅,却是真的。苏州,本也是一座风雅之城。

风雅,向来是苏州的气脉,这烟水迷蒙的城市,不只是靠鲜蟹活虾、嫩藕新菱来喂养。若仅仅是物产丰美,马可波罗绝不会说:"苏州,是世界上最美丽的城市。"

十

苏州园林作为一种独特的历史文化的结晶,有着不可替代的个性。有的发达国家人士说,你们的园林,我们可以复制,而且复制得一模一样。但有一样,是不能复制的,就是那些古树。

其实,任何东西,离开了它产生的具体环境,都只能是一只断藤之瓜。环境造就人,也造就物。反过来说,有时候,具有魅力的事物,一半儿是环境的力量。环境,特别是文化的环境,从本意上讲,是无法复制的。苏州园林之所以有生命,原因就在于它和吴文化的土壤、苏州人的生活长相厮守。

历史的颓垣早就埋没了吴宫花草，吴门烟水里，也已不见了唐朝的渔火江枫，但范成大笔下的菜花，却依然金灿灿地开着，石湖的蝴蝶，年年也都抒情地飞舞，飞舞在苏州的每一个春天。

【提示与思考】

苏州园林是吴中大地的富饶物产，也是灿烂文化孕育的一朵奇葩，《苏园六记》不仅对园林的要素——山、水、石、窗、庭院等方面从艺术的角度进行了立体观照，让观众领略苏州园林艺术的高超、精致、匠心独运，把握苏州园林的审美特征，更是从江南历史文化的发展，从我国南北文化的交融及中外文化的交流等方面，描述了苏州园林的历史变迁和沧桑，探讨了苏州园林丰富的文化内涵。

《苏园六记》的画面和解说词无论从各自的艺术性还是从二者的配合来看，都让人赏心悦目。优美的画面为解说词提供了可记、可感、可悟的载体，而解说词又为画面提供了富有历史文化、人生意蕴的诠释，二者相得益彰，妙趣横生。

【写作训练】

一、观摩几部写意类电视片，分析其解说词的特点，并重新为其配解说词。

二、试着在下列题材中任选一个，做一部长约10分钟的电视片。

“风”“雪”“门”“窗”“桥”“水”“广场”

第七章 电视的特别写作

第一节 电视字幕的写作

电视字幕是一种特殊的语言要素,是电视图像、声音的补充和延伸,它既是画面的形态,又是语言的方式,可以独立地表情达意,在今天的电视节目中已经不可或缺,有着不可代替的地位和作用。

一、字幕的作用

1. 说明

字幕有其自身的特点和优势,可以交代一些诸如人物、时间、地点等的内容,与画面、声音相互配合,向观众说明一些信息。如长消息《静海寺零点敲响警世钟》的字幕运用得恰到好处。在记者的现场报道之后,钟声响起来了,除了钟声,没有解说词,画面浮现几行字幕:

林则徐后裔林纲、邓廷桢后裔邓源撞响第一下钟声。

社会各界代表102人参加了撞钟仪式。

6月30日23:59,市长王宏民等市领导撞响最后三下钟声。

7月1日零点静海寺

在这种特殊的氛围中,简洁明了的字幕代替了解说词,配合同期声,更好地完成了信息的传递。

2. 强调

要加深对一个事物的记忆，不仅需要同一信号的不断重复刺激，还需要不同信号的同时重叠刺激。从记忆的角度来说，前者是重复记忆，后者是重叠记忆。

从某种意义上说，画面和解说词往往都是稍纵即逝的，同一画面不能长时间滞留屏幕，解说词也不便再三重复，每每遇到重点内容需要强调时，字幕便成为人们选择的理想方式。叠加在电视画面上的字幕就会形成一种重叠刺激的记忆，从而起到加深记忆的作用。

3. 解释、翻译，便于观众记忆

汉字中的同音字、同音词比较多，再加上一些新出现的名词和比较难懂的科技专业用语，一般单凭听觉很难弄清楚，容易造成耳误。这时同步字幕就能起到补充说明的作用。还有一种情况，当新闻人物与受众语言不同，在编辑同期声时就要对内容进行翻译。这里讲的语言不同，包括外语、地方方言和少数民族语言。有时也用字幕解释电视画面的某些意境。

4. 结构

在有的电视片中，段落之间的衔接是通过字幕来完成的，如电视片《重逢的日子》中没有解说词，用字幕对一些背景内容进行介绍，字幕在传达内容的同时，还起到了过渡和衔接等结构作用。

5. 概括

许多电视片的片头会先用字幕将本片的主要内容或作者对内容的认识等概括出来，帮助观众理解作品。如下面两例：

例 1：电视纪录片《对照记犹在镜中》一开始以迷离、悠远的音乐为背景，在一幅幅老照片的画面上，出现了一行行的字幕：

这座城市，是一帧底片，默写，时间的潜迹；这座城市，是一张相纸，显影，生命的微光；这座城市，是一面镜子，街灯亮处，似在此案——对照记犹在镜中

例 2：电视片《兵者》的开头字幕：

兵者　国之大事

兵者　诡之道也

兵者　永无常势

6. 修辞

有时,编导要用一些画面传达特殊的意义,但这种意义一经声音表达就可能失去应有的效果,运用字幕简明地点出来,会给观众意料之外的感觉。

电视片《楠溪江》结尾有两只鹅在水边戏水的镜头,编导巧妙处理,在鹅低头的一刹那定格,并打出字幕——“欢迎”,重复三次,像是鹅在给观众鞠躬表示欢迎,让观众感觉楠溪江不仅景色美,楠溪江的鹅都有人情味。

7. 共鸣、共趣、共享、共情

为了进一步体现节目的互动性,在相关的电视画面上以恰当的入屏方式呈现出一条或真诚中肯、或诙谐幽默、或画龙点睛等风格的,与观众此时心情或与片中人物情绪、表情等相一致的字幕,或突出表现片中人物能力、风格、特点的一些字幕,以引起观众的共鸣或与观众共趣、共享、共情。如被人们称为“神字幕”《爸爸去哪儿》的特效字幕就具有这些作用:“风一样的女子”、“森蝶”、让羊“学会了直立行走”、“名侦探天天”、王岳伦一出现就有的一连串的“呵呵呵呵呵呵”,等等,既把观众带到了“戏”里,又给节目增加了效果和“笑”果。

二、字幕的写作要求

1. 简练、直观

由于电视屏幕的限制及电视传播的特点,观众不可能去读屏幕上的长篇累牍的字幕,所以字幕简练、直观最重要。

2. 言之有物

字幕应是不断推敲而成的,要言之有物,不要空洞乏味。

3. 不必拘泥于语法结构的完整

电视节目声画结合已经形成了一个完整的表述语境,保证了节目内容的准确传播,在这个语境中,字幕的结构完整与否,都不会产生歧义,比如:平遥国际摄影节。

三、运用电视字幕应注意的几个问题

电视节目中的字幕是一个十分重要的视觉元素,必须经过精心设计。字幕的运用应力求活泼多样,生动形象。字数的多少、字体字形的设计、字体颜色的选择、一组字构成什么样的图形、字在画面中的位置、字幕进入屏幕的方式等都是可变因素,最终选择何种形式,还应与画面、色彩、光线、构图、内容、运动节奏和形式等结合起来。

1. 字体应符合节目内容和艺术风格的要求

在电视节目制作中，片头字幕常采用手写的创造型字体，但应符合节目内容和艺术风格的要求。例如，电视专题片《黄河》的片名标题字幕选用行草体，这是因为：其一，这是行草本身的属性决定的，行草体易认，如果太草则不易识别，同时失去可读性；其二，黄河是中华民族的象征，它具有气壮山河、一泻千里的豪放气魄，用行草能充分反映出“黄河”二字的内涵。

2. 字幕的表现形式应符合节目类型

动感性强，辽阔宏远、有气势的片头画面多采用推出字幕；叙述、抒情的片子，片头字幕多用叠印、线画或拉出字幕；条片字幕多表现对白、诗歌、歌词、唱词等，并采用拉入拉出逐字显示的形式；说明性字幕多采用逐字显示、切入切出的形式。总之，在电视节目的字幕设计中，形式一定要为内容服务，生动的表现形式给观众带来的是“依附感”，字幕与画面、主体内容应相互依托，相得益彰。

3. 字幕的色彩应与背景颜色相互映衬

电视节目中的字幕色彩与背景的运用必须符合配色原则。一般是明色前，暗色后；明色轻，暗色重。例如，专题片《西藏的诱惑》的片头，作者用黑色衬底打出红字幕：“西藏的诱惑，不仅因为它的历史、它的地理，更因为西藏是一种境界。”这种刻意的安排使观众在理解字幕内容的同时，感受到了字幕在形式上渲染的氛围，强化了作者所要表现的西藏令人向往的那种神秘色彩。

4. 字幕的位置取决于其在画面中的地位和作用

字幕在画面中的位置是灵活多变的，其位置应视其与画面的关系及其作用而定。如果字幕在画面上是起作为主体，则应占据画面的视觉中心；如果字幕在画面上是起标示、说明等辅助作用的，则只能占有陪体的位置。例如，专题片《人活天地间》，该片在屏幕的一角打出了“人活天地间”的字幕，它不仅是该电视片题目的标志，更起到了随时提醒观众在观看每一组画面时注意该片立意（讴歌人的伟大、人的智慧、人的活力）的作用。

5. 字幕停留的时间应符合观众对视觉的心理要求

字幕是无声的，需要观众去主动阅读，所以字幕不能一闪而过，要给观众以阅读、理解、记忆的时间。例如，在纪录片《壁画后面的故事》的叙事过程中，每到情绪高涨之时或情节转化时便会迭出长达二十几秒的片名字幕并伴以一段空灵而真挚的音乐，这样，观众在前面情节中积累的情绪得以延伸和发展，既营造出优美而深情的格调，又为该片制造出层层推进的段落,从而形成了一个与事件发展和观众的情绪发展极为吻合的节奏。

6. 字幕应做到与解说、画面恰当搭配

在传达理性知识方面,字幕具有单纯的画面和解说所没有的独特优势。一行简洁明了的字幕比起繁复冗长的语言解释,更有助于观众的理解和记忆。字幕与画面、解说恰当搭配,常常能起到画龙点睛的作用。

总之,电视节目中的字幕表现,应根据电视节目本身的要求、长度、表现形式等多种因素综合考虑,合理选用,以适应电视节目内容的需要。

第二节 电视宣传语的写作

电视宣传片是针对一个频道或一个栏目、节目而做的包装设计之一。电视宣传片的构成要素可以根据具体内容而定,不少宣传片中都用到了宣传语,如中央电视台的"传承文明、开拓创新""有形世界、无限风光""中央电视台真诚为您服务"等,这些宣传语既确定了一个电视台的传播理念,又展示了电视台的形象。

一、宣传语的作用

1. 导视:通过宣传语的介绍,引导观众收看自己感兴趣的内容。

2. 宣传:向观众介绍频道、栏目、节目的特点、亮点等,达到深入人心的目的。

3. 解读:帮助观众进一步理解频道、栏目、节目的内容、风格和样式等。

二、宣传语的写作要求

1. 突出节目(栏目)、频道的个性特点,表现节目(栏目)、频道的独特风格。

如北京卫视的宣传语是"天涯共此时 北京卫视",这个宣传语的确定源于北京卫视的整体核心理念。北京卫视的核心理念一定是与北京的全国政治文化地位相匹配的,并且具有不可替代的独有文化气质。那么,什么是北京这座城市所独有、被全球华人所共知且唯一的文化标志呢?答案就是"北京时间"。"北京时间"是全国报时的统一标准,其唯一性不言而喻,同时,"时间"又带有"时光""生命(时间就是生命)""价值(一寸光阴一寸金)"等多种引申含义。以北京时间作为核心理念,真正体现了文化品位与大家风范并举,在全国卫视市场中,北京卫视可以说独树一帜。

"天涯共此时"一语双关,既表达了全球华人共同关注北京卫视,又进一步点出了北京卫视的核心理念。"北京时间"是全球华人共有的文化标志。这一句宣传语蕴含了“文化”“包容”“和谐”“汇聚”“传承”“美好”等多重含义，体现了北京卫视的文化高度与视野。[①]

2. 增强观众对电视节目（栏目）、频道的认知和识别能力，使观众能够在众多同类媒体中迅速辨听出来。

3. 提升电视节目（栏目）、频道品质，增强节目（栏目）、频道的竞争力。比如以下几句宣传语：“我们了解娱乐界”——透着娱乐新闻权威的自信与威严；“天天与你在一起”“我已经改成每天一期了”——向不常看节目的观众传递信息。现在电视娱乐节目遍地开花，收看来自娱乐圈的报道似乎已成了观众生活中的一部分，究竟收看哪一档节目最值呢？这些娱乐节目的宣传语告诉观众，虽然是“一样的娱乐圈”，他们却有“不一样的角度和观点”。

【优秀作品赏析】

一、北京电视台体育频道《快乐健身一箩筐》栏目的宣传语：

一本无微不至的健身百科全书 一套简便易行的人体使用手册

二、中央电视台《乡约》栏目宣传语：

“乡土情怀，精彩人生”

三、山西电视台《第一访谈》栏目宣传语：

“新闻事件的第一当事人，事件亲历者的第一感受，权威的对话平台，重量级的访问，有故事的新闻专访——《第一访谈》。”

【写作训练】

一、下面是辽宁电视台六个频道的宣传语，请分析它们的特色。

新闻综合频道——凸显新闻特色，综合地域文化

经济生活频道——热点经济问题定做，贴身经济环境透析

文艺影视频道——感受文艺盛宴，尽享影视天堂

体育健康频道——演绎体坛激情，关注健康人物

科学教育频道——用科技打开视野，用文化提升生活

都市生活频道——展现都市风采，服务都市生活

二、请你给自己所在的省级卫星电视台创意一条频道宣传语。

三、某电视台《精品生活》栏目要推出周二家装版《居家概念》，请你为《居家概念》写宣传语，要求新颖简洁，上口易记，能突出栏目特征。

---

① http://blog.sina.com.cn/s/blog_510242650100o33e.html.

主要参考文献

书籍

张静民:《电视节目策划与编导》,暨南大学出版社2002年版。
谭天、王甫:《电视策划学》,中国国际广播出版社2001年版。
宋家玲、张宗伟:《电视片写作》,中国广播电视出版社2003年版。
高峰:《对电视解说词的解说》,中国广播电视出版社2002年版。
徐舫州:《电视解说词写作》,北京师范大学出版社2001年版。
陈汉元:《水淋淋的太阳:陈汉元作品选》,北京广播学院出版社1994年版。
刘郎:《秋泊江南》,中国摄影出版社2001年版。
郭宝新主编:《中国纪录片——2000年度精品文集》,新华出版社2004年版。
孟建、祁林:《广播电视新闻范文评析》,新华出版社2001年版。
钟大年:《纪录片创作论纲》,北京广播学院出版社1997年版。
石屹:《电视纪录片:艺术、手法与中外观照》,复旦大学出版社2000年版。
汪文斌、胡正荣:《世界电视前沿》,华艺出版社2001年版。
任金州、高晓虹:《电视摄影与编辑》,北京广播学院出版社1997年版。
何日丹主编:《电视文字语言写作》,中国广播电视出版社2001年版。
杨斌:《把脉嘉宾》,中国国际广播出版社2000年版。
中国新闻奖评选委员会办公室编:《中国新闻奖作品选》(2007年度),新华出版社2008年版。
中国新闻奖评选委员会办公室编:《中国新闻奖作品选》(2006年度),新华出版社2007年版。

杂志

《电视研究》
《中国广播电视学刊》
《中国电视》

《写作》
《新闻战线》

网站

http://www.zgjx.cn
http://www.cctv.com

图书在版编目(CIP)数据

电视写作教程/姚治兰著.—3版.--北京:中国传媒大学出版社,2015.2(2024.12重印)
ISBN 978-7-5657-1226-5

Ⅰ.①电… Ⅱ.①姚… Ⅲ.①电视节目—应用文—写作—教材 Ⅳ.①G222.1

中国版本图书馆CIP数据核字(2014)第249926号

电视写作教程(第3版)
DIANSHI XIEZUO JIAOCHENG(DI-SAN BAN)

著　　者	姚治兰		
责任编辑	张　旭		
封面制作	郭　琳		
责任印制	李志鹏		
出版发行	中国传媒大学出版社		
社　　址	北京市朝阳区定福庄东街1号	**邮　　编**	100024
电　　话	86-10-65450532　65450528	**传　　真**	65779405
网　　址	http://cucp.cuc.edu.cn		
经　　销	全国新华书店		
印　　刷	北京中科印刷有限公司		
开　　本	787mm×1092mm　1/16		
印　　张	18		
字　　数	350千字		
版　　次	2015年2月第3版		
印　　次	2024年12月第9次印刷		
书　　号	ISBN 978-7-5657-1226-5/G・1226	**定　　价**	42.00元

本社法律顾问:北京嘉润律师事务所　郭建平